vmn

Rudi Arndt

Politik mit Dynamit

Eine politische Biografie

von
Roselinde Arndt
Armin Clauss
Heinrich Halbig
Sabine Hock
Rolf Messerschmidt
Günter Mick
Petra Roth
Hans Sarkowicz
Wilhelm von Sternburg
Klaus Wettig

Textredaktion: Hans Sarkowicz

Verlag M. Naumann

Copyright by
Verlag M. Naumann, vmn, Hanau, 2011
Druck: Aalexx Buchproduktion GmbH, Großburgwedel

ISBN 978-3-940168-45-0

1. Auflage 2011

Bibliografische Information der Deutschen Nationalbibliothek
Die Deutsche Nationalbibliothek verzeichnet diese Publikation in
der Deutschen Nationalbibliografie; detaillierte bibliografische Daten
sind im Internet über http://dnb.ddb.de abrufbar.

Konzeption, Auswahl und Edition der Textdokumente, Zeitzeugen-
Interviews, Bildredaktion, Bild-, Quellen- und Literaturnachweis:
Sabine Hock

Titelfoto: Peter Keller

Weitere Bücher und Hörbücher finden Sie in unserem Verlagsprogramm,
das wir gerne kostenlos zusenden, oder auf unseren Internetseiten.

vmn
Verlag M. Naumann
E-Mail: info@vmn-naumann.de
Im Internet finden Sie uns unter: www.vmn-naumann.de

INHALT

VORWORT

von PETRA ROTH,
Oberbürgermeisterin der Stadt Frankfurt am Main

Aus einer einzigen flott hingesagten Äußerung wurde der Spitzname, der Rudi Arndt für den Rest seines Lebens begleitete: »Dynamit-Rudi«. Wenn ein solches Zitat dauerhaft an einem Menschen haften bleibt, dann war es doch mehr als eine Anekdote. In der Tat war Rudi Arndt ein Mann voller Tatkraft, Temperament, Energie und Dynamik: eine »explosive Persönlichkeit« eben.

Und genauso – ein gut gelaunter, lebensfroher Mann, dem man sein Alter nicht anmerkte, der gern reiste und bisweilen launige Postkarten schrieb, der noch ebendiese Kraft ausstrahlte, die man als eine seiner hervorstechenden Eigenschaften kannte – besuchte er mich Anfang Mai 2004 im Büro und gratulierte mir zum Geburtstag. Zu keinem Augenblick hatte ich daran gedacht, dass dies unsere letzte Begegnung sein würde.

Rudi Arndt, ein Ur-Frankfurter nach Herkunft und Karriere, gehörte zu dieser Stadt wie Römer, Dom und Eiserner Steg: Ein Frankfurt ohne seine im besten Sinne authentische Persönlichkeit konnte man sich kaum vorstellen. Sein Wesen hat er nie hinter Floskeln und Taktieren zu verbergen versucht. Geradlinig und offen ist er in die politische Auseinandersetzung hineingegangen, in der er weder Gegner noch Parteifreunde geschont hat – und sich selbst am allerwenigsten.

Ich habe ihn in den Anfängen meiner politischen Tätigkeit noch selbst erlebt, vor allem in den vier Jahren zwischen 1977 und 1981 als Kollegin in der Stadtverordnetenversammlung. Gewiss hat er manchmal den Gegner hart angegangen. Bei allem Zorn darüber nötigte sein Auftreten dem Gegenüber allerdings immer Respekt und oft Sympathie ab, denn man hatte das Gefühl: Der meint, was er sagt, und er sagt, was er meint.

Abseits der Auseinandersetzungen auf der politischen Bühne gab es indes auch noch einen anderen Rudi Arndt, einen fröhlichen und heiteren Genießer, einen warmherzigen Mann mit Humor, der sich selbst und seine Partei auch einmal aus der Distanz mit freundlicher Ironie betrachten konnte – auch hierin ein Original, ein echter Frankfurter, der bei allem Engagement, bei aller gelegentlichen

Rudi Arndt mit
Oberbürgermeisterin
Petra Roth

Polemik und drastischen Deutlichkeit nie den Sinn für das Menschliche verlor, darin einem anderen wortmächtigen und streitbaren Frankfurter, dem Dichter Friedrich Stoltze, durchaus verwandt.

Die Quellen, aus denen sich die Bereitschaft zum Engagement speiste, waren bei beiden sehr ähnlich: leidenschaftliche Demokraten, zugleich ebenso leidenschaftliche Frankfurter. Mit einer Familienbiographie, wie Rudi Arndt sie hatte, konnte es wohl nur den völligen Rückzug aus dem öffentlichen Leben oder verzehrendes politisches Engagement geben, und kaum etwas dazwischen. Der Vater, ein Gewerkschaftssekretär, wurde ebenso ein Opfer der Nazis wie seine Tante Johanna Kirchner, die Schwester der Mutter.

Arndt hat seine Wahl früh getroffen, trat 1945 in die SPD ein, die ihm in vieler Hinsicht zur Familie wurde und in der sich auch das berufliche Leben des Juristen entwickelte, sei es als Jugendfunktionär, sei es später als Referent im Hessischen Innenministerium. Stolz war er darauf, dass sein Urgroßvater im Jahre 1864 zu den Gründern der SPD in Frankfurt gezählt hatte; die Leidenschaft für Politik war untrennbar mit der für die Heimatstadt Frankfurt verbunden. In den fünfziger Jahren war Rudi Arndt zunächst Stadtverordneter, später Landtagsabgeordneter. Die Ministerpräsidenten

Zinn und Osswald beriefen den Fraktionsvorsitzenden dann ins Kabinett, zunächst ins Wirtschafts- und Verkehrsressort, dann als Finanzminister.

Diese Erfahrung konnte er gewiss brauchen, als er 1971 zum Frankfurter Oberbürgermeister gewählt wurde. Damals wie heute war die Finanzsituation der Stadt eine große Herausforderung. Die einzige war es freilich nicht. Die politische Atmosphäre glich in den Jahren nach 1968 bisweilen einem Hexenkessel. Die militante Jugend nahm immer wieder kommunalpolitische Auseinandersetzungen auf und stilisierte sie zum Symbol ihres »revolutionären Kampfes«. Als ob die Kontroversen um Bodenspekulation, Bau- und Planungspolitik nicht schon allein schwierig genug waren, wurden sie zusätzlich noch ideologisch überhöht und aufgeladen. Der politische Streit wurde zum existenziellen Kampf, der politische Gegner folglich zum Todfeind stilisiert. Ihn auch persönlich zu diffamieren, ja sogar seine physische Existenz in Frage zu stellen, galt nicht wenigen als legitim.

Viele verstanden nicht, dass auch ein linker Sozialdemokrat wie Arndt aus der bitteren Erfahrung der NS-Zeit die Erkenntnis gewonnen hatte, wonach der Bruch von Recht und Gesetz und dessen Duldung durch die Staatsorgane einmal den Anfang vom Ende einer demokratischen Ordnung bedeutet hatten. Diese Ordnung verteidigte er daher in der offenen Auseinandersetzung gegen die Gewalt der Straße ebenso wie im zähen politischen Kleinkrieg der Tagespolitik, wobei er sich bisweilen handgreiflichen Attacken auf offener Straße ausgesetzt sah. Der streitbare Demokrat wurde zum verkörperten Feindbild der »68er« und zahlte verbal mit gleicher Münze zurück.

Es gelang ihm, zur Beruhigung des Stadtklimas beizutragen, mit der Gründung des Umlandverbandes und dem Ausbau des Schienennahverkehrs sowie des Flughafens Zeichen für die Entwicklung der Region zu setzen. Entgegen der historischen Legende warb er für den Wiederaufbau der Alten Oper und die Wiedererrichtung historischer Gebäude auf dem Römer und verpflichtete einen Hilmar Hoffmann für die Kultur. Vielleicht hätte es mehr sein können – für die damalige Zeit war es viel, denn Frankfurt galt als »unregierbar«.

Es muss ihn zugleich gefreut und geschmerzt haben, dass nach der Wahlniederlage seiner Partei im März 1977 sein Nachfolger

Wallmann und die CDU die Stadt wieder in ein ruhigeres Fahrwasser steuern und manche Projekte verwirklichen konnten, die ihm – nunmehr Oppositionsführer – am Herzen lagen. Ich denke aber, die Freude darüber hat überwogen, denn er war eben doch in erster Linie Frankfurter.

Ein guter Frankfurter ist aber auch ein international orientierter Mensch, und so hat Arndt als Europa-Parlamentarier aktiv an der großen Süderweiterung der EG in den achtziger Jahren mitgewirkt. Das Ende der Teilung des Kontinents hat er nicht nur freudig begrüßt, sondern auch aktiv in Thüringen am Aufbau demokratischer Strukturen mitgewirkt, indem er half, die SPD dort aktionsfähig zu machen.

Nur wenige Wochen vor seinem Rücktritt 1977 haben um die tausend Gäste mit Rudi Arndt seinen 50. Geburtstag im Römer gefeiert, und auch 25 Jahre später war der Saal voll. Die Frankfurter kamen gern zu Rudi Arndt – sie werden ihn nicht vergessen.

Im Schatten des Hakenkreuzes

Eine Jugend in der Weimarer Republik und unter Hitler (1927–1945)

Von Sabine Hock

Der Ernst des Lebens begann für den kleinen Rudi ein Vierteljahr vor der Einschulung: mit Hitlers »Machtergreifung« am 30. Januar 1933. Rudis Mutter Betty Arndt stammte aus einer ursozialdemokratischen Familie in Frankfurt am Main, und der Vater Konrad Arndt, hauptberuflich Gewerkschaftssekretär in Wiesbaden, gehörte zu den Sozialdemokraten, die dem Hitlerregime zunächst noch öffentlich erbitterten Widerstand entgegensetzten.

Sofort am 30. Januar 1933 initiierte die Eiserne Front in Wiesbaden spontan, wie die Presse meldete, eine »flammende Protestkundgebung« im Volkshaus in der Wellritzstraße. Vor überfüllten Sälen geißelte Konrad Arndt die Ernennung Hitlers zum Reichskanzler als »Provokation für die Arbeiterschaft«. Doch diese werde »in ihrem Kampf nicht erlahmen, bis sie den Hitler-Spuk hinweggefegt« habe. Unerschrocken intensivierte Arndt in den folgenden Tagen seine antinazistische Propagandatätigkeit, und trotz persönlicher Vorbehalte des Verfassungstreuen gegen die kommunistische »Wahnsinnspolitik« führte er geheime Sondierungsgespräche mit der örtlichen KPD-Spitze für ein Zweckbündnis gegen Hitler. Auch bei der Kundgebung nach der Massendemonstration der Eisernen Front am Sonntag, dem 5. Februar 1933, trat Arndt als einer der Hauptredner auf. Auf dem Blücherplatz prangerte er lautstark den »faschistischen Blutterror« an, der Deutschland in letzter Zeit erschüttere. Auf dem Heimweg wurde Konrad Arndt zum ersten Mal von Nazis überfallen, getreten und geschlagen.

Solche Vorfälle konnten daheim auch seinen beiden Kindern, dem acht Jahre alten Günter und dem zwei Jahre jüngeren Rudi, nicht verborgen bleiben. Das Leben in einer sozialdemokratischen Familie hatte sich von einem auf den anderen Tag völlig gewandelt.

EINE SOZIALDEMOKRATISCHE DYNASTIE

Auch Konrad Arndt, geboren am 26. Juni 1899 in Stolp und aufgewachsen mit drei Geschwistern in Elmshorn, kam aus einem sozialdemokratischen Elternhaus. Sein Vater, der Gelbgießer Richard Arndt, hatte seine pommersche Heimat wegen der dort herrschenden Arbeitslosigkeit verlassen, fand aber auch im Holsteinischen nicht regelmäßig Beschäftigung auf einer Werft. Zusammen mit seiner Frau Berta, geb. Buchert, engagierte sich Richard Arndt in der Gewerkschaft. 1919 wurde Berta Arndt als erste weibliche Abgeordnete in die Stadtverordnetenversammlung von Elmshorn gewählt.

Ihr Sohn Konrad hatte nach dem Besuch der Volksschule 1914 eine Lehre als Sattler und Polsterer in Elmshorn angefangen. Doch mit Beginn des Ersten Weltkriegs musste er seine Berufsausbildung unterbrechen. Er arbeitete in der Metallindustrie, bis er 1917 zum Kriegsdienst eingezogen wurde. Kurz vor Kriegsende, am 1. November 1918, trat er in die SPD in Elmshorn ein. Bald ging er zur Stellensuche auf Wanderschaft, wurde in der Gewerkschaft tätig und bildete sich an Volkshochschulen in Thüringen weiter. Schließlich wirkte er als Bezirkssekretär des Allgemeinen Deutschen Gewerkschaftsbunds (ADGB) in Dresden. Als Stipendiat des ADGB kam Konrad Arndt im Mai 1921 zum Studium nach Frankfurt am Main, an die »Akademie der Arbeit in der Universität Frankfurt am Main« (AdA), deren allerersten Lehrgang er absolvierte.

**Konrad und Betty Arndt
mit ihren Söhnen Rudi (li.)
und Günter,
Weihnachten 1927**

Die »Akademie der Arbeit in der Universität Frankfurt am Main« (AdA) wurde am 3. März 1921 auf Initiative von Hugo Sinzheimer, Ernst Pape und Theodor Thomas gegründet, als »erste deutsche Hochschule für das Volk der Arbeit«, die einfachen Arbeitern ohne Abitur deren neue Mitwirkungsrechte in der Weimarer Republik vermitteln sollte. Am 31. März 1933 von den Nationalsozialisten aufgelöst, konnte sie nach dem Zweiten Weltkrieg wiedererrichtet und 1951 als gemeinnützige Stiftung neu konstituiert werden. Seitdem wird sie vom Land Hessen und vom Deutschen Gewerkschaftsbund (DGB) getragen; weiterhin wird sie unterstützt von der Stadt Frankfurt, die einst zu ihren Gründern gehörte. Mit der neuen Namensgebung als „Europäische Akademie der Arbeit in der Universität Frankfurt am Main" im Oktober 2009 steht die AdA auch offiziell unter europäischem Vorzeichen. Traditionell richtet sie sich weiterhin an politisch engagierte Berufstätige mit abgeschlossener betrieblicher Ausbildung und mindestens einjähriger Berufserfahrung, die in einem knapp ein Jahr dauernden Lehrgang zur verantwortungsbewussten Mitwirkung in Staat, Gesellschaft und Wirtschaft im Sinne der Demokratie weitergebildet werden sollen.

Nach dem Abschluss des ersten Lehrgangs am 15. Februar 1922 blieb Konrad Arndt ein weiteres Jahr in Frankfurt und an der AdA, um auch an deren zweitem Lehrgang teilzunehmen. Diese Möglichkeit bot die (noch in ihrer experimentellen Aufbauphase befindliche) Akademie damals ausgewählten Absolventen zur Vertiefung ihres Wissens an. Die Entscheidung dafür dürfte Konrad Arndt nicht allzu schwer gefallen sein. Denn während seines Studiums hatte er die fast genau gleichaltrige Kontoristin Betty Stunz kennengelernt, die damals als Sekretärin im Parteibüro der SPD in Frankfurt arbeitete. Sie stammte aus einer ursozialdemokratischen Dynastie, die vom »roten Prinzen« begründet worden war.

Bettys Großvater Heinrich Prinz nämlich, »der rote Prinz«, wie er nicht nur wegen seines roten Bartes genannt wurde, war einer der Mitbegründer und Parteiführer der Sozialdemokratie in Frankfurt.

Im September 1876 eröffnete der gelernte Schreiner in der östlichen Innenstadt eine Gastwirtschaft, die sich schnell zu einem zentralen Parteilokal entwickelte und auch in der Zeit des Sozialistengesetzes ab 1878 eine wichtige Anlaufstelle für die nunmehr verfolgten Sozialdemokraten blieb. Als der »Parteiwirt« Prinz, einer der führenden Köpfe der illegalen Parteiorganisation, im November 1886 für seine Überzeugung ins Gefängnis und später vom preußischen Frankfurt ins Exil nach Darmstadt gehen musste, erhielt seine Frau Barbara, gen. Babette, den Betrieb der Gastwirtschaft aufrecht. Bei drohenden Hausdurchsuchungen soll sie, selbst überzeugte Sozialdemokratin, mehr als einmal kurzentschlossen die Rote Fahne unter ihrer Schürze verborgen haben. Mit dem Ende des Sozialistengesetzes im Oktober 1890 kehrte Heinrich Prinz nach Frankfurt zurück, um sich hier unverzüglich dem Wiederaufbau der Partei zu widmen. Bei der Reorganisation der Sozialdemokratie in Frankfurt unterstützte ihn u. a. sein Schwiegersohn, der aus Gerstungen in Thüringen gebürtige Schreiner Ernst Stunz, der seit 1889 mit Prinz' Tochter Karoline verheiratet war. Alle sechs Kinder aus dieser Ehe traten früh der SPD bei und betätigten sich vielfältig auf politischem wie auf sozialem Gebiet.

Auch Betty, die jüngste und lebhafteste der drei Stunz-Töchter, geboren am 5. Juni 1899 in Frankfurt, gehörte selbstverständlich zur »Sozialistischen Arbeiter-Jugend« (SAJ), schloss sich kurz nach ihrem 18. Geburtstag 1917 der Partei an und wirkte in der 1919 gegründeten Arbeiterwohlfahrt (AWO) im sozialen Bereich. Als die junge und modebewusste Sekretärin eines Tages im politisch korrekten Reformkleid nach Hause kam, musste die Familie allerdings schmunzeln. Sie errieten, dass Betty sich verliebt hatte – in den AdA-Studenten Konrad Arndt.

FAMILIENLEBEN IN WIESBADEN

Am 23. Dezember 1922 heirateten Konrad Arndt und Betty Stunz in Frankfurt am Main. Im Sommer 1923 zog das Ehepaar nach Bautzen, wo Konrad künftig als Arbeitersekretär beim Deutschen Metallarbeiter-Verband wirkte.

Schnell profilierte er sich als unerschrockener Kämpfer für die Demokratie und gegen den Rechtsradikalismus. In der Gewerkschaft wurde er als zielstrebiger Organisator und zündender Redner geschätzt. Privat gab es Grund zur Freude: Am 26. Dezember 1924 wurde Günter, das erste Kind von Betty und Konrad Arndt, geboren. Als Konrad Arndt gut ein Jahr später ein Stellenangebot aus Wiesbaden bekam, war Betty besonders glücklich: Durch den Umzug kam sie wieder in die Nähe ihrer Familie, die sie in Bautzen doch sehr vermisst hatte.

Seit März 1926 war Konrad Arndt als Sekretär beim Ortsausschuss des ADGB in Wiesbaden tätig. Bald war er als Gewerkschafts- und Parteifunktionär sehr beliebt. »Gehen wir zum Konrad!«, hieß es, wenn es betriebliche Reibereien zu schlichten oder soziale Probleme zu lösen galt. Seit 1929 gehörte Konrad Arndt als Abgeordneter der SPD der Wiesbadener Stadtverordnetenversammlung an. Für den gesamten Kreis Wiesbaden übernahm er außerdem die Führung des Reichsbanners Schwarz-Rot-Gold, der ursprünglich überparteilichen, mittlerweile sozialdemokratisch dominierten Republikschutzorganisation, der er bereits kurz nach deren Gründung 1924 beigetreten war. Er stand regional an der Spitze der Eisernen Front, eines Bündnisses aus SPD, Freien Gewerkschaften, Arbeitersportorganisationen und Reichsbanner Schwarz-Rot-Gold, das als Reaktion auf die reichsweiten Erfolge der NSDAP 1931 gebildet wurde.

Der Faschingsdienstag 1927, so erinnert sich Günter Arndt, war ein besonderer Tag. Schon früh am Morgen wurde der kleine Günter vom Vater geweckt: »Wir gehen jetzt ins Gewerkschaftshaus, da zeig ich dir meine Arbeitsstelle!« Aufgeregt trabte der Zweijährige an Vaters Hand durch Wiesbaden, von ihrer Wohnung in der Taunusstraße bis ins Gewerkschaftshaus in der Wellritzstraße. Stolz registrierte er, wie viele Leute unterwegs seinen Papa kannten und grüßten. Als die beiden dann am Abend von diesem 1. März 1927 wieder nach Hause kamen, hörten sie im Hof schon Babygeschrei aus ihrer Wohnung. Da sagte der Vater: »Jetzt gucken wir mal, ob der Klapperstorch dir ein Schwesterchen oder ein Brüderchen gebracht hat!« Und tatsächlich: Ein kleiner Bruder war da.[1]

Betty und Konrad Arndt gaben ihrem zweiten Sohn schlicht den Namen »Rudi« – und nicht etwa »Rudolf«. Mit dem Eintrag ins Standesregister war das Kind getauft. Auf die entsprechende kirchliche Zeremonie verzichteten die Eltern, obwohl zumindest die Mutter noch mit der evangelischen Konfession aufgewachsen war. Auch in dieser Hinsicht war Rudi Arndt ein echtes Kind der Arbeiterbewegung, hineingeboren in die kurzen »goldenen« Jahre der Weimarer Republik vor dem Ausbruch der Weltwirtschaftskrise, als der Versuch, erstmals eine Demokratie in Deutschland aufzubauen, trotz aller inneren Richtungskämpfe noch nicht gescheitert war.

Während ihrer ersten Wiesbadener Jahre, bis 1931, wohnte die Familie Arndt im Hinterhaus der »Villa Karsunki« in der Taunusstraße 77, wo ihr zweiter Sohn Rudi auch geboren worden war. Über ihre Erziehungsprinzipien haben sich die Eltern nie geäußert. Es war selbstverständlich, dass sie ihre Kinder getreu ihrer eigenen, sozialdemokratischen Grundhaltung erzogen. So trat Konrad Arndt, sicher hauptsächlich im Interesse seiner damals sechs- und knapp vierjährigen Söhne, am 1. Januar 1931 der Wiesbadener Gruppe der »Reichsarbeitsgemeinschaft der Kinderfreunde« bei. Die »Kinderfreunde« verstanden sich satzungsgemäß als »die Erziehungsbewegung des Proletariats« und wollten »die Arbeiterkinder im Geiste der sozialistischen Gesellschaft erziehen«. Ihr Ziel war eine Erziehung zur »Ordnung, Freundschaft, Solidarität«, und ausdrücklich wandten sie sich gegen die Prügelstrafe und jede Unterdrückung in Schule und Elternhaus. »Die Mutti«, erinnert sich Günter Arndt allerdings, habe die beiden Söhne später, als sie sie allein aufziehen musste, »manchmal auch gehauen«. »Sonst hätte sie uns nicht groß gekriegt«, meint er, »so zwei wilde Buben.«[2]

Der Vater, ein Mann von beeindruckender Persönlichkeit und beachtlicher Statur, blieb immer Vorbild für Rudi Arndt. Als eine der frühesten Kindheitserinnerungen hatte sich ihm das Bild von den *kräftigen Beinen des Vaters* eingeprägt, neben denen er *als kleiner Purzel* stand – bei politischen Kundgebungen etwa.[3] Schon früh nahmen die Eltern Arndt ihre beiden Söhne zu politischen und gewerkschaftlichen Veranstaltungen mit. Höchster Feiertag in der sozialdemokratischen Familie war natürlich der 1. Mai. Und wenn die Kleinen dann brav die offiziellen Maifeiern überstanden hatten, gab es Geschenke. Am 1. Mai 1930 bekam Rudi ein Schiffchen zum Aufziehen – mit der Folge, dass der Dreijährige das neue Boot gleich ausprobieren wollte und dabei in den Brunnen auf dem Neroberg fiel. Glücklicherweise fischte der »große« Bruder den Kreischenden rechtzeitig heraus. Bald erhob Rudi seine Stimme auch, wenn Unrecht geschah, etwa als größere Jungen ihm, dem mittlerweile Fünfjährigen, die schwarz-rot-goldene Fahne vom Roller rissen. Einer wie er ging keinem Streit aus dem Weg. Auch später nicht.

Die Jahre der Kindheit bis 1933, so erinnert sich Rudis Bruder Günter Arndt, waren »eine aufregende Zeit, die Mutter [war] viel unterwegs für Aufgaben in der Arbeiterwohlfahrt, der Vater bei Versammlungen im Rheingau, im Untertaunus und in Wiesbaden«. Trotz ihres unermüdlichen Einsatzes hatten die Eltern auch viel Zeit für ihre beiden Buben, zumindest am Wochenende, an dem sie alle zusammen immer etwas unternahmen. »Wir Kinder waren von den Eltern begeistert«, erzählt Günter Arndt, »wanderten mit ihnen zur Platte, zu Fischzucht und Holzhackerhäuschen, an den Rhein und übers Chausseehaus nach Schlangenbad. Die Familie machte Ausflüge mit der Konsumgenossenschaft, war bei den Sportfesten der Freien Turner, im Kinderlager der Falken und am 1. Mai auf dem Sportplatz an der Lahnstraße. Stolz waren wir, wenn wir den Vater in dem Flugzeug wußten, das bei den Wahlen an den Himmel schrieb: ,Hitler ist Krieg!'«[4]

Noch bevor Rudi in die Schule kam, brachte der Vater ihm das Lesen bei, vielleicht um den *»bösen« Buben* wenigstens manchmal bei einer ruhigeren Beschäftigung etwas bändigen zu können. Tatsächlich entwickelte sich Rudi zu einer richtigen *Leseratte*, die zwei oder drei Bücher in der Woche – die gesamte »klassische« Jungenliteratur von »Robinson« über »Lederstrumpf« und »Tarzan« bis »Winnetou« – verschlang.

Am 30. Januar 1933 änderte sich das Leben der vier Arndts, ihrer
Verwandten und Bekannten mit einem Schlag. Im Zuge der Etab-
lierung der nationalsozialistischen Terrorherrschaft in den folgenden Monaten, so berichtet Günter Arndt, »gerieten die Familien aller
Verwandten unter massiven Druck durch SA, SS und Gestapo. Die
Schreinerei [d. i. der Betrieb der Gebrüder Stunz, der Brüder von
Betty Arndt, in Frankfurt] wurde boykottiert, überall erfolgten Hausdurchsuchungen, viele Angehörige wurden verhaftet, einige verurteilt, Hanna musste ins Ausland. Die Familie hielt umso mehr
zusammen.«[5] Mit »Hanna« meint Günter Arndt seine Tante Johanna
Kirchner.

Schon zu ihrem eigenen Schutz wurden Kinder wie Günter und
Rudi Arndt, die im Frühjahr 1933 sechs und acht Jahre alt waren,
auch oder gerade in einem sozialdemokratischen Elternhaus nicht
genau darüber unterrichtet, was sich nach der drastischen Verän-
derung der politischen Verhältnisse in ihrem Familien- und Bekanntenkreis abspielte. Doch ließ sich nicht alles vor den Kindern
verheimlichen, und in Interviews hat Rudi Arndt rückblickend öfter
gesagt, dass er als Kind in der NS-Zeit ungefähr wusste oder zumindest spürte, *was Sache war*. So kam Rudi in jenen ersten Tagen

Betty und Konrad Arndt
mit ihren Söhnen Günter
und Rudi (re.) auf einem
Ausflug zum Chausseehaus
in Wiesbaden, 1933

JOHANNA KIRCHNER wurde am 24. April 1889 in Frankfurt am Main geboren. Auch sie stammte direkt vom »roten Prinz« ab: Sie war die älteste Tochter von Ernst Stunz und dessen Ehefrau Karoline, geb. Prinz, also die große Schwester von Betty Arndt. Von klein auf in die Arbeiterbewegung hineingewachsen, begründete die engagierte Sozialdemokratin nach dem Ersten Weltkrieg die Frankfurter »Arbeiterwohlfahrt« (1919) und die Organisation der »Kinderfreunde« (1925) mit.

Im Juni 1933 musste Johanna Kirchner ihre Vaterstadt Frankfurt verlassen. Sie floh zunächst ins Saarland, dann (1935) weiter nach Frankreich, um zahlreichen Emigranten aus Nazideutschland zu helfen. Als Widerstandskämpferin 1942 von der französischen Geheimpolizei verhaftet und vom Vichy-Regime an Deutschland ausgeliefert, wurde sie vom Volksgerichtshof zuerst 1943 zu zehn Jahren Zuchthaus, dann in einer vom »Blutrichter« Roland Freisler betriebenen Neuverhandlung wegen »Vorbereitung zum Hochverrat« am 21. April 1944 zum Tode verurteilt. Am 9. Juni 1944 wurde Johanna Kirchner in Berlin-Plötzensee hingerichtet.

Ihr Schicksal wurde zur Verpflichtung für nachfolgende Generationen – nicht nur in ihrer eigenen Familie. Zum Andenken an die engagierte Sozialpolitikerin gründete die Arbeiterwohlfahrt in Frankfurt 1951 die Johanna-Kirchner-Stiftung, die alten und pflegebedürftigen Menschen einen Lebensabend in Geborgenheit ermöglichen will. Zu den sechs Einrichtungen der Stiftung in Frankfurt und Umgebung gehören das 1952 eröffnete Johanna-Kirchner-Altenhilfezentrum am Sommerhoffpark und das 1956 eingeweihte August-Stunz-Zentrum am Röderbergweg. Letzteres ist nach August Stunz benannt, dem jüngsten der sechs Geschwister Stunz (also einem Bruder von Johanna Kirchner und Betty Arndt), der als Vorsitzender der AWO Frankfurt bis zu seinem frühen Tod 1955 maßgeblich an der Planung des neuen Pflegeheims beteiligt war.

An die Widerstandskämpferin Johanna Kirchner erinnerte die Stadt Frankfurt am Main außerdem mit der Johanna-Kirchner-Medaille, die von 1991 bis 1995 für Verdienste im Widerstand gegen die NS-Diktatur verliehen wurde. Zu den Trägern zählen etwa Willi Birkelbach, Mile Braach, Emil Carlebach, Walter Hesselbach, Stan Zak Kaminski, Arno Lustiger, Emil Mangelsdorff, Dr. Charlotte Schiffler, Valentin Senger u. v. a. Auch Johanna Kirchners Töchter Lotte Schmidt und Inge Leetz sowie Rudi Arndts Bruder Günter Arndt wurden für ihren Einsatz im Widerstand mit dieser Auszeichnung geehrt.

des Hitlerregimes einmal im Gewerkschaftshaus in der Wellritz-straße 49 zufällig dazu, wie sein *Vater mit einigen Kollegen den Fußboden aufriss und dort Fahnen und Bücher verbarg.* Auf seinen Hinweis hin konnten die Sachen nach 1945 dort wieder gefunden werden, wo sie zwölf Jahre zuvor versteckt worden waren.[6] Sicher bekamen Günter und Rudi auch die erste Hausdurchsuchung in der Wohnung der Familie mit, wobei am 28. Februar 1933, am Tag nach dem Reichstagsbrand, Wahlkampfmaterialien zu den bevorstehenden Reichstags- und Kommunalwahlen von Konrad Arndt beschlagnahmt wurden.

Sofort nach der Kommunalwahl, die in Wiesbaden mit einem deutlichen Vorsprung der NSDAP (mit 48,5 Prozent) vor den anderen Parteien (SPD: 16,8 Prozent; DNVP: 10,6 Prozent; Zentrum: 9,9 Prozent; KPD: 9,7 Prozent) geendet hatte, besetzten Nazitrupps das Gewerkschaftshaus. Daraufhin wurde Konrad Arndt nach einer erneuten Hausdurchsuchung in seinem Büro und seiner Wohnung kurzzeitig »in Schutzhaft« genommen und in der Gestapo-Zentrale in der Paulinenstraße verhört und misshandelt (13.3.1933). Offensichtlich sollte damit ein profilierter und populärer Frontmann der Sozialdemokratie, der seit langem für seine kompromisslos antinazistische Haltung bekannt und nach dem 30. Januar 1933 noch forciert als glänzender Agitator »gegen Faschismus und Diktatur, für Demokratie und Sozialismus« aufgetreten war, eingeschüchtert werden.

Einigen Anhängern des NS-Regimes genügte das nicht. Sie wollten Konrad Arndt ganz zum Schweigen bringen. Am 24. März 1933, einen Tag nachdem die Errichtung der nationalsozialistischen Diktatur mit der Verabschiedung des »Ermächtigungsgesetzes« im Reichstag auch formaljuristisch besiegelt worden war, verübten drei SA-Männer einen Mordanschlag auf Konrad Arndt. Sie drangen mit Hilfe eines Mittelsmanns gegen 19 Uhr in die Wohnung der Familie im zweiten Stock des Mietshauses Oestricher Straße 6 in Wiesbaden ein und verletzten Arndt mit drei Messerstichen schwer. Der Sohn Rudi, gerade sechs Jahre alt, sah alles mit an. Das Erlebnis wurde für ihn zu einem Trauma, das ihn sein ganzes Leben lang verfolgte.

Rudi Arndt über den Mordanschlag der SA auf seinen Vater Konrad Arndt am 24. März 1933[7]

Den Überfall auf meinen Vater im März 1933 habe ich mitangesehen. Ich war gerade auf der Toilette. Als es schellte, öffnete meine Mutter die Wohnungstür, und ich, neugierig geworden, öffnete die Toilettentür auch einen Spalt breit. Ich erblickte vor unserer Wohnung ein paar Männer. Ich meine, es waren drei. [Sie wünschten den Arbeitersekretär des ADGB in einer wichtigen Angelegenheit zu sprechen.] *Meine Mutter holte meinen Vater aus der Küche. Als er die Männer sah, machte er sofort kehrt und wollte zurück in die Küche. Nun warfen sich die Männer von hinten auf ihn, aber es gelang ihm, sie abzuschütteln und die Küchentür hinter sich zuzuwerfen. Die Eindringlinge versuchten daraufhin, die Küchentür einzutreten. In dem Moment ging sie auch schon wieder auf, und mein Vater stürzte mit dem großen Brotschneidemesser heraus. Jetzt türmten die Männer. Mein Vater setzte ihnen nach. Nachher erfuhr ich, dass er im Treppenhaus im ersten Stock das Fenster aufgerissen und den aus dem Hauseingang Flüchtenden noch das Messer nachgeworfen hatte. Dabei traf er, wie sich später herausstellte, einen der Attentäter an der Hand.*

Vor dem Haus war ein großer Auflauf entstanden, und aus dem schräg gegenüberliegenden Haus kam die Tochter des SPD-Reichstagsabgeordneten [Otto] *Witte* [der dort, in der Winkeler Straße 17, wohnte]. *Als sie meinem Vater die Treppe hinauf folgte, rief sie plötzlich: »Konrad, du blutest ja!« Erst da bemerkte mein Vater, dass ihm die SA-Leute bei dem Gerangel in unserem Flur drei Messerstiche zugefügt hatten. Er verlor schrecklich viel Blut.* [Lebensgefährlich verletzt brach er schließlich zusammen.] *Dann kam endlich der Krankenwagen und transportierte ihn ab.*

[Erst nach einigen Wochen im Krankenhaus war Konrad Arndt wiederhergestellt. Noch in der Klinik fertigte er eine Porträtskizze eines der Attentäter, den er erkannt hatte, an. Das Ermittlungsverfahren, das auf seine Strafanzeige hin aufgenommen wurde, wurde jedoch schnell eingestellt.] *Die SA-Männer, die uns mit Mordabsichten heimgesucht hatten, fielen dann unter die von den Nazis verkündete Amnestie für Taten im Zusammenhang mit ihrer »Nationalen Erhebung«. Meine Versuche, 1946 die Justiz dazu zu bewegen, die Täter doch noch zu bestrafen, scheiterten an der Untätigkeit der Staatsanwaltschaft.*

Zum ersten Mal war der 1. Mai im Jahr 1933 kein Freudentag in der Familie Arndt mehr. Das NS-Regime hatte den traditionellen Festtag der Arbeiterbewegung zum »Feiertag der nationalen Arbeit« erklärt, und zahlreiche Gewerkschaften und ihre Vertreter ließen sich darauf ein, gemeinsam mit den Nazis diesen Tag zu begehen, in der vagen Hoffnung, dadurch sich und ihre Einrichtungen vielleicht doch noch retten zu können. Zähneknirschend hatte auch Konrad Arndt einen entsprechenden Aufruf zur Maifeier im Namen des ADGB-Ortsausschusses in Wiesbaden herausgegeben, wohl – wie seine Frau Betty einmal rückblickend meinte – in dem Irrglauben, man müsse sich zumindest scheinbar mit den neuen Machthabern arrangieren, »da der Nazispuk sowieso nicht lange dauern würde«.

Gleich am Tag nach der Maifeier »bedankten« sich die Nazis prompt mit der »Aktion zur Gleichschaltung der Gewerkschaften« im gesamten Deutschen Reich. Auch in Wiesbaden wurde vormittags um 10 Uhr das Gewerkschaftshaus durch die SA gestürmt, besetzt und durchsucht. Konrad Arndt und seine Kollegen wurden aus ihren Büros gejagt und mussten mitansehen, wie alle Papiere, Schriften und Transparente aus dem Haus geschleppt und in Brand gesteckt wurden. Schließlich wurde Konrad Arndt, zusammen mit drei anderen Gewerkschaftssekretären, erneut kurzzeitig verhaftet. Trotz aller Demütigungen für die freiheitliche Gewerkschaftsbewegung ging die ganze »Aktion« noch glimpflich für ihn persönlich aus. Die Erleichterung darüber ließ ein anderes Ereignis des Tages in der Familie verblassen: Gerade an jenem 2. Mai 1933 war Rudi, der jüngste Spross der Arndts, in die städtische »Knabenvolksschule« an der Lorcher Straße eingeschult worden.

Gesinnung und Charakter

Die Nazis gewährten Konrad Arndt nur eine äußerst kurze Schonfrist. Bereits am 4. Mai 1933, zwei Tage nach der Erstürmung des Gewerkschaftshauses, suchte ihn der »Sturmbannführer« Engelhardt auf und legte ihm die schriftliche Aufforderung des Führers der SA-Standarte 80 vor, »dem Ueberbringer« sofort ins »Braune Haus« in der Lessingstraße 16 zu folgen. Der Standartenführer sicherte Arndt in dem Schreiben zunächst seinen »persönlichen Schutz« und »absolut freies Geleit« zu, um dann zu erklären: »Sie werden nach einer Vernehmung in die freiwillig von Ihnen aufgesuchte polizeiliche Schutzhaft zurückgebracht werden.«[8] Tatsächlich wurde Konrad Arndt für einige Tage inhaftiert, zunächst im SA-Gefängnis, dann im Polizeigefängnis in der Friedrichstraße. Zum ersten Mal blieb seine Frau Betty mit den beiden Söhnen für längere Zeit in der Ungewissheit, in Angst und Sorge um den Ehemann und Vater alleine zurück.

Bei den schier endlosen Vernehmungen in der Lessingstraße wollten die Nazis Konrad Arndt zur Zusammenarbeit überreden. Gar zu gern hätten sie seine ungeheure Popularität und das ungebrochene Vertrauen, das er bei den Wiesbadener Arbeitern genoss, für sich genutzt. Sie boten ihm an, künftig in der lokalen Leitung der Deutschen Arbeitsfront (DAF) mitzuarbeiten, der staatlichen Zwangsorganisation, die ab dem 10. Mai 1933 die freiheitliche Gewerkschaftsbewegung »ersetzen« sollte. Doch Arndt weigerte sich. In einem Lebenslauf, den er im »Braunen Haus« verfassen musste, erklärte er kategorisch, dass er es »als charakterlos bezeichnen« müsse, wenn er seine »bisherige Gesinnung« aufgeben würde.

Zugleich wollten ihm die nationalsozialistischen Inquisitoren offenbar einen Strick drehen, indem sie ihm die Veruntreuung gewerkschaftlicher Gelder anzuhängen versuchten. Da ihre eigene Kassenprüfung nach Übernahme der Gewerkschaften jedoch keine Unregelmäßigkeiten ergeben hatte, bissen sie sich an der Frage fest, inwieweit gewerkschaftliche Mittel früher zur Finanzierung politischer Aktivitäten von SPD, Reichsbanner, Eiserner Front oder anderen Organisationen verwendet (und dadurch dem mittlerweile beschlagnahmten Gewerkschaftsvermögen entzogen) worden seien, obwohl Konrad Arndt als zuständiger Arbeitersekretär dies in einem ihm zum Verhör vorgelegten Fragebogen nicht angegeben hatte. Nachweislich hatte Arndt insgesamt 2 500 Reichsmark von der Verwaltungsstelle des Deutschen Metallarbeiter-Verbandes in Geisenheim erhalten, um damit Bekleidung für das (mittlerweile verbotene) Reichsbanner im Rheingau anzuschaffen. Das bestritt er auch gar nicht, zumal er den Betrag als Gesamtschuldner quittiert hatte. Ein Teil des Geldes war bereits zurückerstattet. Jetzt musste sich Konrad Arndt gegenüber der Polizei verpflichten, den noch offenen Betrag von 1 110 Reichsmark kurzfristig, bis zum 27. Mai 1933, zurückzuzahlen. Um die fristgerechte Überweisung nach Geisenheim zu gewährleisten, musste Arndt die Summe wohl weitgehend aus eigener Tasche aufbringen. Dabei hätte die Familie ihre Ersparnisse inzwischen selbst gut gebrauchen können. Denn am 23. Mai 1933 hatte Konrad Arndt die fristlose Kündigung erhalten.

Nach seiner Entlassung hatte Konrad Arndt keine beruflichen Perspektiven. Alle seine Versuche, eine neue Arbeitsstelle zu finden, unterbanden die zuständigen Behörden mit der Begründung, er könnte dabei wieder in Kontakt mit früheren Gewerkschaftskollegen und Parteigenossen kommen. Bald plagten die Familie Arndt ernste finanzielle Sorgen. »Nachdem unsere Ersparnisse aufgebraucht waren«, schrieb Betty Arndt in ihren Erinnerungen, »standen wir völlig mittellos da (...).« Zudem war Konrad Arndt künftig unter ständige polizeiliche Überwachung gestellt: Er musste sich wöchentlich bei der Gestapo melden und wurde auch mehrfach erneut kurzzeitig inhaftiert; außerdem fanden immer wieder Durchsuchungen der Familienwohnung statt. Am 9. Juli 1933, wenige Wochen nach dem Verbot der SPD, wurde Konrad Arndt endgültig aus der Wiesbadener Stadtverordnetenversammlung ausgeschlossen, zusammen mit acht anderen Abgeordneten seiner Partei, u. a. dem späteren Wiesbadener Oberbürgermeister und langjährigen Landtagspräsidenten Georg Buch.

Wie viele führende Sozialdemokraten baute Konrad Arndt schließlich eine kleine Lebensmittelvertretung auf, wodurch zugleich ein Kontaktnetz geknüpft werden sollte: Er holte zweimal wöchentlich in seinem sozialdemokratisch-gewerkschaftlichen Bekanntenkreis die Bestellungen ein, leitete diese dann an den Lebensmittelhändler Kurt Krill weiter und lieferte anschließend die aus dessen Lager erhaltenen Waren an die Kunden aus. Offenbar teilten jene Sozialdemokraten, die alle aus der gleichen Not heraus in die Lebensmittelbranche gegangen waren, die Zuständigkeit für verschiedene Produktgattungen unter sich auf, wie Rudi Arndt einmal notierte: *Georg Buch war für Kaffee zuständig, mein Vater für Zucker, Salz, Grieß, Mehl u. ä.* Doch, so berichtete er in dem nur stichwortartig überlieferten Redemanuskript weiter, die *Nazis verboten meinem Vater die Besuche bei den Kunden. Mein Bruder und ich nahmen dienstags Bestellungen entgegen und brachten freitags die bestellten Lebensmittel. Konnten dabei Material verteilen (...).*[9]

Auf der Suche nach einer neuen Existenzgrundlage glückte es Konrad Arndt endlich, als Versicherungsvertreter für die Karlsruher Lebensversicherung AG tätig werden zu dürfen. Seine Einkünfte daraus blieben allerdings eher dürftig: Er erzielte ein Einkommen von 1 160 Mark im Jahr 1934 und nur 600 Mark im Jahr 1935, während er als Arbeitersekretär noch 440 Mark brutto im Monat verdient hatte. Da Betty Arndt die Lebensmittelvertretung weiterführte, kam die Familie einigermaßen über die Runden: »Große Sprünge konnten die Arndts trotzdem nicht machen. Aber von dem, was sie hatten, gaben sie oft genug anderen Menschen etwas ab, die noch ärger dran waren als sie. So wurde etwa der alte Gewerkschaftskollege und Reichsbanner-Aktivist Hermann Heuer, der nahezu mittellos dastand, bei seinen Besuchen immer wieder mit etwas Essbarem versorgt. Die Solidargemeinschaft der Sozialdemokratie funktionierte – trotz der Unterdrückung.«[10]

Von den entstehenden örtlichen Widerstandsgruppen dürfte sich Konrad Arndt jedoch zu deren Schutz ferngehalten haben. Da er – dessen dezidiert antinazistische Haltung aufgrund seiner früheren Aktionen allgemein bekannt und spätestens seit seiner Verhaftung im Mai 1933 auch aktenkundig war – unter ständiger Beobachtung stand, hätte er sonst allzu leicht die Aufmerksamkeit der Fahnder auf die Wiesbadener Widerstandskreise lenken können. Allerdings bildete sich um Arndt eine oppositionelle Gruppe, die strikt vom Widerstand in Wiesbaden abgeschottet blieb und sich regelmäßig am linken Rheinufer traf. Diese Gruppe, zu der u. a. Franz Fuchs, der spätere Präsident des Hessischen Landtags, und Johannes Rebholz, der nachmalige Oberbürgermeister von Offenbach, gehörten, unterhielt Verbindungen zu sozialdemokratischen Widerstandskreisen in Frankfurt – wohin für Konrad Arndt durch seine Frau Betty ohnehin familiäre Beziehungen bestanden.

SOLIDARITÄT MIT DEM KZ-HÄFTLING KONRAD ARNDT

Seit mehr als zweieinhalb Jahren lebten Konrad Arndt und seine Familie in ständiger Angst vor seiner erneuten Vorladung oder gar Verhaftung. Zum Verhängnis wurde ihm schließlich der bloße Verdacht, dass er sich für die illegale SPD betätigt haben könnte. Im Rahmen einer größeren Aktion gegen Anhänger von KPD und SPD in Wiesbaden wurde er am 20. August 1935 von der Gestapo »abgeholt«. Zu nachtschlafender Zeit war die ganze Familie aus den Betten gejagt worden. Nach der obligatorischen Haussuchung hieß es, Arndt müsse »zu einer kurzen Vernehmung« ins Polizeipräsidium mitkommen. Dort eröffnete man ihm, er werde »in Schutzhaft« genommen.

Am 9. Oktober 1935, nach sieben Wochen Haft im Wiesbadener Polizeigefängnis, kam Konrad Arndt zusammen mit anderen, meist kommunistischen Gefangenen »auf Transport« – in das Konzentrationslager Esterwegen im Emsland, eines der berüchtigten Moorlager, in denen u. a. auch Wilhelm Leuschner, Carlo Mierendorff und Carl von Ossietzky gequält wurden. Im Zuge der Auflösung des KZ Esterwegen ab Juli 1936 wurden viele der Insassen – darunter Konrad Arndt – nach Oranienburg nördlich von Berlin verlegt, um dort bei der Errichtung des neuen Konzentrationslagers Sachsenhausen eingesetzt zu werden. Wohl gerade weil Arndt für seine Standhaftigkeit bekannt war, wurde er in den KZ besonders brutal misshandelt. Einmal, so berichtete nach dem Krieg ein Mitgefangener, der KPD-Politiker und spätere ÖTV-Gewerkschaftssekretär Paul Krüger, wurde Konrad Arndt in Esterwegen derart durchgeprügelt, dass ihm das Blut bis in die Schuhe floss. Als nach der geglückten Flucht von sieben Häftlingen aus dem KZ Sachsenhausen in der Nacht vom 6. auf den 7. November 1936 die Zurückgebliebenen in einer ungeheuerlichen Prügelorgie von der SS bestraft wurden, bekam auch Konrad Arndt – wiederum nach der späteren Aussage seines KZ-Kameraden Krüger – 25 Hiebe mit dem Ochsenziemer auf dem Prügelbock verpasst. Einziger Lichtblick in dieser Hölle waren die (zensierten) Briefe, die er einmal im Monat mit seinen Angehörigen wechseln durfte.

Derweil musste Betty Arndt daheim in Wiesbaden unter schwierigsten Umständen für den Unterhalt der Familie sorgen. Zunächst führte sie die Vertretung für den Lebensmittelhändler Kurt Krill fort, unterstützt von den beiden Söhnen, die weiterhin für die rasche

Auslieferung der Bestellungen sorgten. Als Krill dann ein Feinkostgeschäft in der Sonnenberger Straße am Kurpark eröffnete, übernahm er Betty Arndt als festangestellte Verkäuferin. Dennoch war sie weiterhin auf die Solidarität und die Hilfe ihrer Mitmenschen angewiesen. Es habe, so erzählte sie später, in Wiesbaden »eigentlich recht viele Leute gegeben, die ihren Teil dazu beitragen wollten, damit es der Familie eines KZ-Häftlings nicht so schlecht ging«[11] – von der Zahnarztgattin, in deren Garten sich die Arndts manchmal Obst holen durften, bis zu den zwei Verkäuferinnen eines Schreibwarenladens, die den beiden Buben gelegentlich kleine Geschenke zusteckten. Außerdem wurde Betty Arndt mit Spenden aus sozialdemokratischen Kreisen unterstützt. In einem Tabakwarenladen, den Max Meinhold seit dem Sommer 1933 in der Bleichstraße 26 in Wiesbaden betrieb, konnten Eingeweihte Geld abgeben, das dann an die in Not geratenen Familien von verfolgten und inhaftierten NS-Gegnern verteilt wurde. So besuchten die beiden alten Genossen Heuer und Hofmann in regelmäßigen Abständen die Arndts, um – wie Rudi Arndt erst nach 1945 von seiner Mutter erfuhr – ihnen die gesammelten Unterstützungsgelder von den politischen Freunden zu bringen.

SCHULALLTAG IM »DRITTEN REICH«

Rudi Arndt, der zum Zeitpunkt der Verhaftung seines Vaters im August 1935 acht Jahre alt war und in die Klasse 6a der Volksschule (nach heutigen Begriffen die dritte Klasse der Grundschule) ging, war ein guter Schüler mit fast ausschließlich »Zweiern« im Zeugnis. Rückblickend äußerte er den Eindruck, dass sein Klassenlehrer Riebeling ihn sogar gefördert habe, gerade weil er von der KZ-Haft des Vaters wusste. Andererseits erinnerte er sich, *wie manche Lehrer an der Schule meinen Bruder und mich vor der Klasse verhöhnten, weil unser Vater ein KZler war. Als ein solcher Lehrer mit Parteiabzeichen (...) mich nach dem Beruf meines Vaters fragte, antwortete ich: »Marxist.« Einige Klassenkameraden kamen nachher zu mir und sagten: »Das war gut. Unsere Väter sind wie dein Vater.« Und das waren Acht- und Neunjährige. Und wie viele wollten 1945 nichts mehr gewusst haben, wo doch Kinder schon gefühlt haben, was Sache war.*[12]

Anders als der kleine Bruder stand Günter Arndt in seiner Klasse der Volksschule an der Lorcher Straße ziemlich isoliert gegen eine

Mehrheit von Kindern aus NS-konformen Familien. Immer wieder wurde er von seinen Klassenkameraden verhöhnt und bedroht, weil der Vater im KZ war. Einmal, wie er selbst berichtet[13], hielten sie ihm auf dem Heimweg das Schultor zu, doch es gelang ihm, darüber zu springen und »abzurücken«. Da jagten sie ihn die Oestricher Straße hinunter, bis vor die Haustür ihrer Wohnung. »Schwupp, war ich in der Tür drin«, erzählt Günter Arndt, »und schwupp, war mein Bruder draußen.« Mit gezogenem Ledergürtel stellte sich Rudi der *Gruppe von Nazijugendlichen* entgegen: »Wagt euch ja nicht hierher! Ich schlag euch alle kaputt!« Jetzt erst griffen ein paar Lehrer, die bisher *in aller Gemütsruhe* zugesehen hatten, ein. *Nicht*, wie Rudi Arndt einmal die Erinnerungen des Bruders ergänzte, *um uns zu schützen (was übrigens nicht nötig war), sondern die fünffache Übermacht der Nazijugendlichen vor uns.*[14] »Der Rudi«, meint Günter Arndt dazu, »war eben ein richtiger Draufgänger.«

Im Alltag des »Dritten Reichs« waren allerdings auch manchmal Kinder wie Eltern aus sozialdemokratischem Haus nicht vor politischen Versuchungen gefeit. Noch während der Volksschulzeit, so erinnerten sich Rudi wie auch sein Bruder Günter Arndt, sollte einmal ein Stipendium für eine »Adolf-Hitler-Schule« vergeben werden.[15] Trotz seiner herausragenden schulischen Leistungen wurde nicht Rudi Arndt, sondern ein Klassenkamerad für das Stipendium ausgewählt. Das wurmte Rudi – obwohl er wusste, dass es sich um einen Freiplatz an einer nationalsozialistischen Eliteschule handelte, den kein Kind mit sozialdemokratischer Erziehung ernsthaft anstreben konnte. Und auch die Mutter plagten Gewissensbisse, weil sie sich schuldig fühlte, dass aufgrund ihrer politischen Überzeugung dem Sohn die höhere Schullaufbahn versagt schien.

Am 13. März 1937 bekam Rudi Arndt sein Abgangszeugnis von der Volksschule an der Lorcher Straße. Darin glänzte er mit drei »Einsern« (in Lesen, Rechtschreibung und Naturgeschichte), womit er eigentlich gymnasialreif gewesen wäre. Als Sohn eines politisch Verfolgten jedoch musste er sich schon glücklich schätzen, dass er die Erlaubnis zum Besuch der Mittelschule bekam. So konnte der Zehnjährige auf die Städtische Mittelschule an der Blumenthalstraße wechseln. Schon nach einem Jahr, am 31. März 1938, wurde er von dort »entlassen« in die Mittelschule an der Rheinstraße. Der Grund für diesen Schulwechsel ist nicht überliefert. Aber immerhin konnte Rudi weiterhin eine Mittelschule besuchen. Seinem Bruder Günter dagegen wurde verweigert, auf eine weiterführende Schule zu gehen. Er musste auf der Volksschule bleiben.

Dem Reiz der Hitlerjugend (HJ), die mit Sportnachmittagen, Geländespielen und Freizeitlagern lockte, konnte Rudi Arndt nur schwer widerstehen. Der Vater, dem er von dieser Versuchung noch vor dessen Verhaftung erzählt hatte, habe letztlich – bei allem Verständnis für die Sehnsüchte des Jungen – sinngemäß geantwortet, er müsse wissen, wo er hingehöre. Doch einige Zeit nach der Erhebung der Hitlerjugend zur »Staatsjugend« 1936, wohl als Rudi gerade das Mindestalter von zehn Jahren für die Aufnahme ins Jungvolk (als Eingangsorganisation in die HJ) erreicht hatte, kam ein HJ-Führer zur Mutter nach Hause. Wahrscheinlich im Zuge der damals laufenden massiven Mobilisierungskampagne für das Jungvolk wollte er Günter und Rudi werben – und Betty Arndt ließ sich breitschlagen, um ihre beiden Söhne nicht noch stärker der Diskriminierung als »Außenseiter« auszusetzen. So traten Günter und Rudi Arndt um 1937 *automatisch* ins Jungvolk in Wiesbaden ein. *Da hat uns niemand gefragt*, meinte Rudi Arndt später.[16]

Betty Arndt mit ihren Söhnen Rudi (li.) und Günter im Hof des Wohnblocks in der Oestricher Straße in Wiesbaden (während der KZ-Haft von Konrad Arndt), 1938

Manchmal durfte Rudi Arndt in den Ferien zur Großmutter väterlicherseits nach Elmshorn fahren. Berta Arndt war stolz auf ihren Sohn, und hoch erhobenen Hauptes führte sie dann den Enkel herum: »Das ist der Sohn vom Konrad, den sie im Konzentrationslager eingesperrt haben!«[17] Als Berta Arndt im Sommer 1938 starb, ergriff ihre Schwiegertochter Betty die Initiative. Telegrafisch ersuchte sie um eine Ausnahmegenehmigung, dass ihr Mann Konrad am Begräbnis teilnehmen dürfe. Die Genehmigung wurde wirklich erteilt, so dass sich die vier Arndts in Elmshorn nach fast drei Jahren endlich wiedersehen konnten.

Doch Konrad Arndt war nur für einige Tage aus der KZ-Haft »beurlaubt« worden. Bettys Bruder August Stunz, der Betty und die beiden Buben bereits nach Elmshorn chauffiert hatte, brachte die Familie mit dem Auto über Hamburg nach Berlin, wo sich Konrad Arndt bei der SS zurückmelden sollte. Wiederum zeigte sich seine Frau zum Handeln entschlossen: *Meine Mutter*, so erzählte Rudi Arndt, *hat uns* [d. h. den Söhnen Günter und Rudi] *extra zwei Braunhemden gekauft, und sie ist mit uns beiden dann dort einmarschiert* – direkt ins *Vorzimmer von Göring*, der als Ministerpräsident zumindest formell an der Spitze der preußischen Gestapo stand.[18] Durch ihre persönliche Fürsprache in der Kanzlei von Hermann Göring erreichte sie eine Fortsetzung der Haftunterbrechung, die, wieder in Wiesbaden, mehrfach verlängert wurde. Schon hofften alle auf eine reguläre Entlassung. Doch plötzlich wurde Konrad Arndt wieder in »Schutzhaft« genommen, die er, wohl einige Wochen lang, im Frankfurter Polizeigefängnis in der Hammelsgasse verbringen musste. Dann, im November 1938, wurde seine endgültige Haftentlassung ausgesprochen. Er bekam zur Auflage, nicht nach Wiesbaden zurückzukehren. Dort wäre er zu bekannt und hätte er zu viele Kontakte.

Daraufhin, gleich im Dezember, übersiedelte die Familie Arndt von Wiesbaden nach Frankfurt am Main, wo sie eine Wohnung in der Inheidener Straße 28 am Bornheimer Hang bezog, innerhalb einer Siedlung der Aktienbaugesellschaft für kleine Wohnungen, die ab 1926 unter der Leitung von Ernst May erbaut worden war.

ERNST MAY hat in seiner nur fünfjährigen Amtszeit als Stadt-
baurat von 1925 bis 1930 „das Neue Frankfurt" geschaffen. Mit
seinem Mitarbeiterstab errichtete er mehr als 20 Siedlungen
mit insgesamt ca. 15 000 Wohnungen, u. a. die Römerstadt,
die heute zu den bedeutendsten Baudenkmälern der frühen
Moderne in Deutschland zählt. Anders als ähnlich
herausragende Wohnbauprojekte der Zeit, etwa die Wei-
ßenhofsiedlung in Stuttgart, mussten die Frankfurter May-
Siedlungen als real funktionierendes Massenexperiment konzipiert werden: Es galt, die drängende Wohnungsnot in der
aufstrebenden Mainstadt zu bekämpfen.

So wurde mit einem Generalbebauungsplan auch das Gelände zwischen dem alten Dorf Bornheim und dem östlich
davon gelegenen Abhang zum Riederbruch erschlossen. Bis
1930 entstanden dort über 1 500 Wohnungen, die alle äußerst modern und komfortabel ausgestattet waren. Jede verfügte über eine »Frankfurter Küche«, eine Einbauküche, die
die Wiener Architektin Grete Schütte-Lihotzky nach dem Vorbild der Küchen in Speisewagen eigens für den kleinen
Raum in den Siedlungen funktional entwickelt hatte, sowie
über Fernheizung und Rundfunkanschluss. Zur Infrastruktur
der Siedlung Bornheimer Hang gehörten u. a. eine Freiflä-
chenschule (die heutige Charles-Hallgarten-Schule, 1930)
und die Heilig-Kreuz-Kirche, die der Kirchenbaumeister Martin Weber als »Hangkrone« am Höhenrand 1928–29 errichtet
hatte. Der Hang selbst sollte unbebaut bleiben. Die Freiflä-
chen an seinem Fuß waren als Grünanlagen, u. a. mit Spiel-
plätzen und Kleingärten, in die Siedlungsplanung mitein-
bezogen. Nicht nur für Kinder eröffnete sich hier ein grünes
Paradies in der Stadt.

Die Idylle am Bornheimer Hang konnte die Familie Arndt am Ende
der Dreißigerjahre nicht ungetrübt genießen. Konrad Arndt musste
sich mindestens zweimal in der Woche bei der Gestapo melden.
Seine Frau und seine Söhne lebten in ständiger Angst, dass er wieder inhaftiert werden könnte, zumal er sich standhaft weigerte,
etwa bei Aufmärschen und Kundgebungen die Hakenkreuzflagge
zu grüßen. Außerdem ergaben sich fast zwangsläufig wieder Kon-

takte zu den alten politischen Freunden, etwa zu Karl Kirchner, dem geschiedenen Mann von Bettys Schwester Johanna, der in Frankfurt bis 1933 an der Spitze der SPD-Fraktion in der Stadtverordnetenversammlung gestanden hatte und nun, zusammen mit Albrecht Ege, einen örtlichen Widerstandskreis führte. Bei Zusammenkünften dieses Kreises im Gasthaus Bender-Schuch in Alt-Praunheim standen Günter, Rudi und ihr Vetter Kurt Weber öfter vor den beiden Eingängen »Wache«: *Sowie wir jemand sahen, der in etwa aussah wie ein Geheimpolizist (das haben wir schnell begriffen, wie die aussehen), dann haben wir dort drin Mitteilung gemacht, und dann sind die in die verschiedensten Richtungen abgeschwirrt. Es ist nur zweimal passiert, dass wir die warnen mussten. (...) Die haben uns als Kinder nicht eingesetzt, logisch, aber immerhin: wir haben Schmiere gestanden, damit die sich unterhalten konnten.*[19]

Den Umzug nach Frankfurt fand der elfjährige Rudi offenbar gar nicht so schlecht. Allzu groß war der Bruch für ihn und seinen Bruder ohnehin nicht, da sie hier von klein auf häufig zu Besuch bei den Verwandten der Mutter gewesen waren. Der Onkel Karl Kirch-

Die Familie Arndt (nach der Entlassung des Vaters aus der KZ-Haft), wahrscheinlich Frühjahr 1939: Günter, Betty, Konrad und Rudi Arndt (v. li. n. re.)

ner etwa wohnte mit seinen Töchtern Lotte, verheiratet mit Emil Schmidt (die sich beide in der illegalen KPD engagierten), und Inge, verheiratet mit Arnold Leetz (die ebenfalls beide aktiv im Widerstand gegen das NS-Regime waren), in einer großen Wohnung in der Usinger Straße 14 in Bornheim. Er hatte Günter und Rudi schon während der KZ-Haft des Vaters öfter an den Wochenenden und in den Schulferien zu sich genommen, wie Gertrud Halberstadt berichtete, »damit die Mutter Geld verdienen und Essen sparen konnte«. Gertrud und ihr Bruder Lutz, Kinder des ebenfalls verfolgten und zeitweise im KZ inhaftierten SPD-Politikers Georg Stierle, die auch in Bornheim wohnten, waren willkommene Spielkameraden, zumal sie – so Gertrud Halberstadt rückblickend – »alle von den Nazikindern abgelehnt und isoliert waren«. Besonders freute den sportbegeisterten Rudi aber die Nähe des neuen Wohnorts zu »seinem« Verein, dem Fußball-Sportverein (FSV) Frankfurt, dessen Anhänger er von jeher war. Die Begeisterung dafür erklärte er seinen Freunden damit, dass schon seine »Mutti«, die in der Maulbeerstraße am Röderbergweg aufgewachsen war, »als junges Mädchen ,Ehrenjungfrau' beim FSV gewesen sei und bei wichtigen Freundschaftsspielen den Anstoß gemacht habe« (Gertrud Halberstadt).[20] Später, nachweislich 1941/42, war Rudi selbst als Spieler für den FSV aktiv; außerdem war er ein leidenschaftlicher Leichtathlet.

Schwierigkeiten bekam Rudi Arndt allerdings, weil er die *Gelegenheit wahrgenommen* und sich nach dem Umzug einfach nicht bei der Hitlerjugend in Frankfurt angemeldet hatte. Nach etwa einem halben Jahr, so erzählte er einmal, habe dann der Streifendienst der HJ vor der Tür gestanden und ihm mit Karzer gedroht, wenn er nicht unverzüglich seine »Dienstpflicht« beim Deutschen Jungvolk erfüllen würde. Angesichts eines drohenden Disziplinarverfahrens musste der Zwölfjährige künftig auch in Frankfurt wieder zum Jungvolk gehen. Glücklicherweise stellte sich bald heraus, dass der Fähnleinführer seiner Gruppe, Theo Marbach, selbst aus einem sozialdemokratischen Elternhaus stammte. Nach dem Wechsel in die HJ 1941 hatte Rudi Arndt dann Kurt Thon zum Gefolgschaftsführer, einen späteren bekannten Gewerkschaftsanwalt, von dem er aber rückblickend nicht einschätzen konnte, ob er *schon damals auf unserer Seite* gewesen sei.[21]

In der neuen Schule, der Brüder-Grimm-Mittelschule an der Luxemburger Allee 1 im Ostend, nahm Rudi Arndt die Herausforderung an: »*Der Neue*« *muss sich durchbeißen*, meinte er einmal, *das habe ich getan.*[22] Zum Abschluss des Winterhalbjahrs 1938/39 hatte er sich schon gut in den Unterrichtsstoff eingearbeitet. So erreichte er in seinem ersten Zeugnis nach dem Schulwechsel (24.3.1939) in den meisten Fächern eine Drei.

Im Laufe der Schuljahre bis 1941 blieben Rudi Arndts Leistungen in der Mittelschule insgesamt befriedigend bis gut. Nur im Schwimmen, das er auch im Verein bei der Deutschen Lebensrettungs-Gesellschaft (DLRG) betrieb, schaffte er 1940/41 eine Eins. Die üblichen Bemerkungen zu »Verhalten in der Schule« und »Beteiligung am Unterricht« dagegen fielen nicht immer löblich aus. So notierte der Klassenlehrer Neun bei Rudi Arndt zum Arbeitsverhalten im Sommerhalbjahr 1939: »Muß sich mehr zusammen raffen.«, zum Betragen im Winterhalbjahr 1939/40: »In einem Fall ungezogen und unkameradschaftlich. Gibt am letzten Schultag zu strengem Tadel Anlaß.« Der »Fall«, der zu diesem Eintrag geführt

Im Kreis der großen Familie in Frankfurt, aufgenommen bei einem Treffen im Garten von Dorle Weber in Praunheim, 1940: Marianne Rothfritz (eine Freundin der Familie), Heinrich Stunz, Günter Arndt, Betty Arndt, Konrad Arndt (obere Reihe v. li.); Karl Schmidt (mit Schnurrbart), Lotte Schmidt (mittlere Reihe v. li.); N. N. (Nichte von Marianne Rothfritz), Dorle Weber, Rudi Arndt (untere Reihe v. li.)

hat, ist nicht überliefert. Doch noch immer ging Rudi keinem Streit aus dem Weg, gab dem Lehrer freche Antworten und boxte sich im Zweifelsfall auch mit größeren und stärkeren Kindern. Und im Unterricht hatte der mittlerweile Dreizehnjährige offenbar keine große Lust, sich anzustrengen, vielleicht auch, weil er sich unterfordert fühlte: »Arbeitet wohl mit, könnte aber mehr leisten«, lautete das Urteil über seine »Beteiligung am Unterricht« im Sommerhalbjahr 1940.

DER MYSTERIÖSE TOD VON KONRAD ARNDT

Bei Beginn des Zweiten Weltkriegs am 1. September 1939 hielt sich Rudi Arndt mit seiner Schulklasse gerade auf der Wegscheide, dem Frankfurter Schullandheim, auf, wo der Lehrer sofort den Kindern vorzuschwärmen begann, *wie schnell wir diesen Krieg gewinnen würden.* Tatsächlich ergaben sich ausgerechnet durch den Kriegsausbruch wieder berufliche Perspektiven für Konrad Arndt, der seit seiner Entlassung aus dem KZ verzweifelt versucht hatte, eine neue Existenzgrundlage für sich und seine Familie zu schaffen. In Frankfurt hatte er zunächst wieder als Vertreter für die Karlsruher Lebensversicherung gearbeitet, sogar recht erfolgreich, bis ihm diese Tätigkeit am 4. August 1939 erneut von der Gestapo verboten wurde. Ein früherer Parteifreund und jetziger Leiter des Heimat-Kraftfahr-Parks (Hei. K. P.) in Frankfurt überzeugte ihn, sich dorthin einberufen zu lassen. Im Oktober 1939 rückte Konrad Arndt als Gefreiter zum Heimat-Kraftfahr-Park ein. Dort hatte inzwischen die – zuvor auch bei der Karlsruher Lebensversicherung verankerte – Widerstandsgruppe um Alex Möller, den späteren Bundesfinanzminister, einen weiteren Stützpunkt gebildet. Arndt übernahm künftig u. a. die Aufgabe, die Verbindung zum Widerstand in Belgien aufrechtzuerhalten. Seine Freunde planten, ihn zügig zum Obergefreiten und dann zum Unteroffizier zu befördern, wodurch er der alleinigen Befehlsgewalt der Wehrmacht unterstellt und somit der ständigen Überwachung durch die Gestapo entzogen gewesen wäre.

Offiziell fuhr Konrad Arndt für die Wehrmacht nach Belgien und Frankreich, um dort liegengebliebene Fahrzeuge der Armee ausfindig zu machen und zurückzutransportieren. Am Mittwoch, dem 13. November 1940, verunglückte er auf einer Dienstfahrt von Brüssel zurück nach Frankfurt tödlich. Die Umstände seines Todes ließen sich nie klären. Angeblich hatte er in Bergheim bei Köln einen Autounfall, wobei in einigen amtlichen Dokumenten auch der 14. November als Todestag bzw. ein (nicht existierender) Kölner Vorort oder Stadtteil Bergstädt als Unfallort angegeben sind. Als Todesursache wurde den Angehörigen »Schädelbruch« mitgeteilt. Allerdings durften sie den Verstorbenen, der in einem verlöteten Zinksarg nach Frankfurt gebracht und hier am 19. November 1940 eingeäschert wurde, nicht mehr sehen. Am 22. November 1940 wurde die Urne auf dem Hauptfriedhof beigesetzt. Aus Widerstandskreisen erhielten die Hinterbliebenen die Information, dass Konrad Arndt wegen seiner unbeugsamen Haltung gegen das NS-Regime liquidiert worden sei. Doch konnte die Familie nichts Näheres über seinen Tod in Erfahrung bringen, obwohl sie sich auch nach dem Krieg noch lange darum bemühte. Einmal ist der Sohn Rudi Arndt sogar selbst nach Bergheim gefahren, um aber vor Ort nur festzustellen, dass dort gar nichts von einem Autounfall um den 13. November 1940 herum bekannt war.

VON DER SCHULBANK IN DEN KRIEG

Nach der Mittleren Reife im Frühjahr 1942 konnte Rudi Arndt auf die höhere Schule wechseln, was erst um einen hohen Preis, den Verlust des Vaters, möglich geworden war. Die Aufnahme an der Helmholtz-Oberrealschule verdankte er dem Direktor Theodor Zeiger, einem Freund der Familie, der selbst einst nach einer massiven Hetzkampagne wegen seiner demokratischen Gesinnung 1934/35 von der Liebigschule in Bockenheim an die Helmholtz-schule versetzt worden war. Seit dem 1. April 1942 also ging der fünfzehnjährige Rudi auf die neue Schule an der Habsburgerallee. Dafür musste die nunmehr alleinerziehende Mutter ein monatliches Schulgeld von 20 Reichsmark aufbringen, was sie dank ihrer mittlerweile aufgenommenen Berufstätigkeit als Buchhalterin in der familieneigenen Schreinerei Stunz leisten konnte.

Günter, der ältere der beiden Arndt-Söhne, dem die NS-Behörden lange den Besuch einer höheren Schule verweigert hatten, durfte inzwischen auf eine Lehrerbildungsanstalt gehen. Dort forderte er seine Kameraden auf, sich nicht freiwillig zum Kriegsdienst zu melden. Die Aufgabe eines Lehrers sei es, Schüler zu erziehen – und nicht, an der Front erschossen zu werden. Daraufhin wurde er wegen »Volksverhetzung« 1943, kurz vor dem Examen, der Anstalt verwiesen. Sofort von der Wehrmacht eingezogen, musste er am Russlandfeldzug teilnehmen, und erst nach viereinhalb Jahren russischer Kriegsgefangenschaft kehrte er 1949 nach Frankfurt zurück. Später forderte Rudi Arndt dann Gerechtigkeit für seinen Bruder. Als Mitglied im Schulausschuss der Stadtverordnetenversammlung suchte er zu verhindern, dass der *Nazilehrer namens Gilbert*, der seinen Bruder aus der Lehrerbildunganstalt geschmissen und damit um den Wunschberuf gebracht hatte, weitere Karriere im Schuldienst machte. Doch erfolglos: Gilbert wurde Mittelschulrektor in Frankfurt.[23]

Die Zeit an der Oberschule endete auch für Rudi Arndt schon nach knapp zweieinhalb Jahren nicht mit dem erwünschten Abschluss. Am 1. September 1944 wurden er und seine Mitschüler lediglich mit dem »Not-« bzw. »Kriegsabitur« entlassen. Lange zuvor schon hatte der Krieg den Schulalltag geprägt. Am 18. Februar 1943, keine drei Wochen nach der Kapitulation der 6. deutschen Armee in Stalingrad, hatte NS-Propagandaminister Joseph Goebbels im Berliner Sportpalast den »totalen Krieg« verkündet. Die Konsequenzen daraus musste die ohnehin kriegsmüde und belastete Bevölkerung tragen. Infolge der »Verordnung über die Meldung von Männern und Frauen für Aufgaben der Reichsverteidigung«, die bereits am 27. Januar 1943 erlassen worden war, kam es zu weitreichenden Dienstverpflichtungen, die Männer vom 16. bis zum 65. Lebensjahr und erstmals auch Frauen vom 17. bis zum 45. Lebensjahr betrafen.

Genau am Tag von Goebbels' Sportpalastrede wurden Rudi Arndt und seine Klassenkameraden von der Helmholtzschule zum »Kriegshilfseinsatz« eingezogen, und am 1. März 1943, an seinem 16. Geburtstag, erhielt Arndt den »Personalausweis« als Luftwaffenhelfer. Die Jugendlichen sollten bei den Luftabwehreinheiten in der Nähe ihres Wohnortes eingesetzt werden, damit mehr Soldaten von dort an die Front abkommandiert werden konnten. Rudi Arndt kam zunächst zur 4. schweren Flak-Abteilung 396 in Sulzbach am Taunus. Wahrscheinlich war er auf dem Feldflugplatz der Deutschen Luftwaffe zwischen Schwalbach, Sulzbach und Eschborn stationiert, wo sich heute (seit 1981) das »Arboretum« befindet, eine Waldparklandschaft mit über 600 Baum- und Straucharten aus allen Regionen der nördlichen Erdhalbkugel. In der Flakstellung in Sulzbach hatte Arndt als *Seitenmessmann* ein *8,8 cm-Funkmessgerät*

(Radar) zu bedienen, was ihn immerhin so faszinierte, dass er nach dem Krieg eigentlich Elektrotechnik studieren und Hochfrequenztechniker werden wollte.

Am 1. November 1943 wurde Rudi Arndt als *Richtkanonier* in die Flakstellung bei den Farbwerken Griesheim versetzt, wo er die schweren Luftangriffe auf Frankfurt im März 1944 hautnah miterlebt haben dürfte, und zu Anfang Mai 1944 stieg er zum *Mannschaftsführer* und *Seitenmessmann*, diesmal am *Scheinwerfer*, bei der Flak auf dem Rettershof bei Kelkheim im Taunus auf. An einen Einsatz als Luftwaffenhelfer zum Jahresende 1943, eigentlich im Urlaub unterwegs in Thüringen, erinnerte er sich besonders: *Ich (...) hatte eine dienstliche Sache in Rudolstadt in Thüringen und fuhr anschließend in Urlaub zu meinen Verwandten nach Hamburg. Zug habe ich keinen bekommen, aber ein Lazarettzug fuhr dort, mit vielen Verwundeten darin, die in andere Lazarette trans-*

**Als Luftwaffenhelfer
in Uniform,
1943/44**

portiert wurden, deutlich das Rote Kreuz auf dem Dach. Bei Mag-
deburg wurden wir von mehreren Lightnings angegriffen, die trotz
des Roten Kreuzes auf diesen Zug schossen. Ich sah: Hinten an dem
Zug hing eine Vierlingsflak. Die jungen Luftwaffenhelfer, die da
drin waren, sind offensichtlich getürmt, weil sie Angst hatten. Und
ich bin, obwohl ich in Urlaub war, voller Wut auf diesen Wagen ge-
sprungen, habe mich an die Vierlingsflak gesetzt, habe geschossen
und habe zwei Lightnings abgeschossen. Ich habe dafür das Eiserne
Kreuz II. Klasse bekommen.[24]

Nachdem zu Jahresbeginn 1944 das Aufnahmealter für Angehörige der HJ in die NSDAP von 18 auf 17 Jahre gesenkt worden war,
wurde rückwirkend für Jugendliche der Jahrgänge 1926 und 1927,
also auch für Rudi Arndt, der Parteieintritt möglich. Die HJ-Führer
warben daraufhin in ihrer Gefolgschaft besonders repressiv für die
NSDAP-Mitgliedschaft. Tatsächlich stellte Rudi Arndt am 3. März
1944, nur zwei Tage nach seinem 17. Geburtstag, einen Aufnah-
meantrag.[25] Die Hintergründe und Motive für diesen Entschluss
sind unbekannt. Es lässt sich nur mutmaßen, dass Arndt es sich
aufgrund seiner familiären Beziehungen zu Widerstandskreisen
nicht leisten konnte, durch eine Verweigerung aufzufallen; möglicherweise hat ihm auch seine besorgte Mutter, die sich in solchen
Fällen schon früher zu äußeren Kompromissen bereit gezeigt hatte,
zugeraten. Arndts Jahrgang wurde gemeinsam am 20. April 1944,
also zu »Führers Geburtstag«, in die NSDAP aufgenommen. Formal
war damit die Aufnahme der 16- und 17-jährigen Jugendlichen
zwar nicht rechtskräftig vollzogen, weil sie noch »jugenddienst-
pflichtig« waren und keine Mitgliedskarte erhielten. Doch in der
zentralen Mitgliederkartei wurde ihnen aufgrund des abgeschlos-
senen Aufnahmeverfahrens bereits eine Mitgliedsnummer zuge-
ordnet.[26] Rudi Arndt wurde unter der Nummer 10.163.291 geführt.[27]

Insgesamt scheint Rudi Arndt seinen Dienst als junger Luftwaffenhelfer nicht allzu schwer genommen zu haben. Später, als die
Mutter ihm wohl einmal voller Ärger ins Lazarett schrieb, weil ein
Neffe sich noch zu Hause vergnügte, während ihr Sohn schon verwundet darniederlag, antwortete er: Ich gönne es K., denn ich weiß,
was ihn erwartet, wenn er jetzt in diesen Materialschlachten an die
Front kommt. Also laßt ihn, was habe ich denn viel anderes getan
vor meiner Einberufung[?][28]

Am 20. Juli 1944 wollte ich mit einigen anderen Luftwaffenhelfern den Rundfunksender zwischen Frankfurt und Bad Vilbel besetzen. Von meinem Onkel Karl Kirchner hatte ich erfahren, dass für jenen Tag eine Aktion gegen Hitler geplant war. Die SS war aber schon vor uns dort. Ich hatte den Mund zu weit aufgerissen, und ein junger Nazi, Leutnant Rattey, wollte ein Kriegsgerichtsverfahren gegen mich anstrengen. Als ich zum Rapport nach Königstein bestellt wurde zum Batteriechef Oberleutnant Schneeberger, teilte der mir mit, ich müsse binnen 24 Stunden irgendeine Abordnung beibringen, sonst könne er mich nicht vor einem Verfahren bewahren. Ich fragte ihn, warum er das für mich tun würde. Seine Antwort: »Frage die Freunde deines Vaters, wer ich bin!« Er war der frühere Reichsbanner-Führer von Nürnberg. Ich fuhr nun mit dem Fahrrad nach Frankfurt, verzweifelt überlegend, woher ich eine solche Einberufung bekommen könnte. In meiner Hilflosigkeit verfiel ich auf den Leiter des HJ-Streifendienstes Frohmeyer [d. i. Paul Frommeyer]. *Der war ein »alter Kämpfer«, Fähnleinführer von mir und meinem Bruder in Wiesbaden. Nach dem Verlust eines Armes war er zur HJ nach Frankfurt versetzt worden.*[30] *Mit mir war er in seiner Funktion als Chef des HJ-Streifendienstes in Berührung gekommen, weil wir seinem Streifendienst im Taunus tolle Schlachten geliefert hatten. »Ausgerechnet ein Arndt«, sagte er zu mir. »Ich habe mir schon mit deinem Vater Saalschlachten geliefert, und du und deine Freunde haben meinem Streifendienst auch ganz schön zugesetzt!« Aber er gab mir die Einberufung zu einem Fallschirmlehrgang nach Tangermünde. Er wünschte mir noch alles Gute und ein gesundes Wiedersehen nach dem Krieg.*

Frohmeyer [d. i. Frommeyer] *habe ich dann nach 1945 in Wiesbaden besucht. Er war inzwischen Werkmeister bei Mercedes in der Mainzer Straße. Als ich ihm anbot, ihm bei der Entnazifizierung behilflich zu sein, lachte er nur und sagte: »Du warst nicht der Einzige, dem ich geholfen habe. Ich war vor 1933 Idealist, genau wie dein Vater. Schlimm waren doch vor allem die, die dann in die NSDAP eintraten, um Karriere zu machen. Sieh das mal so: Wenn ich nicht HJ-Führer gewesen wäre, hätte ich vielen – so wie dir – nicht helfen können.« So haben mich zwei Bekannte meines Vaters, ein Sozi und ein Nazi, im Zusammenwirken vor dem Kriegsgericht gerettet.*

Der Lauf der Ereignisse im Leben von Rudi Arndt in den Wochen und Monaten nach dem 20. Juli 1944 ist nur lückenhaft dokumentiert und daher nicht definitiv zu ordnen. Am 1. August 1944, so gab Arndt 1946 in einem Fragebogen der amerikanischen Militärregierung an, wurde er als *Mannschaftsführer* bei der Flak *wegen öffentl. Bedauerns* [des Fehlschlagens] *d. Attentates auf Ad. Hitler degradiert.*[31] Wie er selbst erzählte, brachte er damals einen Einberufungsbefehl von der HJ zu einem Fallschirmspringerlehrgang nach Tangermünde bei, womit er einem drohenden Kriegsgerichtsverfahren entging. Wahrscheinlich in den nächsten Wochen nahm er an diesem Lehrgang bei dem »Fallschirm-Panzer-Zerstörer-Ausbildungs-Bataillon« der Luftwaffe in Tangermünde (bei Stendal) teil. Wohl mit der vorliegenden Einberufung zum Reichsarbeitsdienst (RAD) wurde er am 1. September 1944 endgültig aus seinem bisherigen Dienst als Luftwaffenhelfer (und damit aus der »Disziplinargewalt« der HJ) sowie zugleich mit dem »Notabitur« aus der Schule entlassen. Die vorzeitige und prüfungslose Erteilung des Reifezeugnisses an den Siebzehnjährigen, der seit eineinhalb Jahren keinen regulären Unterricht mehr genossen hatte, war nur eine damals übliche Formalität im Interesse des Krieges. Spätestens ab dem 10. Oktober 1944 bis zum 4. Dezember 1944 dann war Rudi Arndt als *Arbeitsmann* beim RAD verpflichtet.[32] Dieser eigentlich sechsmonatige Arbeitseinsatz in militärisch organisierten Lagern, den alle Jugendlichen ab 1935 ableisten mussten, diente bei den Jungen inzwischen, seit dem Attentat auf Hitler, ausschließlich der militärischen Grundausbildung. Danach wurden die meisten nahtlos zum Kriegsdienst in die Wehrmacht übernommen.

ALS SOLDAT IN POLEN

Bereits zu Jahresbeginn 1945 wechselte Rudi Arndt zur Wehrmacht. Seine kurze Rekrutenzeit sollte er in Rippin (poln. Rypin) verbringen, einer früher polnischen Stadt etwa 50 Kilometer östlich von Thorn, die damals im »Reichsgau Danzig-Westpreußen« – also im Bereich der nach dem Polenfeldzug 1939 dem Deutschen Reich »eingegliederten Ostgebiete« – lag. Am 8. Januar 1945 traf Rudi Arndt in Rippin ein. *Nach langer Fahrt bin ich gestern mittag in Rippin gelandet,* schrieb er am nächsten Tag seiner Mutter nach Hause. *Was ärgere ich mich, das[s] ich nicht eine Woche später ge-*

fahren bin. Aber jetzt bin ich da und so schnell komme ich nicht an die Front, aber auch nicht nach Hause. (...) Vorerst habe ich wenig Gelegenheit zu schreiben. Dienst ist nicht streng, das kommt erst noch.[33]

Bereits nach vier Tagen, als die sowjetische Großoffensive gegen die deutsche Mittelfront in Polen gerade begonnen hatte, wurde Rudi Arndt als Panzersturmpionier zu einer Pioniereinheit versetzt, nach *O. U.*, wie er in seinen Feldpostbriefen seinen neuen Standort abkürzte, der offenbar nah an den aufbrechenden Linien lag. Nach Hause durfte er darüber nichts schreiben: *Wie, wo und bei was ich bin ist nichts besonderes und geheim.*[34] Doch an der Oberfläche zeigte er sich *zufrieden: [I]ch habe mich über alles besser hinweggesetzt, als ich bei meiner Abfahrt dachte,* schrieb er der *Mutti* am 13. Januar 1945, um schließlich nicht nur sie – allerdings wenig überzeugend – zu trösten: *Urlaub werde ich voraussichtlich erst Ende des Jahres bekommen. Eine lange Zeit, aber im Leben geht alles vorüber. Und wenn ich dann komme, dann habe ich den Berg hinter mir.*[35] Zwei Tage später, am 15. Januar 1945, marschierte Arndt mit seiner Einheit *nach Osten* ab. Angesichts des bevorstehenden Aufbruchs zur Front schrieb er noch einmal seiner Mutter: *Preußen ist ja ein schönes Land, aber kalt. In der Nacht ist es eiskalt. Oder der Wind pfeift durch das Gebälk. Nichts desto trotz [sic!], ich bin noch bei Laune. In Polen ist das ja ein Wunder. Endlich bin ich ja nun Soldat, aber... Rekrutenzeit habe ich mir anders vorgestellt. Schluß. In der nächsten Zeit wirst Du sehr wenig von mir hören. Meine Zeit ist zu sehr beschränkt. Wenn irgend etwas Wichtiges ist, werde ich Dir sofort schreiben.*[36]

Aber nicht nur die besorgte Mutter Betty, die nun ihre beiden Söhne im Feld wusste, wartete in Frankfurt auf Post von ihrem Rudi. Schon vor einiger Zeit hatte der Siebzehnjährige seine große Jugendliebe gefunden, Annemarie, gen. Anne Amend, die er wohl im Schwimmverein in Bornheim kennengelernt hatte. Mit der Beziehung zu dem ein Jahr älteren Mädchen war es ihm ernst, was er auch seiner Mutter gleich in seinem allererersten Feldpostbrief aus Rippin klar und bestimmt zu verstehen gab: *Du, und nun etwas über Anne. Ich betrachte sie als meine Braut und werde mich durch nichts davon abbringen lassen. Hoffentlich billigst Du meine Wahl. Ich weiß, daß ich noch viel zu jung bin und auch alle andern Einwände, aber ich habe mir das alles selbst schon oft genug überlegt. Sei bitte lieb zu ihr, Du weißt ja, mit ihrem Vater versteht sie sich nicht gut und mit irgend jemanden [sic!] muß sie sich aussprechen.*[37]

Nach zweitägigem Marsch in voller Montur kam Rudi Arndt mit seiner Einheit am 17. Januar 1945 im Kampfgebiet an. Drei Tage später, in der Nacht vom 20. auf den 21. Januar, wich seine Einheit vor der angreifenden Roten Armee zurück nach Rippin, das sie um 13 Uhr mittags erreichte. Wahrscheinlich im weiteren Verlauf des Tages wurde Rudi Arndt schwer verwundet. Ein Explosivgeschoss durchschlug seinen rechten Fuß. Sein eigener Bericht der Verwundung, den er aus dem Lazarett am 2. Februar 1945 an die Mutter schickte, ist nicht erhalten. Das ganze erste Blatt des Briefes fehlt, fiel möglicherweise der Zensur zum Opfer, die realistische Schilderungen von der Front schon aus ideologischen Gründen nicht in die »Heimat« durchkommen lassen konnte. Aber auch das zweite Briefblatt, das unvermittelt mit der Rettung des Verwundeten aus dem Frontbereich einsetzt, erhielt Betty Arndt erst viel später, fast genau zwei Monate nach Kriegsende, denn gemäß ihrem eigenen Vermerk auf der Rückseite hat sie, die die Briefe des Sohnes aus dem Lazarett sonst immer sehr zügig beantwortete, diesen erst am 8. Juli 1945 »erl[edigt]«.

In dem erhaltenen Briefteil schreibt Rudi Arndt über die Ereignisse direkt nach seiner Verwundung: *Auf einen Kameraden gestützt konnte ich[,] nur von der feindl. [Ari ?] behindert, weiter zurückgehn. Dann kippte ich um und man warf mich wie einen Sack über einen Panjewagen. Dann kam ich in ein San. Auto. Da lag ich drin bis wir von Panzern beschossen wurden dann fuhren wir ab. Nachts um 1 Uhr kamen wir nach Strasburg*[38] *und hier lagen wir in einem Keller bis zum anderen Morgen. Der Häuserkampf um Strasburg war schon entbrannt als wir eingeladen wurden. Mit full speed hauten wir ab. Aber die Hinterradreifen hat uns der Iwan doch zerschossen. Am Mittag wurde ich in Goßlershausen*[39] *frisch verbunden und mein Fuß geschient. Dann kamen wir in einen Viehwaggon auf [Stroh ?]. 15-20° kalt. Eine Decke ohne Verpflegung. Kurz und gut[:] Endlich am 30. Jan. kamen wir hier* [d. i. in Schwerin] *an und ins Lazarett.*[40]

Auf dem mehrtägigen Verwundetentransport im Viehwaggon zog sich Arndt außerdem schwere Erfrierungen am (eigentlich gesunden) linken Fuß zu, die nur deshalb *nicht so schlimm* ausfielen, weil ihm *Flüchtlinge, die im Zuge mitfuhren[,] bei jeder Station den Fuß mit Schnee abrieben: Sonst,* so berichtete er nach Hause, *hätte ich wohl mindestens die Zehen verloren.*[41]

In den ersten Tagen im Reserve-Lazarett 1 in Schwerin war Rudi Arndt erleichtert, den Fronteinsatz einigermaßen glimpflich hinter sich gebracht zu haben, was er auch in seinen Briefen an die Mutter ausdrückte: *Die Hauptsache ist, daß ich mit dem Leben davongekommen bin. Und, liebe Mutti, es sah verdammt nicht danach aus. Nur ich habe es doch geschafft.*[42] Doch noch war nicht alles überstanden. Die Wunde am Fuß blutete stark und begann nicht zu heilen, und auch der Knochen war in Mitleidenschaft gezogen worden. Der Patient litt anhaltend unter Fieber. Die Ärzte im Lazarett erwogen, ihm das Bein oder zumindest den Fuß zu amputieren, wogegen Arndt immer wieder heftig protestierte. Als es ihm nach zwei Wochen im Lazarett tagelang *gar nicht gut* ging, musste er am 17. Februar 1945 dennoch operiert werden: *Was an meinem Fuß nun eigentlich geschnitten wurde, weiß ich nicht,* schrieb er der Mutter auf deren Nachfrage. *Ist mir auch vollkommen egal.*[43]

Nach der Operation ging es allmählich bergauf. *[I]ch glaube, das Schlimmste habe ich nun hinter mir,* meinte Rudi Arndt zwei Tage nach dem Eingriff.[44] An eine Entlassung oder gar Heimkehr aus dem Lazarett war jedoch so schnell nicht zu denken: *Ich möchte schon von hier weg, aber das wird noch lange Zeit dauern.*[45] Zu Anfang März rechnete Arndt damit, erst in sieben Wochen wieder aufstehen zu dürfen. Einstweilen arrangierte er sich mit dem Leben im Lazarett, so gut es eben ging: *Meine Stimmung hier hat gerade keinen Höhepunkt,* so hatte er schon vor der gesundheitlichen Krise nach Hause geschrieben, *aber Trübsal blase ich nicht.*[46] Und selbst als es ihm tagelang wirklich dreckig ging, wollte er das in seinen Berichten nach Hause kaum zugeben. Die Mutter machte sich um ihre Söhne ohnehin genug Sorgen, die sich offenbar in zahllosen Fragen und Ermahnungen in ihren Briefen niederschlugen. Da schrieb er ihr lieber, dass er bald nach der Operation schon wieder mit den Krankenschwestern flachste: *Sie sind schon daran gewöhnt, daß ich Krach schlage, wenn nicht alles nach meinem Willen geht. Und deshalb geht es auch nach meinem Willen.*[47]

Mit fortschreitender Genesung schien Rudi, der im Lazarett seinen 18. Geburtstag feierte, seinen alten, noch etwas »halbstarken« Ton wiederzufinden, mit dem er auch auf die mütterlichen Ratschläge reagierte: *Liebe Mutti, und nun zu Deinem Rat in Bezug auf die Schrift. Du stellst Dir das alles sehr einfach vor. In Polen war kein richtiger Tisch da, kaum Zeit und eine Kerze für den ganzen Raum. Und hier liege ich im Bett, kann mich nirgendwo anlehnen. Wie soll ich da eine Sonntagsausgehschrift hinlegen können[?]*[48]

Zu seinem Glück hatte Rudi Arndt bereits kurz nach seiner Einlieferung ins Lazarett dort *durch Zufall gleichgesinnte Freunde* gefunden: *Ich summte auf dem Balkon ein Lied vor mich hin, das ich als Kind bei den sozialdemokratischen Kinderfreunden gelernt hatte. Zwei andere Verwundete fragten mich: »In welchem Verein hast du denn dieses Lied gesungen?« Das konnte eine Falle sein. Ich bewegte die Arme auf und ab, was man auch als »Ich weiß nicht« deuten konnte. Da sagte Werner Rixe, so hieß der Ältere: »Rote Falken! Freundschaft!« Sie kamen beide ebenfalls aus der sozialdemokratischen Jugendbewegung.*[49]

Zusammen mit den beiden Freunden wurde Rudi Arndt am 29. April 1945 von Schwerin ins etwa 20 Kilometer entfernte Crivitz verlegt. Noch am selben Nachmittag wurde das dortige Lazarett bei einem Tieffliegerangriff zerbombt, und Arndt war im Keller verschüttet. Nur dank seiner neuen Freunde wurde er gerettet, wie er rückblickend erzählte: *Obwohl man ihnen sagte, ich sei nicht mehr drin, suchten meine beiden Freunde mich in den Trümmern. Nach zwei Stunden fanden sie mich und sorgten dafür, daß ich ausgegraben wurde.*[50] Am Abend kehrten sie alle in ihr früheres Lazarett nach Schwerin zurück.

KRIEGSENDE IN SCHWERIN UND HEIMKEHR NACH FRANKFURT

Am 2. Mai 1945 marschierten die Amerikaner kampflos in Schwerin ein. Die dennoch *sehr dramatischen* Ereignisse im Lazarett an diesem Tag hat Rudi Arndt fünfzig Jahre später so geschildert: *Die SS hatte am Morgen im Lazarett eine Frau festgenommen, die gesagt hatte, daß nun Gott sei Dank alles vorbei sei. Sie wollten diese Frau an der Laterne aufhängen. Mit einigen anderen Verwundeten entwaffneten wir die SS-Leute, und als die Amerikaner zwei Stunden später einmarschierten, übergaben wir sie den Amis.*[51] Über diese Übergabe der sieben *fanatischen Nazis* an die amerikanischen Truppen berichtete Arndt aus seiner Erinnerung: *Als wir am Vormittag hörten, daß die Amerikaner am Stadtrand angelangt*

seien, humpelte ich auf meinen Krücken zur etwa 150 Meter ent-
fernten Hauptstraße. Dort stand ich, sah die letzten Kraftwagen der
Wehrmacht flüchten, und dann kamen die amerikanischen Pan-
zer. (...) Vom zweiten Panzer sprang mit gezückter Pistole ein Leut-
nant auf mich zu und rief: »Hands up!« (»Hände hoch!«) Er war
sehr verblüfft, als ich lauthals lachte und auf meine Krücken wies.
(...) Dann erklärte ich ihm in meinem Schulenglisch die Situation
im Lazarett, und er kam mit einigen seiner Männer mit, um die
Fanatiker zu übernehmen, die wir festgehalten hatten.[52]

Damit war der Krieg in Schwerin zu Ende. *Trotzdem*, so erzählte
Arndt, *gab es im Lazarett noch Soldaten, die an den Endsieg glaub-*
ten. Ein junger Oberleutnant forderte uns auf, uns nach Schleswig-
Holstein durchzuschlagen, von wo dann die große Gegenoffensive
mit den Wunderwaffen gestartet würde. Das hörte erst auf, als am
Abend des 8. Mai ein gewaltiges Schießen und Böllern einsetzte.
Die GIs feuerten alles in die Luft, was sie an Munition hatten.
Leuchtkugeln und Leuchtspurmunition erhellten den Himmel. Von
dem Kommando, das das Lazarett bewachte, erfuhren wir, daß die
Nazis kapituliert hatten.[53] Mit dem »Feuerwerk« feierten die ameri-
kanischen Truppen das offizielle Kriegsende.

Zu Anfang Juni 1945 übergaben die Amerikaner die Besatzungsmacht in Mecklenburg an die Engländer, so dass Rudi Arndt und
seine Kameraden im Lazarett als englische Kriegsgefangene behandelt wurden. Doch mit der Aufteilung Deutschlands in vier Be-
satzungszonen am 5. Juni 1945 wurde der Rückzug der Briten aus
Mecklenburg festgelegt, das künftig zur sowjetisch besetzten Zone
gehören sollte. Bald nach der Gründung der Sowjetischen Militär-
administration in Deutschland (9.6.1945) und vor dem Einmarsch
sowjetischer Truppen in Mecklenburg (1.7.1945) holte die englische Besatzungsmacht »ihre« Kriegsgefangenen in den Lazaretten
mit Sonderzügen aus dem Sowjetbereich heraus. Mit einem dieser
14 Lazarettzüge hat auch Rudi Arndt, gemäß seinen eigenen Angaben bereits am 10. Juni 1945[54], Schwerin verlassen. Nach seiner
Erinnerung verlief diese »Flucht« wiederum dramatisch. Noch im
Lazarett in Schwerin hatte er nämlich zusammen mit anderen
Kriegsgefangenen und zwei Schweriner Bürgern versucht, die politische Arbeit aufzunehmen und die SPD neu zu gründen. Mit diesem Anliegen war er auch bei der offenbar gerade neu
eingerichteten russischen Kommandantura vorstellig und damit

auffällig geworden. Auf Anraten eines britischen Besatzungsoffiziers, der sich ihm als Labour-Mitglied zu erkennen gab, sollte er daraufhin besser sofort verschwinden. Unter schwierigsten Umständen wurde er in den ersten der Lazarettzüge *geschmuggelt.* Der englische Major schärfte ihm noch ein, im Zug ja nicht seinen Namen zu sagen und sich auch nicht zu melden, wenn nach ihm gefragt würde. Tatsächlich stiegen an der Demarkationslinie russische Offiziere ein und fragten nach Rudi Arndt. Über eine Stunde sei der Zug angehalten und nach ihm gesucht worden, doch er habe sich nicht zu erkennen gegeben, erzählte Arndt: *So bin ich rausgekommen.*[55]

Noch durfte Rudi Arndt aber nicht nach Hause. Da er immer noch nicht ganz wiederhergestellt war, wurde er zunächst in ein anderes Lazarett, in das Reservelazarett Satrup (zwischen Flensburg und Schleswig) in Schleswig-Holstein und damit in der britischen Zone, verlegt. Erst zwei Monate später, am 10. August 1945, wurde der »Fähnrich Arndt« aus der Wehrmacht entlassen. In den Papieren ist als sein letzter Standort »Ketelsbüttel« (nahe der Nordseeküste nördlich der Elbmündung) angegeben. Am 14. August 1945 erhielt Rudi Arndt auch den Entlassungsschein von den Besatzungsbehörden. Er war frei. Endlich konnte er nach Frankfurt

Personalausweis für den Luftwaffenhelfer Rudi Arndt, ausgestellt an seinem 16. Geburtstag, 1.3.1943

zurückkehren, wo er sich am 17. August 1945 wieder polizeilich anmeldete. Doch nie würde er die Hölle des Krieges, wie er sie bei und nach seiner Verwundung an der Ostfront in Polen erlebt hatte, vergessen können. Seine persönlichen Erfahrungen aus dem Zweiten Weltkrieg bestärkten ihn künftig in seinem politischen Kampf für den Frieden.

RUDI ARNDT
FELDPOSTBRIEF AUS DEM LAZARETT IN SCHWERIN
AN SEINE MUTTER BETTY ARNDT

Schwerin, d. 22. [Febr. 45]

Liebe Mutti!

Herzlichsten Dank für Brief und Päckchen vom 14. Febr. Mit meiner Erfrierung habe ich Glück gehabt. Sie ist deshalb nicht so schlimm, da mir Flüchtlinge, die im Zuge mitfuhren[,] bei jeder Station meinen Fuß mit Schnee abrieben. Sonst hätte ich wohl mindestens die Zehen verloren. Fußsohle, Ballen und Zehen sind immer noch wie eingeschlafen. Hier gibt es Alarm, wenn ein Angriff auf Berlin ist. In Schwerin sind bis jetzt noch keine Bomben gefallen. Mit den Schwestern verstehe ich mich gut. Aber Flachs muß sein. Und so geht es immer hin und her. Sie sind schon daran gewöhnt, daß ich Krach schlage, wenn nicht alles nach meinem Willen geht. Und deshalb geht es auch nach meinem Willen. Für heute herzlichst

Dein Rudi

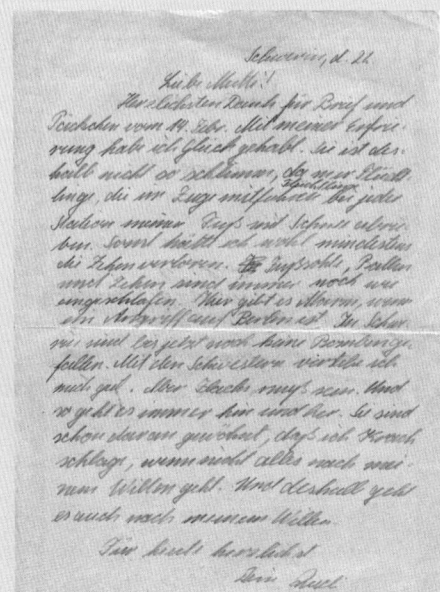

Feldpostbrief von
Rudi Arndt an seine
Mutter Betty,
Reservelazarett
Schwerin, 22. 2. 1945
(Original im Besitz
von Roselinde Arndt)

Aufbruch in die grosse Politik

Frankfurter Lehrjahre (1945–1956)

Von Sabine Hock

Als am 29. März 1945 der Krieg für Frankfurt zu Ende war, war die Stadt nur noch eine riesige Ruinenlandschaft. »In diesen Tagen«, so erinnerten sich die Journalisten Madlen Lorei und Richard Kirn, »als endlich keine Sirene mehr heulte und die Waffen verstummt waren, lag die Stadt wie erstorben in ihren Trümmern. Es fuhr keine Eisenbahn, keine Tram, kein Postkasten wurde geleert, alle Telefone waren tot. Ein einziges Ruinenfeld waren Altstadt und das, was man City nennt, die Gegend um die Hauptwache, ein wüstes Steingebirge, in dem sich Einheimische kaum noch zurechtfanden. Die Festhalle war so hohl wie das Kolosseum in Rom. Längst spielte kein Kino mehr. Vom Ufa-Palast am Eschenheimer Turm leuchtete die rote Vierkant-Nase des Clowns Charlie Rivel, dahinter war nichts als Schutt. (...) Alles lag erstarrt. Die Stadt atmete noch, aber sie atmete wie ein Herzkranker, dem man gesagt hat: ›Atmen Sie nur flach.‹«[1]

Erst allmählich erwachte Frankfurt wieder zu Leben. Keine fünf Monate später, als Rudi Arndt im August 1945 aus dem Lazarett entlassen wurde, hätte er schon wieder mit dem Zug auf dem Hauptbahnhof in seiner Heimatstadt ankommen können. Die amerikanische Militärregierung, die ihren Sitz im I. G. Farben-Haus am Grüneburgpark bezogen hatte, strebte in jenem Sommer bereits geordnete demokratische Gemeindeverhältnisse an. Sie hatte wenige Wochen zuvor, am 4. Juli 1945, den liberalen Politiker Dr. Kurt Blaum, der wegen seiner Zugehörigkeit zur Demokratischen Partei im März 1933 als Oberbürgermeister von Hanau entlassen worden war, zum Oberbürgermeister der Stadt Frankfurt ernannt. Es sollte nicht mehr lange dauern, bis sich – ebenfalls auf Weisung der Militärregierung – ein 28-köpfiger »Bürgerrat« bildete, der sich auf die damals im Entstehen begriffenen vier politischen Parteien der Sozialdemokraten, christlichen Demokraten, liberalen Demokraten und Kommunisten stützte. Unter der Kontrolle der Militärregierung war schon seit dem 21. April 1945 wieder eine Zeitung erschienen, die mit Beginn des Monats August von der »Frankfurter Rundschau«

abgelöst wurde, und seit dem 2. Juni 1945 sendete auch Radio Frankfurt wieder. Der Zoo unter seinem neuen Direktor Bernhard Grzimek hatte zur Sommersaison wiedereröffnet, und das erste Fußballspiel der Nachkriegszeit in der amerikanischen Besatzungszone hatte im Juli 1945 der FSV, Rudis »alter« Verein, haushoch gegen den Fußballclub Union Niederrad gewonnen. Noch längst aber konnte das Leben in der Trümmerstadt nicht in völlig geregelten Bahnen verlaufen. Nicht nur den Frankfurtern standen drei wilde Jahre, bis zur Währungsreform im Juni 1948, bevor.

Anders als zahllose Soldaten aus der Wehrmacht konnte Rudi Arndt Mitte August 1945 wirklich »heimkehren« und zurück zur Mutter in die alte, im Luftkrieg verschont gebliebene Familienwohnung in der Inheidener Straße im Frankfurter Stadtteil Bornheim ziehen. Noch fehlte der große Bruder Günter, dessen ungewisses Schicksal lange die Familie belastete, bevor er am 1. Januar 1949 aus der Kriegsgefangenschaft zurückkehrte. Rudi selbst war froh, glimpflich davongekommen zu sein. Allerdings war er bei seiner Entlassung aus dem Lazarett nicht völlig von seiner Kriegsverletzung genesen; jahrelang machte ihm die schlecht verheilte Wunde am Fuß zu schaffen, weshalb er sich mehreren Operationen unterziehen musste, und immer behielt er einen schweren Gang zurück. Dennoch war der 18-Jährige jung und gesund und dynamisch genug, um das Kriegsende als den ersehnten Neuanfang nach dem NS-Regime nutzen und eine Ausbildung anstreben zu können.

Die beruflichen Träume des Jungen für die Zukunft waren jedoch im Krieg geblieben. Der in seiner zeitlebens ungebrochenen Sportbegeisterung wurzelnde Wunsch, Sportlehrer zu werden, hatte sich durch sein körperliches Handicap erledigt. Offenbar zweifelte Rudi inzwischen auch an seinen früheren Plänen, seine Leidenschaft für Technik zum Beruf zu machen. Zu seiner ursprünglichen Absicht, Hochfrequenztechniker zu werden, war er durch eine naive Faszination für militärisches Gerät aus dem Funk- und Radarbereich bei der Flak gelangt, die er nach seinen Kriegserfahrungen nicht mehr unkritisch sehen konnte.

Ohnehin schien ein Jugendlicher wie Rudi Arndt in jener frühen Nachkriegszeit kaum Perspektiven zu haben – zumal sein »Notabitur« plötzlich nichts mehr wert war. Es wurde nicht als Zulassung zum Universitätsstudium anerkannt. Egal, ob Rudi nun also Elektroingenieur oder Rechtsanwalt werden wollte: Er musste erst einmal die Abiturprüfung nachholen. So besuchte er ab Januar 1946 einen »Sonderlehrgang für Abiturienten« an der Liebigschule, einer Frankfurter »Oberschule für Jungen«, den er nach einem knappen halben Jahr (19.6.1946) mit der Gesamtnote 3 (»genügend«) erfolgreich abschloss. Aufgrund seiner guten Physiknote im Abiturzeugnis wäre ein Ingenieurstudium für ihn noch immer nicht abwegig gewesen. Angesichts seines politischen Engagements, in das er sich bald nach seiner Heimkehr in der Tradition seiner Familie mit Feuereifer gestürzt hatte, entschied sich Rudi Arndt dann aber für ein Jurastudium.

NEUBEGINN IN BORNHEIM

Mit dem Kriegsende im Frühjahr 1945 wurden Rudi Arndt und seine sozialdemokratische Familie von dem zwölf Jahre dauernden Druck der Verfolgung durch das NS-Regime befreit. Aus ihren Reihen waren Rudis Vater Konrad Arndt und seine Tante Johanna Kirchner aufgrund ihrer politischen Einstellung ums Leben gekommen. Ihren Tod begriffen die übrigen Familienmitglieder als besondere Verpflichtung, an der freiheitlichen Gestaltung eines künftigen deutschen Staates politisch mitzuwirken. Rudis Mutter Betty Arndt, die seit dem Tod ihres Mannes 1940 als Buchhalterin im brüderlichen Schreinereibetrieb beschäftigt war, gehörte im Sommer 1945 zu den Neubegründern der SPD und der Arbeiterwohlfahrt in Frankfurt, für die sie sich ehrenamtlich nicht nur in Vorstandsfunktionen, sondern vor allem in der Sozialarbeit engagierte. Unermüdlich, auch im Kampf mit der bald wieder erstarkten Bürokratie, war sie unterwegs, um die Not ausgebombter Familien, junger Ehepaare und alter Menschen in der Trümmerstadt zu lindern. Ganz nebenbei soll sie kurzerhand auch ihre beiden Söhne bei SPD und Arbeiterwohlfahrt angemeldet haben.

Im unübersichtlichen Umfeld der ersten Nachkriegsmonate bot die sozialdemokratische Tradition seiner Familie dem jungen Rudi Arndt eine willkommene Orientierung: Sie war ihm *der rote Faden*, wie er bald eines der ersten Grundsatzreferate seiner politischen Karriere doppelsinnig übertiteln sollte. Zunächst knüpfte Rudi in Bornheim alte Kontakte aus Kindertagen neu. Er traf sich mit Gertrud Stierle, seiner früheren Spielkameradin, und dadurch mit deren Onkel Walter Möller, seinem späteren Vorgänger im Amt des Oberbürgermeisters, die beide ebenfalls aus sozialdemokratischen Familien stammten; auch Rudis Braut Anne Amend war politisch interessiert und motiviert. Bald planten sie, die Jugend in Bornheim nach dem Vorbild der früheren »Sozialistischen Arbeiterjugend« (SAJ) zu organisieren. Ähnliche Jugendgruppen hatten sich auf Initiative von Rudolf Menzer bereits im Sommer 1945, als eigentlich noch das Verbot der politischen Arbeit durch die amerikanische Militärregierung bestand, in einigen anderen Stadtteilen gebildet und unter einem gemeinsamen Vorstand für Frankfurt locker zusammengeschlossen.

In der Jugendarbeit in seinem Heimatstadtteil Bornheim begann Rudi Arndt im November 1945 seine politische Karriere. Um diese Zeit, am 27. November 1945, trat die »Sozialistische Jugend« in Frankfurt mit einem Unterhaltungsabend im Börsensaal erstmals an die breitere Öffentlichkeit. Zuvor hatte es Differenzen mit der SPD um den Namen der neuen Jugendorganisation gegeben, weil der Frankfurter Parteivorsitzende Wilhelm Knothe die traditionelle Bezeichnung »Arbeiterjugend« gewahrt wissen wollte. Walter Möller jedoch betonte: »Wir müssen eine wahre Partei des gesamten Volkes werden.« Mit einem bunten Programm, wofür Möller eigens ein Laienspiel »Flirt und Fleiß« über die Situation von Jugendlichen in der Nachkriegszeit verfasst hatte, erreichte die Veranstaltung rund 700 Teilnehmer, bei denen die »Jungsozialisten der sozialdemokratischen Partei« auf Flugblättern um Mitglieder für die Jugendgruppen in den Stadtteilen warben. Der Abend in der Börse gab der Neugründung der sozialistischen Jugendorganisation einen gewaltigen Schub. Kurz darauf, am 1. Dezember 1945, wurde auch Rudi Arndt seine erste formelle Mitgliedskarte bei den »Jungsozialisten Groß-Frankfurt« in Frankfurt-Bornheim ausgestellt, die Walter Möller »für den Vorstand« unterschrieb.

Mitten in dieser frühen Gründungsphase kam es zu Schwierigkeiten mit der amerikanischen Militärregierung, die zwar die Schaffung von Jugendverbänden in Groß-Hessen prinzipiell genehmigt hatte, doch – wohl angesichts des abschreckenden Beispiels der Hitlerjugend in der jüngsten Vergangenheit – »keine fruehzeitige parteipolitische Beeinflussung der Jugend« wünschte. Somit lehnten die amerikanischen Behörden die Zulassung der »Sozialistischen Jugend« als »Parteijugend« der SPD für Jugendliche unter 18 Jahren ab. Nach der erfolgreichen Veranstaltung im Börsensaal soll

Wilhelm Knothe zur Militärregierung beordert und mit Freiheitsentzug bedroht worden sein, wenn die SPD ihre Bemühungen um eine sozialistische Jugendorganisation fortsetze. Daraufhin wich die geplante »Sozialistische Jugend« – in Anlehnung an den alten Gruß der SAJ – auf den Namen »Jugendbund Freundschaft« (JBF) unter dem Symbol des Falken aus. Unter Rudolf Menzer, der im erweiterten Präsidium der SPD für Jugendfragen zuständig war, und Heinz Horndasch, dem Jugendsekretär der SPD, begann im Dezember 1945 der Aufbau des neuen sozialistischen Kinder- und Jugendverbands in Frankfurt.

Die Arbeit in Bornheim wollten sich Möller und Arndt künftig teilen: Während Möller die Leitung und die Organisation der Jungsozialisten für Mitglieder ab 18 Jahren übernahm, sollte der um sieben Jahre jüngere Arndt die dortige sozialistische Kinder- und Jugendarbeit aufbauen und gestalten. Zum 1. Januar 1946 erhielt er die Mitgliedskarte Nr. 1 des »Jugendbunds ,Freundschaft' Groß-Frankfurt a. M.«, dem er künftig als Jugendleiter in Bornheim vorstand.

An der Grundhaltung und dem Konzept der neuen Jugendorganisation hatte das andere Etikett wenig geändert, wie rückblickend Rudi Arndt ausführte: *Allen, die es wissen wollten, haben wir gesagt: »Wir sind der ,Jugendbund Freundschaft', weil die Amis das wollten.« In Wirklichkeit waren wir aber die ,Sozialistische Jugend Deutschlands – Die Falken. Wir haben uns ja dann auch relativ schnell umbenannt. Auf der anderen Seite war natürlich diese Position der Amerikaner mit dafür verantwortlich, daß wir eine eigenständige Jugendorganisation geworden sind. Und das wollten wir unter allen Umständen erhalten und nie mehr weggeben. Wir wollten von der Partei nicht abhängig werden.*[2]

DER »JUGENDBUND FREUNDSCHAFT« (JBF) wurde als Vorläufer des heutigen Kinder- und Jugendverbandes »Sozialistische Jugend Deutschlands – Die Falken« in Hessen 1946 gegründet. Nach dem Vorbild der »Kinderfreunde« und der »Sozialistischen Arbeiterjugend« (SAJ) aus der Weimarer Zeit hatten sich in Frankfurt bereits seit dem Spätsommer 1945 einzelne Jugendgruppen gebildet und zusammengeschlossen, und ab Ende 1945 schritt der formale Aufbau eines übergreifenden Verbands unter dem Namen »Jugendbund Freundschaft« in Frankfurt und Hessen zügig voran. In einer Geschäftsordnung erklärte die neue Kinder- und Jugendorganisation ihre Ziele und Aufgaben:

a)   Gute Freizeitgestaltung der Jugend;
b)   Befreiung der Jugend vom Gedankengut des Nazismus und Militarismus;
c)   Erziehung der Jugend zu Demokratie und Völkerversöhnung;
d)   Verbindungsaufnahme mit Jugendorganisationen anderer Länder und mit Angehörigen der Vereinten Nationen.[3]

Prinzipiell sollte der JBF »offen (...) für alle jungen Menschen« sein, wie Robert Steigerwald, einer der Hauptinitiatoren, in der Presse erläuterte: »Die Jugend hat in der vergangenen Zeit Fehler gemacht (...). Diese Fehler wollen wir verzeihen, soweit sie nicht Verbrechen gegen die Menschheit waren. Es ist deshalb für uns auch keine Frage, ob wir einfache HJ-Mitglieder oder Unterführer in unsere Reihen aufnehmen: Daß wir Antifaschisten sind, das sollte eigentlich genau so selbstverständlich sein wie unsere feindliche Einstellung gegenüber dem Militarismus. Unsere schärfste Feindschaft gilt der Reaktion!« Der »Ausweg« aus dem »Chaos« führe »nur über ein neu aufgebautes, demokratisch-antifaschistisches Deutschland«, das der JBF erstreben wolle.[4]

Entsprechend der früheren Unterteilung in »Kinderfreunde« (für 6- bis 14-Jährige) und SAJ (für 14- bis 18-Jährige) wurde im Februar 1946 eine erste Gliederung der Gruppen eingeführt, und zwar in Kindergruppen dreier Altersstufen (von sechs bis zehn, von zehn bis zwölf und von zwölf bis 14 Jahren) und Sozialistische Jugend (von 14 bis 18 Jahren), die die Jugendlichen an den Übertritt in die Arbeitsgemeinschaft der Jungsozialisten heranführen sollte. Jede einzelne Gruppe hatte 20 bis 30 Mitglieder, Jungen und Mädchen, die ihre Gruppenleitung selbst wählten. Die Helferinnen und Helfer sollten kein »Programm« zum allgemeinen Konsum in der Gruppe anbieten, sondern die Kinder und Jugendlichen bei der Selbstorganisation unterstützen. *Es sollte die Sachautorität des Helfers, nicht die Zwangsautorität wirken,* wie es Rudi Arndt einmal formulierte. Das Konzept der *Selbsterziehung,* das – wiederum in der Tradition von »Kinderfreunden« und SAJ – auf den sozialdemokratischen Reformpädagogen Kurt Löwenstein zurückging, reichte bis zur Einrichtung eines Kinderparlaments, in das alle Kindergruppen je einen Vertreter entsandten.

Am 21. Juli 1946 wurde dem »Jugendbund Freundschaft« in Frankfurt als erster Jugendorganisation feierlich die Lizenz des Großhessischen Staatsministeriums für Kultus und Unterricht überreicht. Trotz des Verbots einer »Sozialistischen Jugend« durch die amerikanische Militärregierung nannten sich die Mitglieder des JBF intern, unter Aufgreifen einer Bezeichnung aus der internationalen Arbeiterjugendbewegung der Zwanzigerjahre, längst wieder »Falken«. Zu Jahresbeginn 1947 beantragten die örtlichen Lizenzträger des JBF daher die Genehmigung zur Bildung eines Landesverbandes Hessen unter dem Namen »Die Falken – Sozialistische Jugendbewegung«. Dessen Gründung als »unparteiliche, aber nicht unpolitische Jugend« meldete die Frankfurter Rundschau bereits am 28. Januar 1947. Zu diesem Zeitpunkt hatten die Falken insgesamt 4 100 Mitglieder in 121 Gruppen in Hessen, davon 700 Mitglieder in 25 Gruppen in Frankfurt.

Die Falkenfunktionäre Rudi Arndt, Fritz List und Herbert Stettner
(v. li.), 1946

DREIHUNDERT KINDER IN DER »FLOHKIST«

Seit dem Winter 1945/46 widmete sich Rudi Arndt intensiv der
Gründung des JBF in Bornheim. Um eine Kinder- und Jugend-
gruppe aufbauen zu können, musste er sich zuerst mit der nahe-
liegenden Frage beschäftigen, wie er überhaupt Kinder und Jugendliche dafür finden könnte. Zunächst ließ er sich die Mitglie-
derliste der SPD geben und stellte fest, welche Genossen Kinder
hatten. Bei Hausbesuchen wurde versucht, die Kinder für den JBF
zu werben. Wenn sie dann zur Gruppenstunde kamen, wurden sie
eifrig ermuntert, auch ihre Schulfreunde dafür zu gewinnen.

Ein probates Werbemittel war außerdem das Kasperletheater, das
Arndt mit seiner Gruppe Bornheim organisierte, wie er einmal erzählte: *Jeden Samstag um 15 Uhr haben wir im »Apollo«-Kino in
Frankfurt-Bornheim Kasperletheater gespielt. Im Bornheimer Volks-
mund hieß unser Kino »Flohkist«. Zu jeder Veranstaltung kamen so
etwa 200-300 Kinder. Die kamen aus dem Riederwald, aus Bornheim – von überall her. Das war die Attraktion! (...) Man muß auch
sehen, daß es für Kinder überhaupt nichts* [d. i. an Freizeit- und

Unterhaltungsangeboten] *gab. (...) Also ist ganz Bornheim zu unseren Veranstaltungen gekommen. Das Ergebnis war, daß wir eine verhältnismäßig starke Kindergruppe hatten – nicht nur wir – sondern auch die Riederwälder Falken. Deshalb hatten wir mehr Kinder als Jugendliche, was ein Problem war, denn es fehlte an Helfern. Die Schwierigkeit war, Jugendliche zwischen 15 und 16 Jahren als Helfer zu gewinnen und zu qualifizieren. So nahmen sich mehrere Lehrerinnen, die zum Teil noch in Ausbildung waren, unserer Kinder an.*[5] Unter diesen angehenden Lehrerinnen, die sich um die Kindergruppe kümmerten, dürfte auch Arndts Freundin Anne Amend gewesen sein.

Während sich andere Stadtteilgruppen wegen des Raummangels im zerstörten Frankfurt anfangs im Freien treffen mussten, so dass sich etwa die Gruppe Mitte in den Trümmern der Altstadt versammelte, standen dem JBF und den Jungsozialisten in Bornheim einige Räume im Bunker in der Rendeler Straße zur Verfügung; später mietete die SPD einen Raum in der oberen Berger Straße, in dem eigentlich eine Leihbücherei untergebracht war, für die Bornheimer Falken an. Auf dem Programm bei den Falken standen üblicherweise Singen, Spielen und Wandern, für die Kleinen Malen und Basteln, für die älteren Kinder und Jugendlichen Diskutieren, Tanzen sowie der gemeinsame Besuch von Theater- und Kabarettaufführungen, wobei die pädagogische und inhaltliche Ausrichtung der Gruppenarbeit in Bornheim wesentlich von Rudi Arndt geprägt wurde. An ihre Gruppenstunden unter Arndts Leitung erinnerte sich Katharina Hahn: »Wir haben alles gemeinsam besprochen. Ich habe damals, so als 13-, 14-Jährige, sehr viel gelernt – auch politisch. Und zwar in einfachster Form, mit einfachen Worten – ohne wissenschaftliches Getue.«[6]

Als besondere Spezialität der Bornheimer Falken und Jungsozialisten nannte Rudi Arndt eine Laienspielgruppe, die Einakter des Frankfurter Lokalschriftstellers Adolf Stoltze einstudierte und damit auf Tournee durch Südhessen ging, um *überall dort* zu spielen, *wo Falken- und Jungsozialisten-Gruppen im Entstehen waren – was wegen der Ausgangssperre (...) nicht so ganz einfach war.*[7]

Zur Vorbereitung der praktischen Arbeit in den Gruppen besuchte Rudi Arndt regelmäßig die wöchentlich angebotenen Helferschulungen. Dazu kamen jeden Freitagabend etwa 70-80 Frankfurter Falkenfunktionäre, wohl bald unter der Leitung des früheren Widerstandskämpfers und neuen SPD-Jugendsekretärs Ludwig Gehm in der Karmeliterschule, zusammen. Neben handwerklicher Anleitung zu Zeichnen, Malen und Basteln, aber auch zum Drucken von Flugblättern oder zum Herstellen einer Zeitung sollten diese Schulungen politische, pädagogische sowie allgemeinbildende Kenntnisse vermitteln. In Diskussionsrunden ging es um die Auseinandersetzung mit Begriffen wie Kultur, Kunst und Bildung, um die Aufarbeitung der jüngsten Vergangenheit, etwa im Falle der von vielen verinnerlichten Rassenideologie, und um die Meinungsfindung zu aktuellen Fragen, z. B. zur Bodenreform in der sowjetischen Besatzungszone. Die gemeinsame Lektüre reformpädagogischer Schriften, insbesondere von Kurt Löwenstein, sollte die Grundlage für die erneuerte sozialistische Jugendarbeit nach 1945 schaffen. Gemäß dem obersten Gebot der Erziehung zur freien Meinungsäußerung wurden gelegentlich Repräsentanten anderer Organisationen oder Richtungen zu Gesprächen eingeladen, darunter Willi Ganss von der Katholischen Jugend und Herbert Koch von der Freien Deutschen Jugend (FDJ) sowie der Journalist Wilhelm Karl Gerst als Vertreter des Linkskatholizismus und der Rundfunkmitarbeiter Stephan Hermlin als Verfechter des Kommunismus. Diese Gespräche, vor allem mit kommunistischen Gästen, wurden von der SPD nicht gern gelitten, da sie um ihre Schäfchen fürchtete. Für Aufsehen sorgten auch die Stunden eines anderen Referenten: Der Arzt Dr. Gerhard Ockel war zur Sexualaufklärung der jugendlichen Helfer verpflichtet worden.

Bald nach der Lizenzierung des JBF nahm Rudi Arndt im Sommer 1946 an zwei mehrtägigen Seminaren in Rüdesheim teil, die unter der Federführung von Ilse Rothenbücher (später verh. Gehm) und Heinz Horndasch, den beiden Vorsitzenden des JBF, der Ausbildung künftiger Funktionäre dienten. Die Absolventen der beiden Rüdesheimer Seminare stellten in den kommenden Jahren die Kerngruppe der Frankfurter Falken. Grundsätzlich waren die Seminare als »Jugend-, Schulungs- und Erholungslager« konzipiert, und für die Jugendlichen, die damals wirklich *aus der dumpfen Stadt* des von ihnen gern gesungenen Liedes kamen, hatte der Aufenthalt in der Rüdesheimer Jugendherberge durchaus auch Feriencharakter. Vor allem konnten sie sich hier endlich einmal richtig sattessen. Bei der Lebensmittelversorgung, die in der Not der frühen Nachkriegszeit bei der Planung von Jugendlagern eine wichtige Rolle spielte, wurden die Falken in Rüdesheim von den Amerikanern unterstützt. »Es gab viel Haferbrei«, meinte die Teilnehmerin Lilli Pölt, und Rudi Arndt erinnerte sich an ein *Wettfressen* zwischen den einzelnen Tischen im Speisesaal: *Ich weiß noch, daß der Tisch aus Riederwald mit vier Personen 84 Teller Milchsuppe gegessen hat.*[8]

VOM WERDEN DER DEMOKRATIE IN HESSEN

Zusätzlich zur Falken-Arbeit in Bornheim übernahm der Abiturient Rudi Arndt seit dem Frühjahr 1946 einige kleinere politische Nebenjobs. So wurde er von Friedrich Caspary, der im März 1946 in den neu gebildeten Verfassungsausschuss der SPD Groß-Hessen berufen worden war, *mit der Sammlung von Material über Verfassungen beauftragt, wozu er das meiste (...) aus den Verhandlungen der Paulskirchenversammlung von 1848* entnahm[9]. Bereits am 19. März 1946 legte Caspary einen ersten »Diskussionsentwurf für die neue Groß-Hessische Verfassung« vor, der als Grundlage für die Verfassungsberatungen seiner Partei diente. Nach den Hochwaldhäuser Beschlüssen der Verfassungskommission der SPD vom 30. Mai 1946 überarbeitete Caspary seinen Diskussionsentwurf noch einmal. Ab dem 15. Juli 1946 gehörte er dann der Verfassungberatenden Landesversammlung an, die ein gutes Vierteljahr später, am 29. Oktober 1946, die neue hessische Verfassung verabschiedete. Kurz darauf veröffentlichte Caspary eine Schrift »Vom Werden der Verfassung in Hessen«. Innerhalb dieser Zeitspanne von März bis Oktober 1946 wird Rudi Arndt ihm bei den Vorarbeiten für die Verfassungsentwürfe behilflich gewesen sein. Zum Dank nahm Caspary, nachdem er in den ersten Hessischen Landtag gewählt worden war, den jungen Arndt gelegentlich zu den Sitzungen der Landtagsfraktion nach Wiesbaden mit. Dort lernte der kleine Falkenfunktionär *die meisten Größen der hessischen SPD kennen*, darunter Georg-August Zinn, der später sein *großer politischer Lehrmeister* wurde.[10]

Noch im Frühjahr 1946 bekam Rudi Arndt, vielleicht auch dank seiner familiären Beziehungen, einen weiteren Auftrag aus der Frankfurter SPD. Während des Wahlkampfs zu den ersten freien und demokratischen Kommunalwahlen nach 1933 sollte er einige Tage lang einen Gast durch Frankfurt begleiten: Walter Kolb, den damaligen Oberstadtdirektor von Düsseldorf, den die Partei in einem klugen Schachzug als Hauptredner für die zentrale Kundgebung in der Bornheimer »Schauburg« am 19. Mai 1946 gewonnen hatte. Arndt erinnerte sich an den *Riesen* im *Ledermantel: Das war schon beeindruckend, wenn er (...) vor dir stand. Und wenn er dann auf dem Rednerpult war, (...) riß er alle mit.*[11] Rund zwei Monate später (25.7.1946) wurde Kolb zum Oberbürgermeister der Stadt Frankfurt am Main gewählt.

Mit einer eigenen Rede errang Rudi Arndt in jener Zeit allerdings einen eher gegenteiligen Erfolg, wie er einmal berichtete: *Die Amis haben mir ein Jahr Redeverbot gegeben. (...) Aufgrund meiner Äußerungen auf einer Veranstaltung im Handwerkersaal im Frühjahr 1946 gegen die Zwangsvereinigung von KPD und SPD in der Ostzone[, also] gegen die Sowjetunion[,] habe ich das Redeverbot wegen Angriffe[n] auf einen Alliierten für ein Jahr bekommen.*[12] Obwohl sich Arndt nach eigenen Angaben nicht an das Redeverbot hielt, dürfte es zunächst einem Aufstieg bei den Falken auch nicht gerade förderlich gewesen sein, wenn die sozialistische Jugendorganisation nicht den offenen Konflikt im – ohnehin angespannten – Verhältnis zu der amerikanischen Militärregierung, ihrem Lizenzgeber, riskieren wollte.

Wenig harmonisch schien es auch in der großen Familie Stunz-Kirchner-Weber-Arndt, also im Kreis der Geschwister von Betty Arndt mit Kindern und Kindeskindern, zuzugehen. Meist kamen alle spontan bei Bettys Schwester Dorle Weber, geb. Stunz, in Praunheim zusammen. Hier prallten die Meinungen von Sozialdemokraten und Kommunisten in der Familie ungeschützt aufeinander, was aber nichts am Zusammenhalt aller änderte. *Wenn es zu heiß wurde*, sprach Betty Arndt oft ein Machtwort, und dann kloppten sie – Karten. Im Zweifelsfall war das Spiel »Herzkart« immer der beste Ausweg aus dem Krach.

Bei Dorle Weber, wo sich in der Nazizeit viele Verfolgte und Widerstandskämpfer getroffen hatten, logierten in den frühen Nachkriegsjahren auch einige bekannte Sozialdemokraten, die zu Konferenzen oder Versammlungen nach Frankfurt kamen, aber in der Trümmerstadt keine Unterkunft finden konnten. Mehrfach beherbergte Rudis *Tante Dorle* etwa Kurt Schumacher in Praunheim, so dass der SPD-Vorsitzende und der Falkenfunktionär sich hier begegneten und prompt zerstritten. Bei einer Kundgebung mit Schumacher in der Aula der Universität 1946, so erzählte Rudi

Arndt, *haben sie von uns verlangt, daß wir rechts und links vom Podium mit roten Fahnen stehen sollten. Wir sagten: »Das kommt überhaupt nicht in die Tüte; wir sind jahrelang hinter Fahnen hergerannt – keine Fahnen und keine Uniformen mehr!« Wir haben als Bezirk Hessen-Süd das auch lange durchgehalten, keine Blauhemden mehr zu tragen. Das war die Erinnerung an die HJ; das wollten wir unter keinen Umständen. Und da hatte ich am Abend den ersten großen Krach [mit Schumacher].*[13]

Heiß diskutiert wurde auch bei Rudis Onkel Karl Kirchner und, nach dessen Tod am 24. November 1945, wohl bei Kirchners Schwiegersohn Arnold Leetz, wo sich die *alten Kommunisten* aus dem Kreis um Emil Carlebach und Leo Bauer trafen: *Die haben abends mal den Grotewohl,* mal *den Pieck angeschleppt.*[14] Mit ihnen debattierten die Bornheimer Jungsozialisten Rudi Arndt, Walter Möller und Robert Steigerwald, der schließlich unter Leetz' Einfluss 1948 von den Falken zur FDJ überwechselte. Auch Rudis Bruder Günter Arndt bekannte sich nach seiner Heimkehr aus der Kriegsgefangenschaft 1949 zum Kommunismus, trat in die KPD ein und arbeitete hauptamtlich für die FDJ, was für seine Mutter *überraschend* kam und zwischen den Brüdern für politischen Zündstoff sorgte. Doch beide Arndt-Söhne begründeten ihre Position aus ihren Erlebnissen in der Nazizeit. »Rudi sagte: ›Die, die unsere Mutter heimlich unterstützten, als der Vater im KZ war, das waren Sozialdemokraten!‹, und deshalb wurde Rudi Sozialdemokrat«, erklärt Günter Arndt. »Und ich sagte: ›Die einzigen, die konsequent Widerstand geleistet haben, das waren Kommunisten!‹, und deshalb wurde ich Kommunist.«[15]

DER VIELBESCHÄFTIGTE JURASTUDENT

Zum Wintersemester 1946/47 begann Rudi Arndt mit dem Studium der Rechtswissenschaft an der Frankfurter Universität. Bevor er sich immatrikulieren konnte, beteiligte er sich am »freiwilligen Bürgereinsatz zur Trümmerbeseitigung«, wofür er an insgesamt zwei Einsatztagen im Oktober 1946 auf dem Universitätsgelände eingeteilt war. Die Universität, die bereits im Februar des Jahres wiedereröffnet worden war, hatte ihre schwer bombengeschädigten Gebäude in Bockenheim bisher nur notdürftig für den Lehrbetrieb herrichten können. Im kommenden eisigen Winter, so erinnerte sich Rudi Arndt, war es in den Unterrichtsräumen mit den provi-

Mit Peter Graf von Wedel bei einem Ausstellerempfang der
Frankfurter Messe zur 8. ISH, der internationalen Fachmesse für
Sanitär-, Heizungs- und Klimatechnik, März 1975

sorisch abgedichteten Fenstern so kalt, dass die Studenten nur mit
Handschuhen schreiben konnten. Doch die Vorlesungsmitschrif-
ten waren umso wichtiger, als Bücher und Lehrmittel noch fehlten.

Offenbar war Rudi Arndt kein passionierter Jurastudent. Das sagt
jedenfalls sein Kommilitone Peter Graf von Wedel, den Arndt später als Ministerialdirigenten ins Hessische Wirtschaftsministerium
und dann als Geschäftsführer zur Messe Frankfurt holen würde.
Für die Rechtswissenschaft hatte sich der Falken-Funktionär wegen
seiner politischen Aktivitäten und Ambitionen entschieden. Vielleicht lag die Wahl des Studienfachs auch in seinem zeitlebens starken Streben nach Gerechtigkeit begründet, das er schon früh
zeigte, bald nach Kriegsende etwa im Interesse seines wahrscheinlich von den Nationalsozialisten ermordeten Vaters, dessen
genaues Schicksal er noch jahrzehntelang zu klären versuchte.

Neben den juristischen Pflichtveranstaltungen besuchte Arndt
Vorlesungen und Seminare zu Staatswissenschaft und Volkswirtschaft, und einmal nahm er an einem Rhetorikseminar teil. Einer
seiner wichtigsten Professoren war Franz Böhm, der als Ordina-
rius für Bürgerliches Recht, Handels- und Wirtschaftsrecht lehrte

und nicht nur als Rektor (1947/48) den Wiederaufbau der Universität wesentlich förderte. In den Fünfzigerjahren gehörte Böhm zu den Vertrauten Adenauers, ebenso wie sein Frankfurter Kollege und Amtsvorgänger Walter Hallstein, der während seines Rektorats (1946–48) die Weichen für eine demokratische Zukunft der Universität gestellt hatte. Bei Hallstein belegte Rudi Arndt nur eine einzige Veranstaltung, und zwar 1947/48 über »Arbeitsrecht und Sozialpolitik«; doch nach Arndts Erinnerung lieferten sich der Student und sein Professor *harte Auseinandersetzungen* aus politischen Gründen, bis Hallstein 1950 in die große Politik wechselte und künftig die bundesdeutsche Außen- und insbesondere Europapolitik prägte. Weitere Dozenten, bei denen Arndt studierte, waren u. a. Wolfgang Preiser (bei dem Arndt vor allem Veranstaltungen zum Strafrecht belegte), Gerhard Schiedermair (Privatrecht), Wilhelm Class (Strafrecht), Hermann Mosler (Öffentliches Recht, bes. Staatsrecht), Helmut Coing (Bürgerliches Recht, Rechtsgeschichte und -philosophie) und Hans Loewenheim (Bürgerliches Recht und Handelsrecht). Bei Ludwig Bergsträßer, damals Regierungspräsident in Darmstadt, Abgeordneter des Hessischen Landtags und zudem Honorarprofessor für Politik in Frankfurt, hörte Arndt über zwei Semester 1946–47 lang eine Veranstaltung zu »Gegenwartsfragen und Politik«.[16]

Die Politik blieb, nicht nur theoretisch, das eigentliche Hauptinteresse des Studenten Arndt. Zusammen mit seinen Kommilitonen Alfred Härtl, Hans Matthöfer und Peter Graf von Wedel gehörte er dem Sozialistischen Deutschen Studentenbund (SDS) an, den er bis 1951 im Verbandsvorstand der Falken auf Bundesebene vertrat. Die Falken-Arbeit insgesamt stand für Arndt weiterhin im Vordergrund; dazu kamen seine politischen und anderen Nebenjobs, etwa ein Volontariat bei der Aktienbaugesellschaft für kleine Wohnungen in Frankfurt im Frühjahr 1947. Noch schaffte es Rudi Arndt, all das unter einen Hut zu bringen.

»Riesenrummel« um die Paulskirche

Wohl Anfang 1948, wahrscheinlich nach dem Übertritt von Robert Steigerwald zur FDJ im Februar, stieg Rudi Arndt zum Ersten Vorsitzenden der Falken im Unterbezirk Frankfurt am Main und im Bezirk Hessen-Süd auf. Außerdem gab Arndt als verantwortlicher Redakteur bereits seit dem 1. Januar 1948 ein »Mitteilungsblatt der Falken in Hessen-Süd« unter dem Titel »Die Falken – Sozialistische Jugendbewegung« heraus. Gemäß seinem ersten Editorial sollte das Blättchen ein *Spiegel* der Falken-Arbeit sein, bis es nach 17 Ausgaben im November 1948 von den Falken-Bundesorganen »Unsere Welt« und »Der Kinderfreund« abgelöst wurde.

In dem »Mitteilungsblatt«, das unter Arndts Leitung den Schwerpunkt der Berichterstattung auf Frankfurt legte, schlugen sich auch die Auseinandersetzungen um die Feierlichkeiten zum 100-jährigen Jubiläum der ersten Deutschen Nationalversammlung in der Paulskirche im Mai 1948 nieder. Oberbürgermeister Walter Kolb wollte mit dem Wiederaufbau der kriegszerstörten Paulskirche pünktlich zur Jahrhundertfeier ein Zeichen für den demokratischen Neubeginn in Deutschland setzen. Mit diesem Vorhaben stieß er angesichts der furchtbaren Wohnungsnot nicht immer auf Verständnis bei der Bevölkerung. Auch die Falken, so hieß es in deren »Mitteilungsblatt«, waren gegen den Wiederaufbau der Paulskirche, weil sie glaubten, dass die »Ruine ein besseres Mahnmal zur Erringung der Demokratie gewesen wäre«; insbesondere lehnten sie aber den »Riesenrummel« mit »einem Wust von sportlichen und musikalischen Darbietungen« ab, der zum Jubiläum veranstaltet werden sollte. Denn für die Feierlichkeiten, von einem eigens eingerichteten »Büro Paulskirche« der Stadt Frankfurt mit riesigem Werbeaufwand organisiert, war eine »Fest- und Kulturwoche« mit unzähligen Veranstaltungen, Vorträgen, Kongressen, Konzerten und Sportwettbewerben geplant, die den eigentlichen Gedenktag mit der Wiedereinweihung der Paulskirche am 18. Mai 1948 umrahmen sollte. Zu diesem Begleitprogramm sollten auch die Frankfurter Jugendverbände, darunter die Falken, mit einer »Jugendfeierstunde« auf dem Römerberg beitragen.

Die Frankfurter Falken jedoch, die »den 18. Mai als Jahrestag einer Revolution« und die Nationalversammlung als mitverantwortlich für deren Scheitern sahen, forderten eine deutliche politische Akzentuierung der Gedenkfeierlichkeiten. »Der Jahrhundertfeier fehlt eine mächtige politische Manifestation für Sozialismus und Demokratie«, brachte es Arndts Mitarbeiter Herbert Stettner im »Mitteilungsblatt« auf den Punkt. »Hier müßte zum Ausdruck kommen, daß wir als Deutsche nach dreimaligem Versagen erneut vor die Entscheidung gestellt sind. Lassen wir auch diese Chance vorübergehen, so wird uns ein neues Chaos nicht erspart bleiben.«[17] Da die Falken annehmen mussten, dass das Festprogramm nicht ihren »Erwartungen« entsprechen würde, lehnten sie eine Mitwirkung ab. Dieser Entscheidung schloss sich am 6. April 1948 zunächst der gesamte Frankfurter Jugendring als Vertretung aller Jugendverbände an, wovon sich allerdings u. a. die Katholische Jugend auf Druck von oben bald wieder distanzierte. Die Falken blieben fest bei ihrem Entschluss, obwohl sogar Oberbürgermeister Kolb höchstpersönlich zur nächsten Sitzung des Jugendrings erschien, um die jungen Leute umzustimmen.

Letztlich kam es zu einem Kompromiss: Die »Jugendfeierstunde« würde stattfinden, doch »anstelle der vorgesehenen Redner« sollte »ein Sprecher der Frankfurter Jugendverbände (...) die Forderungen der Jugend verkünden«[18]. Rudi Arndt wurde vom Frankfurter Jugendring für diese Aufgabe ausgewählt. Willi Ganss, dem Vorsitzenden der Katholischen Jugend, *paßte* diese Entscheidung *nicht so recht*, wie Rudi Arndt schilderte. *Er* [d. i. Ganss] *war aber einverstanden, als ich den Redetext gemeinsam mit ihm formulierte.* Danach mussten die beiden ihren *wirklich revolutionären* Text dem Oberbürgermeister vorlegen: *So zogen Willi Ganss und ich ins OB-Büro im Westend. Während wir warteten, sagte Willi Ganss, er würde die Rede vorlesen, denn ich käme zu sehr in Feuer und der OB würde schnell die Attacken erkennen.* Als Kolb den Text selbst lesen wollte, sagten sie ihm, sie hätten nur ein *unleserliches Manuskript*, und *dann leierte Willi Ganss den Text herunter.* Der Oberbürgermeister fand *die Rede gar nicht mitreißend*, und *meinte väterlich*, sie *müßten den Text mit sehr viel mehr Betonung vortragen.*[19]

Am 17. Mai 1948, dem Vorabend der eigentlichen Jahrhundertfeier in der Paulskirche, versammelten sich etwa 3 000 (nach anderen Angaben sogar 10 000) junge Menschen »dicht gedrängt zwischen rot-weißen Fahnen und trümmerverbergendem Grün« zur »Jugendfeierstunde« auf dem Römerberg. Nach einer Begrüßung durch Oberbürgermeister Kolb redete Rudi Arndt als »Sprecher der

Jugend«. Kolb sah sich plötzlich als Gast einer *großen Gegende-monstration* gegen die von ihm initiierte Jahrhundertfeier und raunzte Arndt hinterher an, weil er die Rede, die Ganss ihm in seinem Büro heruntergeleiert hatte, »mit Betonung« nicht mehr wiedererkennen konnte. Rudi Arndt jedoch konnte zufrieden feststellen: *Unser Protest kam an, in den nächsten Tagen wurde allerorts heftig diskutiert.*[20]

Für jeden weiteren Abend in der »Festwoche« verpflichtete der Frankfurter Jugendring einen anderen Redner, der die ablehnende Haltung der Jugend gegenüber den Paulskirchenfeierlichkeiten bekräftigte. Auf Vorschlag von Willi Ganss und Heini Köppler wurde auch ein junger Vertreter der CSU »geholt«: Franz Josef Strauß, Jugendreferent und Leiter des Landesjugendamtes in Bayern, der da-

RUDI ARNDT IN SEINER REDE AN DIE JUGEND WÄHREND DER FESTWOCHE ZUR JAHRHUNDERTFEIER DER DEUTSCHEN NATIONALVERSAMMLUNG AM 17. MAI 1948[23]

Vor einhundert Jahren geschah es, daß in Deutschland eine Jugend durch die Mißstände der Zeit dazu getrieben wurde, mit der Flamme der Revolution die bestehende Unordnung zu beseitigen. Anstelle der Ungleichheit sollte die Gleichheit treten und anstelle der Unfreiheit die Freiheit. Doch die kühne Hoffnung der Kämpfer von 1848 ging nicht in Erfüllung. Sie ging deshalb nicht in Erfüllung, weil das Volk im Vertrauen auf die Obrigkeit sein Schicksal in die Hände einer Nationalversammlung legte, die es nicht verstand, mit Mut und Entschlossenheit die Früchte der Revolution zu ernten. Man redete und redete, wo man hätte handeln müssen. (...) So ging dem deutschen Volk wie schon so oft eine Chance verloren. Ströme von Blut und Tränen waren die Folgen dieses Versagens.

Doch die Geschichte steht nicht still. Die von ihr gestellten Aufgaben sind uns immer wieder zur Lösung aufgegeben.

Heute sind wir wieder vor eine Entscheidung gestellt: Die Frankfurter Jugendverbände haben sich deshalb die Frage vorgelegt, ob der Weg, den man zu beschreiten sich anschickt, der richtige ist. Wir müssen dies auf das Entschiedenste verneinen. Nicht durch Reden, Feiern und Kundgebungen bessern wir das deutsche Schicksal, nein, sondern einzig und allein durch die mutige, entschlossene Tat. Wir Jungen stehen also, genau wie unsere Brüder von

mals außerdem dem Wirtschaftsrat des Vereinigten Wirtschafts-
gebietes in Frankfurt angehörte, hielt vor dem Dom eine mitrei-
ßende Rede, die selbst die Falken stürmisch beklatschten. Dort vor
dem Dom, so erinnerte sich Rudi Arndt, soll Strauß seine berühm-
ten Worte gesprochen haben: »Eher soll einem Deutschen der Arm
abfallen, bevor er wieder ein Gewehr in die Hand nimmt!«[21] Hinterher klopften die Falken ihrem Vorsitzenden Arndt fast tröstend
auf die Schulter: *Mein lieber Freund, SO müsstest du mal reden!*[22]
Noch konnte keiner ahnen, dass dieser Strauß einmal bundesdeutscher Atom- und später Verteidigungsminister werden würde.
Es war in jenen Tagen des Paulskirchenjubiläums im Mai 1948 noch
kein neuer deutscher Staat gegründet.

*1848, mitten in einer Welt der Unfreiheit und der Willkür mit dem
festen Mut und dem starken Willen, diese Welt zum Besseren hin zu
verändern. Wir haben als Jugend, die wir vom Leben so furchtbar
getäuscht wurden, das Recht, kritisch zu sein, und die Pflicht, unser
Schicksal, wenn es notwendig ist, selbst in die Hand zu nehmen.
Wir wollen nicht, daß eines Tages unsere Kinder uns fragen:
Warum habt ihr damals versagt, als es galt zu handeln?*

*Unsere Generation wird die Folgen der heutigen Politik zu tragen
haben. Wir werden in dem Staat einmal leben müssen, den man
heute aufbaut, und erheben deshalb unsere Stimme:*

*Wir Jungen fordern ein Deutschland, in dem die geistige und po-
litische Zerrissenheit überwunden ist, ein Deutschland, dessen Wie-
deraufbaukraft allen zugute kommt, dessen Jugend der Weg zur
Bildung offen steht, in dem an Stelle der Profitwirtschaft soziale Gerechtigkeit geschaffen wird, in welchem wir frei und nicht der Verfolgung und Willkür ausgesetzt sind. Wir fordern, daß der Krieg
und alles, was damit zusammenhängt, in der ganzen Welt geäch-
tet wird.*

*Aber wir Jungen wollen nicht nur verneinen und fordern, son-
dern unsere ganze Kraft dafür einsetzen, diese Forderungen zu
verwirklichen. Dieses Ziel kann erreicht werden, wenn die gesamte
Jugend, nicht nur in Frankfurt, nicht nur in den einzelnen Zonen,
sondern in ganz Deutschland und der ganzen Welt sich dafür einsetzt. Dieses Ziel muß erreicht werden um der Gerechtigkeit willen,
denn nur die Gerechtigkeit schafft Frieden.*

Erste internationale Kontakte

Im Juli 1948 knüpfte der Jungpolitiker Rudi Arndt erste internationale Kontakte. Bereits im vorangegangenen Winter hatte er an einem Internationalen Skilager der Sozialistischen Jugend in Bad Gastein teilnehmen wollen, aber den notwendigen Reisepass zu spät erhalten. Als stolzer Besitzer eines Passes mit der Nummer 1 für Österreich fuhr Arndt dann zum Internationalen Sommerlager, das die »International Union of Socialist Youth« (IUSY) in Ebensee veranstaltete. Nach dem Vorbild der Kinderrepubliken der sozialistischen Jugendbewegung in der Weimarer Zeit basierte das Zeltlager als »eine demokratische und sozialistische Gemeinschaft mit gleichen Rechten und Pflichten für alle« auf dem Prinzip der Selbstverwaltung der Jugendlichen. In den zehn Tagen der »Internationalen Republik Ebensee«, die sogar über eine eigene »Verfassung« verfügte, freundete sich Rudi Arndt mit Jugendlichen aus England, Österreich und den Niederlanden an, u. a. mit Bob Molenaar, dem Gründungspräsidenten der IUSY, Haager Kongressabgeordneten und späteren Generalsekretär der Europäischen Bewegung. Auf der gemeinsamen Heimfahrt, als Arndt in Frankfurt aus dem Zug stieg, schenkten ihm die holländischen Genossen ihre ganze Verpflegung, die sie angesichts der ungewissen Versorgungslage vorsichtshalber mitgenommen und doch nicht benötigt hatten.

Der Frankfurter Falken-Funktionär konnte die Lebensmittel, angeblich insgesamt *vier Zentner*, gut für das laufende Sommerzeltlager der Falken von Hessen-Süd auf der Starkenburg bei Heppenheim gebrauchen. Auch bei diesem Zeltlager, das am 4. Juli 1948, also nur zwei Wochen nach der Währungsreform, begonnen hatte, war die Nahrungsversorgung der Kinder und Jugendlichen noch ein wichtiger Punkt und ein großes Problem gewesen. Um die Falken-Arbeit in den wilden Jahren bis 1948 überhaupt organisieren und finanzieren zu können, hatten sich die Falken-Funktionäre hart an und manchmal auch jenseits der Grenze zur Kriminalität bewegt. Rudi Arndt erzählte: *Wir haben damals Dinger gedreht und waren froh, daß nach zehn Jahren die Sachen verjährt waren. Zum Beispiel haben wir einen ganzen Lastwagen mit Schnürschuhen faktisch von den Amerikanern geklaut und haben sie auf dem Schwarzmarkt verhökert. Mit dem Geld haben wir unsere Zeltlager finanziert. Mein Cousin, der total ausgeflippt war – Schwarzhändler –, hat mir dabei geholfen. Der ist nachher mit auf das Zeltlager gefahren, ist praktisch den ganzen Sommer über dagblieben und darüber aus dem Schwarzmarktgeschäft ausgestiegen. Um Falkenarbeit zu machen, haben wir eben auch die Amis beschissen. Bei uns gab es relativ viele Ausgeflippte. Ein bürgerliches Leben war nach Kriegsende nicht möglich zu führen. Organisieren – sprich klauen – mußte jeder, um überhaupt leben zu können. Wir kamen aus einer anderen Zeit...*[24]

Das Jahr 1948 war für Rudi Arndt auch im Privatleben ereignisreich. Am 23. April 1948 heiratete er seine Jugendliebe Anne Amend. Der 21-jährige Student und die ein Jahr ältere Lehramtsanwärterin hatten sich dazu entschlossen, weil sie ein Kind erwarteten. Am 1. Oktober 1948 wurde der Sohn *Günter* Konrad Peter Arndt im Frankfurter Bürgerhospital geboren, der seinen Rufnamen nach dem damals noch nicht aus dem Krieg heimgekehrten Onkel und seinen Zweitnamen nach dem in der NS-Zeit umgekommenen Großvater väterlicherseits erhielt. Als sich Rudi Arndt später beim Hessischen Innenministerium bewarb, wurde in seinem Lebenslauf der (zu) kurze Zeitabstand zwischen Heirat und Kindsgeburt gemäß der geltenden Moral der Fünfzigerjahre negativ angemerkt.

Rudi Arndt mit seiner ersten Frau Anne, um 1947/48

Rudi Arndt mit seinem
Sohn Günter beim
Spielen im Huthpark,
um 1950

BEZIRKSVORSITZENDER DER »FALKEN«

Mit dem Ende der frühen, oft chaotischen Gründungsphase versuchten die Falken im Bezirk Hessen-Süd 1948/49, sich selbst und ihren Standpunkt zu definieren. Bei ihren Treffen und Arbeitstagungen führten sie eine intensive Grundsatzdiskussion über die Ziele, Aufgaben und pädagogischen Grundlagen der sozialistischen Jugendbewegung. Bereits bei einer Veranstaltung unter dem Motto »Wir fordern...« im Frankfurter Handwerkersaal am 6. Juni 1948 konnte der Bezirksvorsitzende Rudi Arndt das jugendpolitische Programm der Falken vorstellen. Mit seinen fünfzig Punkten aus den Bereichen der Jugendpflege und -fürsorge, des Jugendschutzes, der Berufsausbildung und Erziehung sowie mit der Forderung zur Herabsetzung des Wahlalters basierte es auf den programmatischen Beschlüssen der 2. Verbandskonferenz der Falken in Herne, an der im Monat zuvor neun Falken aus Hessen-Süd, wahrscheinlich mit Arndt an der Spitze, teilgenommen hatten. Über die pädagogische Grundsatzdiskussion der Falken in Hessen-Süd legte Arndt als Erster Vorsitzender im Januar 1949 zusammenfassend eine elfseitige Abhandlung vor.

Nach der Währungsreform, so stellte Rudi Arndt einmal fest, hatte *alles* angefangen, *geordneter zu werden*. In der Falken-Arbeit setzte eine Bürokratisierung ein. Das Bezirksbüro musste organisatorisch und personell ausgebaut werden, und eine systematische Mitgliederverwaltung wurde eingeführt, während die *materielle Situation schwieriger* geworden war: *[Wir] brauchten (...) einen Sekretär, ein Auto,* zählte Arndt weiter auf, *wir mußten plötzlich Verwaltungskosten aufbringen. Ich muß sagen, mit Falken-Mitgliedsbeiträgen hätten wir das nicht geschafft. Wenn wir damals die Gelder der Stadt Frankfurt und des Landes Hessen nicht gehabt hätten, hätten wir die Jugendarbeit nicht finanzieren können.*[25]

Über die eigentliche Falken-Arbeit hinaus engagierte sich Rudi Arndt als Bezirksvorsitzender der südhessischen Falken, Mitglied des Landesjugendausschusses und Mitbegründer des daraus hervorgegangenen Hessischen Jugendrings auf hessischer Landesebene für die Interessen der Jugend. Unter seiner Federführung gingen die 1948 verkündeten Forderungen der Falken modifiziert in die Beschlüsse des »Hessischen Jugendtags«, den der Hessische Jugendring im April 1949 in Frankfurt veranstaltete, ein. Mit den Falken kämpfte Arndt für eine Erhöhung des Jugendpflegeetats des Landes Hessen und gegen den Kultusminister Erwin Stein wegen »Verschleppung des Jugendpflegegesetzes« (1949). Gelegentlich vertrat er seine Meinung auch gegen andere Ansichten aus den eigenen Reihen. So befürwortete er die künftige Ansiedlung der Jugendarbeit beim Sozialministerium, während der Falken-Sekretär und Jugendringvorsitzende Herbert Stettner für deren Verbleib beim Kultusministerium plädierte.

Im laufenden Prozess der eigenen Positionierung grenzten sich die Falken immer schärfer von der FDJ ab. Auslösend dafür war die Situation in Berlin, wo die Falken zwar für das Gesamtgebiet zugelassen waren, aber im Ostsektor massiv an ihrer Arbeit gehindert wurden. Nach einer Demonstration am 9. September 1948, bei der sich 250 000 Menschen aus Protest gegen das Vorgehen der SED wider die Stadtverordnetenversammlung am Brandenburger Tor versammelten, kam es im Ostsektor zu Auseinandersetzungen mit der Polizei, in deren Verlauf der 15-jährige Falke Wolfgang Scheunemann von den Schüssen eines Polizisten tödlich verletzt wurde. In Frankfurt veranstaltete daraufhin ein Bündnis von Jungsozialisten, Junger Union, Jungdemokraten, Falken, Katholischer Jugend,

STRAUSS SAGTE: »ICH MACH DIE FDJ!«
RUDI ARNDT ÜBER EINE BEGEGNUNG MIT
FRANZ JOSEF STRAUSS 1949

Zusammen mit Franz Josef Strauß gehörte Rudi Arndt zu dem Kreis, der in Rothenburg ob der Tauber im Mai 1949 die »Arbeitsgemeinschaft für Jugendpflege und Jugendfürsorge« begründete.

Von diesem Treffen erzählte Arndt gern die folgende Anekdote: *Er* [d. i. Strauß] *war eine faszinierende Persönlichkeit, und damals, meine ich, war er auch fantastisch in Ordnung. Mag sein, dass er dann später, als er Minister wurde, (...) doch ein bisschen durch die Macht angekratzt wurde. Um ein einfaches Beispiel zu sagen: Wir saßen abends zusammen, Heinz Westphal* [von der Sozialistischen Jugend], [Josef] *Rommerskirchen (damals Vorsitzender* [des Bundes] *der* [Deutschen] *Katholischen Jugend), Otto* [d. i. wahrscheinlich Klaus] *von Bismarck (für die Evangelische Jugend) und noch so ein paar Bekannte. Da sagt der Franz Josef Strauß: »Da drüben sitzen zwei vom CIA[, die schreiben alles mit]. Denen spielen wir jetzt was vor.« Dann hat der Strauß Rollen verteilt, der Heinz Westphal sollte die Evangelische Jugend machen, der Otto* [d. i. wahrscheinlich Klaus] *von Bismarck musste die Falken machen, ich sollte die Katholische Jugend machen, und Strauß selbst sagte: »Ich mach die FDJ!« Und dann hat er die beiden* [vom CIA] *beigeholt, und dann hat der Franz Josef Strauß einen FDJ-Funktionär abgezogen (...). Honecker war ein Rechtsabweichler gegen das, was der Strauß da geboten hat. Das konnte der aus dem Stegreif. [Nach einer Stunde sind die vom CIA weg, und Strauß meinte: »Was die jetzt wohl für einen Bericht schreiben?! (...)« Denn wir hatten ja unsere Namen behalten, und wer uns kannte, musste denken: Die sind verrückt geworden!]*[26]

Wenige Monate später, nach der Konstituierung der Bundesrepublik Deutschland, stieg Strauß zum CSU-Abgeordneten und Vorsitzenden des Ausschusses für Jugendfürsorge im Bundestag auf. Im Rückblick sagte Rudi Arndt, er habe *damals* in Rothenburg *große Hochachtung vor Strauß* gehabt, um aber nicht ohne ironischen Unterton hinzuzufügen: *Das hat sich nachher ein bisschen geändert.*[27]

Evangelischem Jugendwerk und »politischen Studentengruppen« am 25. September 1948 eine – allerdings sehr schlecht besuchte – Protestkundgebung auf dem Römerberg, bei der für die Falken der Berliner Vorsitzende Heinz Westphal (der spätere Bundesminister für Arbeit und Sozialordnung sowie Vizepräsident des Deutschen Bundestags) und Rudi Arndt sprachen.

Nachdem im April 1949 die Falken-Arbeit im russischen Sektor der Stadt Berlin verboten und im Juni 1949 drei Berliner Falken-Funktionäre, darunter Westphal, in »Schauprozessen« zu Gefängnisstrafen verurteilt worden waren, zog an einem Samstag im Juli 1949 ein kleiner Demonstrationszug von Frankfurter Falken »mit wehenden roten Fahnen und großen Transparenten« vom Römerberg vor die kommunistische Parteizentrale in der Gutleutstraße. Dort hielt Rudi Arndt eine Rede für die Freilassung der Berliner Falken-Funktionäre. Arndt, so berichtete die »Volksstimme«, »prangerte die Haltung der kommunistischen Partei und ihrer Jugendorganisation, der Freien Deutschen Jugend, an und schilderte, wie diese Organisationen auf Befehl von Moskau die einfachsten demokratischen Grundsätze und die Menschenrechte mißachten. Wer das Recht der freien Meinungsäußerung unterdrückt, der gebe zu, daß er Unrecht habe. Eine Organisation, der die Freiheit nur ein leeres Schlagwort sei, hätte kein Recht, sich sozialistisch zu nennen. Mit einer solchen Organisation könnte die Sozialistische Jugendbewegung nicht mehr zusammenarbeiten (...); denn Sozialismus heißt Freiheit für alle Menschen und kann nur durch Freiheit erreicht werden.«[28] Insgesamt verlief der Protest an jenem Sommersamstag aber eher kläglich, zumal den Falken unten auf der Straße fast mehr Kommunisten oben auf dem Balkon des KPD-Büros gegenüberstanden und beide Gruppen sich wegen eines defekten Lautsprechers nicht miteinander verständigen konnten.

Dennoch war es Rudi Arndt bitter ernst mit der Aufkündigung der Zusammenarbeit zwischen Falken und FDJ. Ein Jahr später, im Sommer 1950, setzte er die völlige Ausgrenzung der FDJ aus dem Frankfurter Jugendring mit durch. Auch auf Landesebene stand die FDJ bald isoliert da. Da kannte Rudi Arndt keine persönlichen Rücksichten, auch wenn sein Bruder Günter Arndt inzwischen als hauptamtlicher Sekretär und zweiter Landesvorsitzender der FDJ wirkte. Andererseits bemühte sich Rudi Arndt als Bezirksvorsitzender der Falken schon früh um »Ostkontakte« mit Jugendlichen in der DDR und um Zusammenarbeit mit der Naturfreundejugend, obwohl viele FDJler nach dem Verbot ihrer Organisation 1951 ihren Arbeitsschwerpunkt dorthin verlegt hatten.

EINER DER FÜHRENDEN KÖPFE DER SOZIALISTISCHEN JUGEND DEUTSCHLANDS

Spätestens seit Februar 1950 fungierte Rudi Arndt nicht mehr als Erster Vorsitzender der Falken im Bezirk Hessen-Süd.[29] Trotzdem blieb er einer der wort- und meinungsführenden Köpfe in der Sozialistischen Jugend Deutschlands, auch als Mitglied in deren Verbandsvorstand (1950–51) und insbesondere im Kampf gegen die Remilitarisierung in Deutschland, den die Falken spätestens seit dem Beginn des Koreakriegs (25.6.1950) als eine ihrer zentralen Angelegenheiten betrachteten.

Bei einer Diskussionsveranstaltung von Falken, Jungsozialisten und SDS zur deutschen Wiederbewaffnung im Frankfurter Handwerkersaal trat Rudi Arndt im Herbst 1950 erneut Kurt Schumacher entgegen. Der junge Falken-Funktionär wollte dem achtunggebietenden SPD-Vorsitzenden offenbar eine eindeutige Aussage zur Haltung der Partei entlocken und stellte ihm die konkrete Frage, »ob die SPD auf eine Remilitarisierung mit Generalstreik antworten würde«, wie es damals in der Presse hieß[30]; Arndt selbst erinnerte sich später, dass er gefragt habe, *ob er*[d. i. Schumacher], *wie Spaak in Belgien, bereit sei, an der Spitze der Partei gegen die Wiederbewaffnung zu marschieren*[31]. Jedenfalls reagierte Schumacher abweisend, ja sogar »ausfallend«[32]. Er antwortete, *er hätte selten eine so dumme Frage gehört* (so Rudi Arndt[33]), oder nannte die Frage »völlig (...) blödsinnig« (so die Presse[34]). Ob nun eine betretene Stille folgte, wie die Zeitung berichtete[35], oder der ganze Saal johlte, wie Arndt rückblickend meinte[36]: Die beiden ungleichen Gegner blieben auf Konfrontationskurs in der Debatte um die deutsche Wiederbewaffnung. Arndt erzählte später: *Als der Verbandsausschuß der Falken beschlossen hatte, daß wir gegen die Remilitarisierung sind, sind wir* [vor Schumacher ins SPD-Büro] *bestellt worden. Es hat keiner mehr den Mut gehabt hinzufahren. Da haben sie mich und, ich glaube, Heinz Westphal hingeschickt. Der wollte aber auch nicht reden. Dann habe ich eben geredet und unsere Position dargestellt. Dann hat er* [d. i. Schumacher] *gesagt: »Schmeißt den Kerl raus!« Da hat der Erich Ollenhauer gesagt: »Kurt,*

Auf einem politischen Jugendtreffen, um 1952/53:
u. a. Heinz Westphal (ganz li. stehend), Rudi Arndt (als 3. v. li.
stehend) und Holger Börner (re. von Arndt stehend)

*den schmeißen wir nicht raus. Der ist aus einer alten sozialdemo-
kratischen Familie. Mit dessen Vater habe ich den ersten Kurs der
Akademie der Arbeit besucht!*[37] *– Also, ich hatte immer ein schwie-
riges Verhältnis zu Kurt Schumacher. Erich Ollenhauer schien der
einzige gewesen zu sein, auf den er noch gehört hat.*[38]

Ein anderes wichtiges Anliegen war den Falken ihr Einsatz gegen
den wiedererwachenden Rechtsradikalismus. Zu diesem Zweck
schlossen sie sich in Frankfurt mit den Jungsozialisten und dem
SDS zur »Kampfgemeinschaft Sozialistischer Jugend« (KSJ) zusammen, der Ewald Geißler (für die Falken), Walter Möller (für die
Jusos) und Hans Matthöfer (für den SDS) vorstanden. Rudi Arndt,
der im Februar 1952 wieder zum Bezirksvorsitzenden der Falken
in Hessen-Süd gewählt worden war, war an den Aktionen der KSJ,
etwa gegen den Wiedereinstieg des NS-Oberbürgermeisters Friedrich Krebs in die Kommunalpolitik, gegen die Aufführung von Fil-
men des Regisseurs Veit Harlan und gegen die rechtsextremistische

Jugendorganisation »Bund Deutscher Jugend« (BDJ), maßgeblich beteiligt. Wie im Herbst 1952 die KSJ die Versuche einer Neugründung des ›Stahlhelms‹ in Frankfurt torpedierte, berichtete Heiner Halberstadt aus seiner Erinnerung: »Es gründete sich (...) der ›Stahlhelm‹. Sie haben [dazu] in den Börsenkeller eingeladen. Wir hatten jemanden in die Organisation eingeschleust. Der ›Stahlhelm‹ hatte spezielle Einladungskarten drucken lassen; wir haben diese Karten nachgedruckt und verteilt und kamen mit diesen durch die scharfen Eingangskontrollen. (...) Man spielte preußische Marschmusik. (...) Und kaum, daß einer zu einer gewaltigen nationalen Rede anhub, haben wir protestiert: ›Nein, heute wäre eine Mitgliederversammlung angesetzt!‹ Wir hatten die Mehrheit, und der neue Vorsitzende des ›Stahlhelms‹ in Frankfurt wurde Rudi Arndt, der sofort einen Auflösungsbeschluß in die Versammlung einbrachte. Inzwischen wurden natürlich die ersten Tische umgekippt, die ersten Bierseidel flogen durch die Gegend. So haben wir formal den ›Stahlhelm‹ in Frankfurt aufgelöst.«[39]

FRANKFURTS JÜNGSTER STADTVERORDNETER

Unter dem populären Oberbürgermeister Walter Kolb erzielte die SPD in Frankfurt bei den Kommunalwahlen am 4. Mai 1952 einen großen Erfolg. Sie verbesserte ihr Ergebnis von 1948 um fast neun auf 45,5 Prozent, während die CDU nur 20,8 Prozent und damit ihr schlechtestes Resultat auf kommunaler Ebene in der Frankfurter Nachkriegsgeschichte verbuchen musste. Einen der 39 Sitze, die die SPD künftig in der Stadtverordnetenversammlung innehaben sollte, errang Rudi Arndt, der erst zwei Monate zuvor seinen 25. Geburtstag gefeiert und damit das Mindestalter für das passive Wahlrecht erreicht hatte. So war er damals Frankfurts jüngster Stadtverordneter.

Zugleich wurde auch seine Mutter Betty Arndt in die Stadtverordnetenversammlung gewählt. Wohl mehr als einmal unterstützte sie »aus mütterlicher Liebe« die politische Karriere des Sohnes; offenbar trat sie auch für dessen Kandidatur ein, ohne ihren bisherigen politischen Freundinnen etwas davon zu sagen oder gar Rücksicht auf deren vermeintlich ältere »Rechte« zu nehmen, wofür sie durchaus auch Missstimmigkeiten hinnahm.[40] (Als der Sohn zwanzig Jahre später Oberbürgermeister wurde, verzichtete Betty Arndt, damals noch ehrenamtliche Stadträtin, ihm zuliebe auf die

Mit der Mutter Betty Arndt im Römer, 20.4.1972

Fortsetzung ihrer eigenen politischen Karriere und schied aus dem Magistrat aus, wie es die Hessische Gemeindeordnung wegen der nahen Verwandtschaft erforderte. Mittlerweile war Betty Arndt allerdings fast 73 Jahre alt.)

Am 15. Mai 1952, keine zwei Wochen nach den Kommunalwahlen, legte Oberbürgermeister Kolb den Grundstein für den »Wiederaufbau der Altstadt«, womit die Neubebauung des kriegszerstörten Kerngebiets der Innenstadt mit modernen Wohnhäusern begann. Der junge Kommunalpolitiker Arndt war beeindruckt, dass es in der Stadtverordnetenversammlung damals, unabhängig von den Parteien, *ein gemeinsames Bewusstsein gab: »Wir müssen diese Stadt gemeinsam aufbauen!«*[41] Deshalb, so sagte er rückblickend, sei er auch nach seiner Wahl zum Oberbürgermeister 1971 für eine Fortsetzung der Römerkoalition eingetreten, des Allparteienbündnisses im Frankfurter Magistrat, das dann auf Beschluss der SPD doch aufgekündigt wurde. Noch zu Arndts Amtszeit als OB war der Wiederaufbau in der Innenstadt nicht abgeschlossen. In die Diskussion um die Bebauung des »Dom-Römer-Bereichs« in den Siebzigerjahren hat Rudi Arndt die Idee zur Rekonstruktion der

Ostzeile auf dem Römerberg eingebracht, die er dann auch durchsetzte.

Zu Beginn seiner Stadtverordnetenzeit wurde Rudi Arndt am 26. Juni 1952 in drei Deputationen gewählt, u. a. in die Jugendwohlfahrtsdeputation, der er bis zu deren Auflösung 1955 angehörte. Außerdem war Arndt wahrscheinlich im Schul- und im Kulturausschuss. Als er nach vier Jahren für die Wiederwahl zum Stadtverordneten kandidierte, gab er *Jugendarbeit und kulturelle Fragen* als seine besonderen Anliegen an, und nach Beseitigung *aller sozialen Notstände* wollte er sich für den *Neubau des Schauspielhauses* engagieren.[42] In der Presse galt er trotz seiner Jugend mittlerweile als »einer [der] besten, sachkundigsten und dialektisch gewandtesten Sprecher« der SPD im Stadtparlament.[43]

Am 20. September 1956 starb unerwartet Walter Kolb, das äußerst beliebte Stadtoberhaupt. Die kurz darauf stattfindende Kommunalwahl (28.10.1956) schien nun unter gänzlich veränderten Vorzeichen zu stehen. Dennoch baute die SPD ihre Mehrheit in der Stadtverordnetenversammlung auf beachtliche 54,5 Prozent aus, und auch Rudi Arndt konnte sein Mandat verteidigen. Trotzdem schied er am 31. Oktober 1956 aus dem Stadtparlament aus. Inzwischen war er, als Nachrücker für Kolb, in den Hessischen Landtag eingezogen. Künftig konzentrierte sich Arndt auf seine dortige Abgeordnetentätigkeit, nicht nur im Sinne seiner Partei, die eine Mandatshäufung vermieden wissen wollte. Schon länger hatte er auch seinen sonstigen Arbeitsmittelpunkt nach Wiesbaden verlegt.

JUGENDREFERENT IM HESSISCHEN INNENMINISTERIUM

Im Frühjahr 1952, als Rudi Arndt zum Stadtverordneten gewählt wurde, hatte er sein Jurastudium noch immer nicht abgeschlossen. Daran dürfte sein intensives und zeitaufwendiges jugendpolitisches Engagement nicht unschuldig gewesen sein; außerdem musste der junge Ehemann und Vater nebenher jobben, um zum Familienunterhalt beizutragen. Nach insgesamt zehn Semestern, wozu eine Studienunterbrechung im Sommersemester 1950 kam, strebte Arndt das erste Staatsexamen an. Am 19. Dezember 1952 schaffte er es, allerdings erst im zweiten Anlauf und nur mit der Note »ausreichend«.

Bereits fast zwei Jahre zuvor, als das I. Kabinett unter Ministerpräsident Georg-August Zinn gerade die Regierungsarbeit aufgenommen hatte, hatte sich Rudi Arndt um eine Anstellung beim Hessischen Innenministerium in Wiesbaden beworben (20.2.1951). Er kannte den neuen Innenminister Heinrich Zinnkann als früheren Freund seines Vaters, und durch den zuständigen Abteilungsleiter hatte er gehört, dass »dringend ein Sachbearbeiter« für die Arbeitsgebiete Jugendrecht und Jugendschutz im Ministerium »benötigt« würde, der »in der Jugendbewegung tätig war und juristisch vorgebildet« sein sollte.[44] Obwohl Rudi Arndt »besonders geeignet« für diese Aufgabe schien, verzögerte sich seine Anstellung, nicht zuletzt wegen seines fehlenden Studienabschlusses. Erst ab dem 1. März 1953 war er im Hessischen Innenministerium beschäftigt, zunächst als »Aushilfsangestellter«, dann nach einer dreimonatigen Probezeit als ordentlicher Angestellter und nach einem weiteren Vierteljahr mit unbefristetem Vertrag.

Am 1. August 1953 stieg Rudi Arndt vom »Hilfsreferenten« zum »Referenten für Jugendrecht und Bundesjugendplan« im Hessischen Innenministerium und beim Hessischen Landesjugendamt auf. Seinen Aufgabenbereich als Leiter des »Referats IXb« beschrieb er selbst damals so: *In meinem Referat bearbeite ich (...) alle grundsätzlichen Erlasse und Gesetzesvorlagen der Abteilung IX* [d. i. die Abteilung »Jugendwohlfahrt« im Hessischen Innenministerium] *und die juristischen Fragen aus dem Gebiet der Pflegekinderaufsicht, des Vormundschaftswesens und der Fürsorgeerziehung für das Hessische Landesjugendamt. Weiterhin bearbeite ich die berufsfördernden Maßnahmen im Rahmen des Bundesjugendplanes, d. h., die Ausschüttung von ca. 1 Mill. DM pro Haushaltsjahr und die Überwachung der Zweckbestimmung dieser Mittel* [d. i. für politische und kulturelle Kinder- und Jugendarbeit]. *Durch Kabinettsbeschluß vom 9.9.1953 wurde ich zum Vertreter für das Land Hessen in der Bundesprüfstelle für jugendgefährdende Schriften auf die Dauer von 3 Jahren ernannt. Weiterhin bearbeite ich Fragen der Berufsnot der Jugend und des Jugendarbeitsschutzes.*[45] Als weitere Zuständigkeiten seines Sachgebiets nannte Arndt etwa den *Bau von Jugendwohnheimen, die Einrichtung berufsfördernder Maßnahmen, die Jugenderholung (Jugendlager auf dem Dörnberg), die Verbindung zum Landesjugendausschuß, zum Landesjugendring und zu den Jugendverbänden.*[46]

Unter Ministerpräsident Zinn, der den Referenten Arndt *mehr-*

fach zu sich *bestellte* und *sehr genau* über die Probleme der Jugend berichten ließ, wurde die Betreuung und Eingliederung der heimatlosen Jugendlichen, insbesondere *der jugendlichen Flüchtlinge aus der SBZ (wie damals im Behördenjargon die DDR genannt werden musste),* zu einem wichtigen Punkt im Programm der Landesregierung.[47]

Nicht nur im Ministerium galt Arndt bald als Experte für Jugendfragen, was sich auch in der zügigen Beförderung in eine höhere Gehaltsgruppe (1.3.1954) ausdrückte. Sein erneuter Antrag auf Höhergruppierung jedoch wurde zunächst abgewiesen, weil ihm das zweite Staatsexamen als Voraussetzung für die nächste Tarifgruppe fehlte. Arndt widersprach: *Ich kann (…) nicht anerkennen, daß trotz der klaren Bestimmungen der Tarifordnung allein eine abgelegte Prüfung und nicht der Wert der Leistung für eine Eingruppierung maßgebend ist.*[48] Daraufhin wurde er tatsächlich, zwar nach einem langwierigen Verfahren, auf Kabinettsbeschluss vom 8. Februar 1955 rückwirkend zum 1. Januar 1955 doch höher eingestuft. Arndt musste allerdings klar sein, dass er damit das Ende der Karriereleiter im höheren Verwaltungsdienst erreicht hatte – wenn er nicht das fehlende zweite juristische Staatsexamen nachholen würde.

DAS JAHR 1956

Das Jahr 1956 markiert einen Umbruch in der Biographie von Rudi Arndt, sowohl in seinem politischen und beruflichen Wirkungskreis wie in seinem privaten Lebensbereich. Die Ehe von Rudi und Anne Arndt hatte schon seit einiger Zeit nicht mehr funktioniert. Der Streit, so meint der Sohn Günter, sei immer Rudis Lebenselixier gewesen: »Er konnte mit jedem und allem rumstreiten, ist keiner Auseinandersetzung aus dem Weg gegangen und hat mit keinem Argument zurückgehalten.«[49] Damit konnte nicht jeder umgehen, doch Anne Arndt gab ihrem Mann offenbar tüchtig Kontra. »Beide waren sehr starke und sehr laute Persönlichkeiten«, sagt der Sohn heute, »und keiner gab nach. Ihre Ehe hatte keine große Chance.«[50] Am 24. November 1955 wurden Rudi und Anne Arndt geschieden, und am 10. Januar 1956 wurde das Scheidungsurteil rechtskräftig. Der gemeinsame Sohn hatte künftig »sein Zuhause« bei der Mutter, während er beim Vater nur »zu Besuch« oder »im Urlaub« war. Besondere Aufmerksamkeit widmete Rudi Arndt jedoch der weiteren Schulbildung des Jungen. So sorgte er dafür, dass Günter später das Internat im »Schuldorf Bergstraße« in Seeheim-Jugenheim, der ersten Gesamtschule in der Bundesrepublik, besuchte.

Als Funktionär der Falken stand Rudi Arndt noch um die Mitte der Fünfzigerjahre öfter im Rampenlicht, etwa als Delegationsleiter der hessischen Sozialistischen Jugend mit einer spontanen Abschlussrede in Deutsch und Englisch auf dem Internationalen Treffen der IUSY in Lüttich im Juli 1954, als Bezirksvorsitzender der Falken in Hessen-Süd mit einer vielbeachteten Festansprache zum 50. Jubiläum der Sozialistischen Arbeiterjugend in Frankfurt im Oktober 1954 und als Präsident der 5. Verbandskonferenz der SJD – Die Falken in Kiel im Juli 1955, was Arndt selbst einmal als seinen *letzten großen Auftritt* bei den Falken bezeichnete. Solche öffentlichkeitswirksamen Darbietungen ebenso wie manche spektakulären Aktionen, oft aus Protest gegen die deutsche Wiederbewaffnung sowie gegen jegliche Formen der Radikalität von rechts und links, hatten auch zur Folge, dass Arndt sich mehr und mehr von der eigentlichen Basisarbeit mit Kindern und Jugendlichen entfernte. Längst waren er und viele andere führende Frankfurter Falken-Funktionäre der ersten Stunde »nicht mehr ganz so jugendbewegt« (wie Heiner Halberstadt einmal treffend bemerkte[51]), so dass sie ihre politische Arbeit allmählich in die SPD verlagerten. Mit Ablauf des Jahres 1956, also wenige Wochen vor seinem 30. Geburtstag, beendete Rudi Arndt offiziell seine Mitgliedschaft bei den Falken.

Definitiv wollte Arndt *in der aktiven Politik bleiben.* Den Vorschlag von Oberbürgermeister Walter Kolb, zum Flughafen zu wechseln, *um dort einen jungen Mann zu haben, der mit der Zeit in die Leitung hineinwachsen* und den Ausbau zu einer internationalen Drehscheibe des Luftverkehrs fördern *könne,* schlug er daher 1955 aus.[52] Als junger Stadtverordneter mag er seine Zukunft zunächst in der Frankfurter Kommunalpolitik gesehen haben. Dementsprechend besuchte er seit 1954 alljährlich einen entsprechenden Lehrgang, u. a. an der Akademie für Kommunalpolitik in Schmitten im Taunus. Da bot sich ihm unerwartet die Gelegenheit zum Wechsel in die hessische Landespolitik: Nach Kolbs plötzlichem Tod konnte Rudi Arndt am 25. September 1956 dessen Landtagsmandat für die westlichen Frankfurter Vororte übernehmen.

Von seiner Referententätigkeit im höheren Verwaltungsdienst beim Hessischen Innenministerium war er seitdem beurlaubt. Auf persönliches Drängen des Ministerpräsidenten Georg-August Zinn entschied sich Arndt bald darauf, sein Jurastudium endlich mit dem zweiten Staatsexamen abzuschließen. Noch kurz vor Weihnachten 1956 wurde er in den juristischen Vorbereitungsdienst des Landes Hessen eingestellt, und am 14. Januar 1957 begann er sein Referendariat am Kleinen Amtsgericht in Hochheim am Main. Er wusste, das Große Staatsexamen würde die Voraussetzung für eine weitere Karriere sein.

Andererseits war Rudi Arndt rückblickend davon überzeugt, dass er ohne seine Erfahrungen in der Falken-Zeit nicht so weit gekommen wäre. Besonders gern erinnerte er sich an die »wilden« Falken-Jahre, die ihn wenigstens ein bisschen für die verlorene Jugend unter Hitler entschädigen konnten. Es hätte ihm daher sicher gefallen, dass der Verein »Abenteuerspielplatz Riederwald«, zu dessen frühen Förderern Arndt in den Siebzigerjahren gehört hatte, bald nach seinem Tod 2004 ein »Piratenboot« nach ihm benannte. Seitdem können Kinder allsommerlich mit der »M. S. Rudi Arndt« auf dem Main herumschippern.

Rudi Arndt
Was ist sozialistische Erziehung? (1948)

Die Vertreter unserer Jugendbewegung wurden in der letzten Zeit des öfteren gefragt, was sie sich nun eigentlich unter einer sozialistischen Erziehung vorstellen. Nicht immer wurde auf diese Frage so geantwortet, wie es eigentlich notwendig gewesen wäre. Um die Grundlage für eine Diskussion über dieses Thema innerhalb unserer Bewegung zu schaffen, will ich hier meine Meinung darüber sagen. Wichtig ist, daß wir uns über diese Fragen klar werden, damit wir uns bei unserer Jugendarbeit danach richten. Als sozialistische Jugendbewegung sind wir ein Teil der gesamten sozialistischen Bewegung. Dieser Teil ist für die Bewegung lebensnotwendig, kann aber ohne sie ebenfalls nicht bestehen. Das Ziel der gesamten sozialistischen Bewegung ist die sozialistische Gesellschaftsordnung. Der sozialistischen Jugendbewegung ist eine große Aufgabe im Rahmen der Gesamtbewegung zugefallen: die Erziehung. Diese Aufgabe kann einzig und allein von einer Jugendbewegung bewältigt werden.

Wenn gesagt wird, daß wir die Aufgabe der Erziehung haben, so ist damit noch lange nicht beschrieben, wie diese Aufgabe aussieht. Das Ziel für uns ist, den Menschen zu erziehen, der Träger der sozialistischen Gesellschaftsordnung sein kann. Wie sieht dieser Mensch nun aus?

Weil die sozialistische Gesellschaftsordnung auf politischer und wirtschaftlicher Freiheit beruht, muß der »sozialistische Mensch« frei sein. Dieses »frei sein« ist nicht rein materiell aufzufassen, sondern dieser Mensch muß auch in seinem Innern frei sein. Er muß das Gefühl der Gleichberechtigung haben. Für ihn ist es selbstverständlich, daß es keine Unterwerfung gibt. Er achtet den anderen Menschen und lebt mit ihm in einer Gemeinschaft. Dies ist das Erziehungsziel, das wir uns als Jugendbewegung gesteckt haben. Wenn wir uns den Weg betrachten, der zu diesem Ziel hinführt, so ist als erstes eine Erkenntnis von Karl Marx zu beachten: Der Mensch wird von der Welt, die ihn umgibt, geformt und beeinflußt. Daraus ergibt sich, was den heutigen Menschen auszeichnet: Unfreiheit und Abhängigkeit. Darauf beruht unsere heutige Gesellschaftsordnung. Für uns ergibt sich also die Aufgabe, die Unfreiheit und Abhängigkeit der Jugend zu beseitigen. Ein Weg, dies zu tun, wäre, in Parlamenten und Regierungen für eine Besserung der Verhältnisse zu arbeiten. Doch dies ist eine Aufgabe der politischen Parteien, die wir höchstens unterstützen können, wenn es gilt, solche Forderungen durchzusetzen.

Der Weg, den wir begehen, sieht anders aus. Wir wollen der Jugend die Umwelt schaffen, die auf Freiheit und Unabhängigkeit und auf Gleichberechtigung beruht. Diese Umwelt findet sich in unseren Gruppen und Falkenrepubliken. Hier sind die Orte, die die Voraussetzung dafür geben, daß die Jugend, die zu uns gestoßen ist, das sozialistische Erlebnis hat.

Ich möchte das Wort »Voraussetzung« betonen. Es ist nun unsere Aufgabe, daß die Jugend das sozialistische Erlebnis tatsächlich hat. Dazu ist eine Erziehung notwendig, nämlich die sozialistische. Bevor ich darauf näher eingehen kann, muß ich erst etwas Grundsätzliches zum Entwicklungsgang des Menschen sagen.

Es wurde bereits weiter oben eine Erkenntnis von Karl Marx angeführt, die besagt, daß der Mensch von seiner Umwelt geformt wird. Die Umwelt, in der wir heute leben, ist alles andere als ideal. Diese Umwelt wirkt nun auf den Menschen vom Augenblicke seiner Geburt an ein. Je älter er wird, desto stärker werden diese Einwirkungen, sodaß als Endprodukt jener unfreie und abhängige Mensch dasteht, den wir alle kennen. Also ist das Kind bedeutend natürlicher als der erwachsene Mensch. Unsere Aufgabe ist, die Jugend natürlich zu halten. Damit ist die Grundlage der sozialistischen Erziehung geschaffen. Die Jugend soll das Unnatürliche ablehnen und das Natürliche anstreben.

Daraus geht hervor, daß nicht der Erwachsene Träger der Erziehung ist, sondern die Gemeinschaft der jungen Menschen. Diese Gemeinschaft beruht auf natürlichen Gesetzen. Sie darf von keinem Erwachsenen in unnatürliche Formen, auch wenn sie uns noch so nützlich erscheinen, gepreßt werden. In dieser Gemeinschaft gibt es nur gleichberechtigte Glieder. Es kann also auch keine getrennte Erziehung von Jungen und Mädel geben; denn die Menschen sind nun einmal von Natur aus männlich und weiblich. Weiterhin ergibt es sich, daß wir die autoritäre Erziehung, die Erziehung durch Befehl ablehnen. Wenn Befehle erteilt werden, wenn die Erziehung auf Zwang beruht, so setzt das voraus, daß keine Gleichberechtigung besteht, und das Ziel ist ein unfreier Mensch, *der nur auf Befehle von außen reagiert. Ueber die Prügelstrafe braucht in diesem Zusammenhang nichts mehr gesagt werden.*

Das ist die Grundlage unserer sozialistischen Erziehung. Es wird wohl nicht so sein, daß man diese Zeilen liest und dann alles bis in die letzte Einzelheit hinein weiß. Notwendig ist, daß sich jeder ver-antwortungsvolle junge Sozialist Gedanken darüber macht. Wir müssen den anderen Jugendverbänden in dieser Beziehung immer klar sagen können, was uns von ihnen unterscheidet. Es ist unsere Ueberzeugung, daß diese Erziehungsmethode die beste ist, und wir werden diese Ueberzeugung überall vertreten.

(In: Die Falken – Sozialistische Jugendbewegung, Mitteilungsblatt der Falken in Hessen-Süd, Nr. 7 vom 1.4.1948, S. 2f.)

LANDESPOLITISCHES GESTALTEN, BUNDESPOLITIK IM BLICK

Rudi Arndt als hessischer Landtagsabgeordneter

Von ROLF MESSERSCHMIDT

Staatsminister Arndt gehört zu den profilierten hessischen Nach-wuchspolitikern«, vermeldet die Ausgabe 1966 des »Hessen ABC« als offizielles Nachschlagewerk des Landes und charakteri-siert weiter: »Als Landtagsabgeordneter, Fraktionsvorsitzender und Mitglied des Sachverständigenbeirats für den Großen Hessenplan hat er sich einen hervorragenden Ruf als Landespolitiker und Ken-ner der hessischen Probleme erworben.« Doch das politische Wir-ken Rudi Arndts erschließt sich nur vor dem Hintergrund der familiären Prägung und seiner besonderen Tatkraft und der da-durch befeuerten Motivation, die dunklen Schatten der Vergan-genheit überwinden und etwas von demokratischer Stabilität und bleibendem Wert schaffen zu wollen.

Obwohl er 1956 als 29-jähriger nachrückender Abgeordneter in den Hessischen Landtag schon auf vier Jahre Erfahrung als Stadt-verordneter in Frankfurt am Main zurückblicken konnte, wurde er immer noch aufgrund seiner politischen Vergangenheit ganz als Jungsozialist angesehen. Daran änderte sich bis in die ausgehen-den 1950er Jahre kaum etwas. Doch er entwickelt sich innerhalb weniger Jahre zum Sachkenner der hessischen Landespolitik, nimmt zudem bundespolitische Herausforderungen in den Blick, insbesondere dann, wenn sie Einfluss auf die Landespolitik aus-üben. Hessen ist für ihn kein losgelöster Mikrokosmos, sondern Teil des westdeutschen Staates und damit unmittelbar den Ent-wicklungen im Zeitalter des »Kalten Krieges« ausgesetzt, war doch gerade in Osthessen die deutsche Teilung besonders sichtbar.

Am 20. September 1956 stirbt überraschend 54-jährig der bundesweites Ansehen genießende Frankfurter Oberbürgermeister Walter Kolb an einem Herzinfarkt. Er hatte die Stadt wie kein anderer in der Nachkriegszeit geprägt, sich besonders für deren raschen Wiederaufbau eingesetzt. Bereits seit Sommer 1946 übte er sein Amt aus, wurde zur Symbolfigur des zupackenden kommunalen Politikers, der die Frankfurter Trümmerlandschaft in einen wieder aufstrebenden Organismus mit rasch wachsender Einwohnerzahl umwandelte. Kolb hatte während des Nationalsozialismus als Sozialdemokrat und Gewerkschafter schwer unter den Pressionen des Regimes gelitten. 1933 wurde er, damals Landrat in Schmalkalden, aus dem öffentlichen Dienst entfernt, später verhaftet, in Zuchthäusern interniert und anschließend in ein KZ abgeschoben. Auf einem der berüchtigten Todesmärsche bei Kriegsende konnte er fliehen und untertauchen. Körperlich zerrüttet, aber doch lebensfroh rieb er sich im anspruchsvollen Amt eines Oberbürgermeisters in schwieriger Zeit auf, so zumindest begründen die nachrufenden Kommentare seinen frühen Tod.

Rudi Arndt wurde von der SPD dazu ausersehen, Kolbs Landtagsmandat zu übernehmen. Er galt im mitgliederstarken SPD-Unterbezirk Frankfurt als Stadtverordneter bereits als angesehener Parteifunktionär, dem man diese anspruchsvolle Nachfolge zutraute. Sein Eintritt in den Hessischen Landtag erfolgte am 25. September 1956. Das Frankfurter Mandat legte er nieder, und als Referent des Innenministeriums wurde er für die neue Aufgabe freigestellt. Seine in dortiger dreijähriger Tätigkeit erworbene Sachkenntnis im Jugendrecht und der Jugendförderung brachte er als neuer Mandatsträger unmittelbar aktiv ein: Ab Oktober 1956 ist er Mitglied des Sozialpolitischen Ausschusses, von November 1957 bis zur Landtagswahl 1958 zugleich Mitglied des Ausschusses für Heimatvertriebene im Hessischen Landtag.

Als Mitglied des Sozialpolitischen Ausschusses äußerte sich Arndt in einer Plenardebatte im November 1956 zur Frage einer Neuorganisation der Jugendhilfe und den Perspektiven eines hessischen Jugendplans. *Ein solcher Jugendplan*, so Arndt in seiner ersten Plenarrede, *muß ein Programm für uns sein, wie wir die Jugendhilfe innerhalb der nächsten Jahre vorantreiben wollen.* Jugendhilfe war für ihn das Zusammenspiel von Jugendfürsorge und von öffentlich geförderter pädagogisch orientierter Jugendpflege. Er bemängelte sowohl die verschiedenen Zuständigkeiten der vorhandenen Dienststellen als auch deren organisatorische Anbindung an unterschiedliche Ressorts, was *doch zu einer Lähmung* führe. Der Jugendplan hatte für Arndt eine wichtige sozialpolitische Funktion, diente er doch vor allem dazu, die Träger freier Jugendverbände mit finanziellen Mitteln auszustatten und eine von staatlichen Einflüssen freie demokratische und vielfältige Jugendarbeit in Hessen sicherzustellen. Insbesondere die im ›Dritten Reich‹ gemachten Erfahrungen, wie der Staat die heranwachsende Jugend für seine Zwecke missbraucht hatte, waren für Arndt wichtiger Motor, sich für eine unabhängige Jugendarbeit einzusetzen und damit die Demokratie langfristig zu sichern. Der diskutierte Jugendplan, der auf einer alten Forderung der SPD Hessen-Süd beruhte, wurde im März 1958 schließlich eingeführt.

In der Zeit, in der sich Rudi Arndt als junger Landtagsabgeordneter in Wiesbaden zu etablieren begann, war der Parteibezirk SPD Hessen-Süd bestimmt durch eine sozialistische Neubelebungsdebatte. Diese orientierte sich an älteren linken Traditionen der Partei. Ihre Protagonisten waren bestrebt, eine verbürgerlichende Erneuerung der SPD auf Bundesebene zu verhindern. Sie kritisierten seit 1954 zum einen die zu pragmatische Ausrichtung der Parteiarbeit durch wachsendes Expertentum, wobei die Parteibasis zunehmend an Bedeutung verlöre. Zum anderen beschworen sie, die sozialistischen Ideale nicht aus dem Blick zu verlieren. Getragen wurde diese Kritik sowohl von den südhessischen Jungsozialisten als auch im Wesentlichen von ihrem am linken Flügel anzusiedelnden langjährigen SPD-Bezirksvorsitzenden und Frankfurter SPD-Bundestagsabgeordneten Willi Birkelbach und dessen Mitstreitern.

1956 hatte Birkelbach seine Gedanken in einem Papier dazu akzentuiert und alte sozialistische Vorstellungen von überholtem Ballast befreit. Er forderte darin, den Gedanken der umfassenden Planwirtschaft aufzugeben, stattdessen eine indirekte Lenkung durch verschiedene politische Instrumente und eine nur mehr begrenzte Vergesellschaftung anzustreben. Der »Pseudo-Sozialismus« der Sowjetunion habe dabei ebenso wenig Vorbildfunktion (und wurde scharf kritisiert) wie auch der seiner Meinung nach entartete westliche Kapitalismus mit seinen kolonialistischen und imperialistischen Tendenzen. Daraus resultierte schließlich auch die grundlegende Position: Der »Kalte Krieg« zwischen den beiden Supermächten mit der daraus erwachsenden »Politik der Stärke« führe nur zum Wahnsinn eines möglichen Atomkrieges und sei daher abzulehnen.

Als Jungsozialisten und Kenner der südhessischen Parteiszene dürften dem jungen Abgeordneten Arndt diese programmatischen Positionen kaum unbekannt gewesen sein. Das zeigte sich nicht zuletzt in einer im Landtag bestrittenen parteipolitisch zugespitzten Debatte zur atomaren Aufrüstung. Grund dafür waren erfolgte Volksbefragungen in hessischen Gemeinden, die die Regierung Zinn mit ihrem rüstungsfeindlichen Kurs unterstützte und die deswegen von der Bundesregierung bis vor das Bundesverfassungsgericht gebracht wurden. Die Kläger argumentierten, die hessische Landesregierung hätte diese Befragungen unterbinden müssen, weil sie verfassungswidrig seien. Die dazu im Landtag geführte Diskussion mündete in einen für die damalige Zeit typischen parteipolitischen Schlagabtausch mit teilweise ideologischem Charakter.

Rudi Arndt nahm im Juni 1958 für die SPD eine klare Position gegenüber der CDU-Opposition im Landtag ein: *Die Volksbefragung selbst als solche ist im Grundgesetz nicht enthalten. (...) Was – und darüber gibt es keinen Zweifel – von dem Gesetzgeber abgelehnt wurde, das war ein Volksentscheid als verfassungsmäßige Institution der Gesetzgebung. (...) Das, was im Grundgesetz nicht ausdrücklich verboten ist, muss erlaubt sein! [... Ja mehr noch:] Es ist doch paradox, dass eine demokratisch gewählte Regierung Angst davor hat, die Meinung des Volkes zu hören.* Den von der CDU erhobenen Vorwurf, die SPD stünde nicht auf dem Boden der Demokratie, wenn sie solche Volksbefragungen gutheiße, wehrte er ab: *Sie sind der Auffassung, all das, was von uns vorgebracht wird, kann am besten dadurch diffamiert werden, dass man sagt: Ihr seid ja Kommunisten!«,* stellte er erzürnt fest und entgegnete harsch: *Dass hier in Deutschland die Kommunisten keinen Boden gewinnen konnten, das ist einzig und allein der Sozialdemokratischen Partei zuzuschreiben!* Und wenig später antwortete er dem Abgeordneten Hackenberg von der CDU mit einem Gegenvorwurf: *Ich kann Ihnen eine ganze Reihe von anderen Stellen aus der Bibel bringen, die genauso eindeutig beweisen, dass Ihre Partei nicht den*

Weg des Christentums geht, obwohl es bei Ihnen auf der Fahne ge-
schrieben steht.

Als dann am 30. Juli 1958 das Bundesverfassungsgericht seine Entscheidung in Sachen Volksbefragungen fällte, wurde dies sowohl zu einer Niederlage für die Landesregierung als auch für die hessischen Sozialdemokraten, die mit Gewerkschaftlern und Kirchenvertretern im Aktionsbündnis »Kampf dem Atomtod« zusammenarbeiteten. Das Bundesverfassungsgericht erkannte die Klage der Bundesregierung zu den Volksbefragungen an und erklärte, die Verteidigungspolitik sei allein Sache der Bundesregierung. Dadurch, dass die hessische Landesregierung die Volksbefragungen nicht unterbunden habe, habe sie die Bundestreue verletzt.

Als anlässlich der Beratungen zum Haushaltsplan im März 1958 im Landtag Arndt das Wort zum Etat des Ministerpräsidenten ergriff, wurde daraus eine Bilanz der Regierungsarbeit. Er konstatierte in seiner Rede, dass alle in Zinns Regierungserklärung von Anfang des Jahres 1955 angekündigten Maßnahmen konsequent und erfolgreich für das Land umgesetzt worden seien. Er folgerte daraus, dass die Zustimmung zum Etat des Ministerpräsidenten durch den Landtag *nicht nur eine Zustimmung zu finanziellen Aufwendungen, zu bestimmten Etatpositionen ist, sondern eine grundsätzliche Zustimmung zur Politik der Landesregierung, eine grundsätzliche Zustimmung zur Politik des Herrn Ministerpräsidenten Dr. Zinn.* Es wird daraus deutlich, dass Arndt spätestens hier den ihm anhaftenden Nimbus des südhessischen Jungsozialisten abgelegt hatte und zu einem wertschätzenden Befürworter von Zinns den Menschen zugewandter sozialer Landespolitik geworden war.

DER VIELSEITIGE EXPERTE

Innerhalb von nur zwei Jahren hatte sich Rudi Arndt im Parlament einiges Ansehen erworben, konnte von den eigenen Parteigenossen auch auf Landesebene kaum mehr übersehen werden. Auf der Landesdelegiertentagung der hessischen SPD in Hanau am 12. Oktober 1958 wurden die ersten zwölf Plätze der Landesliste für die bevorstehenden Landtagswahlen gebilligt. Rudi Arndt erhielt als Vertreter der Jungsozialisten hinter dem Agrarexperten Tassilo Tröscher und dem Vertreter der sozialdemokratischen Betriebsgruppen (und späteren Vorsitzenden des DGB Hessen) Ernst Leuninger sowie Landrat Josef Köcher als Vertreter der Vertriebenen den Platz zwölf der Landesliste zugesprochen. Bei der Landtagswahl am 28. November 1958 erlangte die SPD mit 46,9 % der Stimmen die Hälfte aller zu erreichenden Mandate. Die Regierungskoalition mit der nahezu stabil gebliebenen Vertriebenenpartei (GB/BHE) wurde fortgesetzt. Beide zusammen verfügten über eine satte Mehrheit und überflügelten die Opposition aus CDU und FDP um ganze neun Mandate.

Das zielstrebige Regierungshandeln Georg-August Zinns, das seit dem Verlust der absoluten SPD-Mehrheit 1954 in einer Koalition mit dem BHE umgesetzt und jetzt fortgesetzt wurde, war weitgehend pragmatisch, weniger dogmatisch geprägt. Integrations- und Gesellschaftspolitik waren für Zinn der Schlüssel für ein starkes Hessen und eine starke Sozialdemokratie. Seine erfolgreiche Politik wurde damals als gelungener Gegenentwurf zu Konrad Adenauers CDU-gestützter Bundespolitik angesehen, der zeigte, dass auch Sozialdemokraten es vermochten, ein Land voran zu bringen, so dass die Menschen sich damit identifizieren konnten. Zinns Motto in seiner Regierungserklärung von Anfang 1959 lautete: »Wir wollen den Menschen das Gefühl der Verlassenheit und Vereinsamung nehmen.«

Die noch von Adenauers CDU im Bundestagswahlkampf 1957 genutzte Parole, die SPD bedeute den Untergang Deutschlands, wurde durch die Praxis Zinnscher Politik mehr und mehr widerlegt. Die Strukturpolitik mittels sozialer und infrastruktureller Aufrüstung der hessischen Dörfer und Verbesserung der Verkehrsinfrastruktur sorgte ebenso wie sozialpolitische Maßnahmen im Bereich der Bildung, Jugend, Sportförderung und Gesundheit dafür, dass ein modernes Musterland entstand, das den wirtschaftlichen Wiederaufbau mit der Modernisierung aller Lebensbereiche verband. Eine Besonderheit Zinnscher Politik war die Praxis, für alle grundlegenden Maßnahmen eine Akzeptanz bei der Opposition zu erreichen. Der Ministerpräsident lud deswegen Vertreter der Oppositionsparteien zu regelmäßigen Gesprächen in die Staatskanzlei ein, um mit diesen die anvisierten Ziele zu erörtern. Dazu bemerkte Arndt als frischgebackener Fraktionsführer am 15. November 1961 im Landtag: *Ich glaube, daß über das weite Feld der gesamten Landespolitik die Opposition sich nicht über mangelnde Zusammenarbeit mit den Regierungsparteien beklagen kann.* Das alldem zugrundeliegende pragmatische Politikverständnis Zinns korrespondierte mit der programmatischen Erneuerung, die auf den SPD-Parteitagen in Stuttgart und Bad Godesberg diskutiert wurde und an der Zinn als erfolgreicher Landesvater seinen Anteil hatte. Das, was 1959 im Godesberger Programm für die SPD als neuer Kurs festgeschrieben wurde, praktizierte Zinn bereits. Die SPD vollzog mit diesem Programm den Wandel von der Arbeiter- zur Volkspartei. In Hessen war dieser Weg bereits erfolgreich und beispielgebend beschritten worden.

Arndt hatte sich von Zinns integrativem Politikverständnis anstecken lassen und verfolgte weniger südhessische Partei- als hessische Interessen. Zum spannungsgeladenen Verhältnis zwischen den beiden sehr ungleichen Parteibezirken stellte er rückblickend im September 1995 in einem Interview fest: *Es gab gewisse Rivalitäten zwischen den Bezirken. Das hatte (...) zwei Gründe. 1. Der Bezirk Hessen-Nord war von seiner ganzen Struktur her viel konservativer, so dass es zu grundlegenden ideologischen Auseinandersetzungen kommen konnte. (...) 2. Südhessen war immer furchtbar arrogant. Wir sprachen von »Hessisch-Sibirien«, wenn wir über das nördlichen Hessen redeten. Zinn konnte die Aversionen im Laufe der Jahre abbauen.* Der Ministerpräsident und Landesvorsitzende der SPD wirkte durch seinen Politikstil auch innerparteilich ausgleichend, nicht zuletzt durch die geschickte Einbindung beider Bezirke in die Regierungsarbeit.

Eine für Arndt wichtige persönliche Station war 1960 das Zweite Juristische Staatsexamen. Danach fühlte er sich ganz als Volljurist und demonstrierte dies im Plenum des Landtags mit seiner exzellenten Rechtskenntnis in verschiedenen Sachgebieten. Gute Vorbereitung, Detailkenntnis und sehr gutes Darstellungsvermögen brachten ihn als Berufspolitiker sehr schnell voran. Am 1. Juli 1959 war er für die hessische SPD Mitglied der Bundesversammlung zur Wahl des Bundespräsidenten. Als die SPD Hessen am 25. Januar 1961 eine Landeswahlkampfleitung für die Landtagswahlen 1962 bildete, bestand diese aus dem Ministerpräsidenten Georg-August Zinn, der zugleich SPD-Landesvorsitzender und Vorsitzender des SPD-Bezirks Hessen-Nord war, sowie dem Europaparlamentarier und Bundestagsabgeordneten Willi Birkelbach als Vorsitzendem des Bezirks Hessen-Süd und Rudi Arndt. Noch im gleichen Jahr wurde Arndt am 17. Oktober 1961 zum Fraktionsführer der SPD im Landtag bestellt und im März 1962 neben Birkelbach schließlich stellvertretender Vorsitzender des einflussreichen SPD-Bezirks Hessen-Süd, der stets doppelt so viele Mitglieder hatte wie der Bezirk Hessen-Nord.

Als Mitte Juli 1962 die Vorschlagsliste der hessischen SPD für den bevorstehenden Landtagswahlkampf vorgelegt wurde, stand Arndt auf Platz 2 der Landesliste unmittelbar hinter dem Ministerpräsidenten. Das war sicherlich nicht nur parteiinterner Strategie oder dem üblichen Austarieren zwischen nord- und südhessischen Interessen in der Repräsentanz der Partei geschuldet. Arndt hatte sich in der vierten Legislaturperiode (1958–1962) zu einem starken Unterstützer zinnscher Landespolitik entwickelt. Spätestens da hatte er seine Vergangenheit als Jungsozialist hinter sich gelassen. Er zeigte ein bemerkenswertes Redetalent, verfolgte stets eine klare und detailreiche Argumentation und fiel besonders durch seine manchmal scharfen verbalen Attacken, seine teilweise ironischen Kommentare und kritischen Einwürfe auf. Das, was ihm Zeitgenossen später bescheinigen, z.B. ein »streitbarer Kämpfer für mehr soziale Gerechtigkeit« zu sein, der dem »demokratischen Aufbau unseres Gemeinwesen verpflichtet« sei, sowie ein »Mensch, der zupackt«, tritt in diesen Jahren deutlich zutage. Im Hessischen Landtag lernte er, Konflikten nicht aus dem Weg zu gehen, diese offen auszutragen und trotz allem doch Mensch zu bleiben und sein Gegenüber, auch wenn es politisch gänzlich anderer Meinung war, zu respektieren und als private Person teilweise sehr zu schätzen. Dies trifft insbesondere auf diejenigen Kollegen zu, mit denen er in den verschiedenen Ausschüssen des Landtags um sachliche Kompromisse rang. Zu nennen sind hier unter anderem die Abgeordneten Erich Großkopf (CDU, Mitglied des Landtags [MdL] 1946–70 und Fraktionsvorsitzender 1952–66) und der Frankfurter Stadtrat Wilhelm Fay (CDU, MdL 1953–70) sowie der Landrat des Kreises

---

RUDI ARNDT
ÜBER »GESELLSCHAFTSPOLITIK IN HESSEN«:

Wer die Gesellschaft ändern will, muß dies in allererster Linie über die Landes- und Kommunalpolitik tun.

(In: Der Sozialdemokrat, [1963], S. 5. Undatierter Zeitungsausschnitt in: IfS, Nachlass Rudi Arndt (S1/163), Nr. 7)

Frankenberg Heinrich Kohl (FDP, MdL 1950–70) oder der Frankfurter Kaufmann Hans Herbert Karry (FDP, MdL 1960–78).

In der vierten Legislatur verbreiterte Rudi Arndt seine Themenpalette erheblich, trat in vielen Plenardebatten aktiv auf und fungierte häufig als Berichterstatter der vielfältigen Ausschussarbeit. Er war Mitglied des Kommunalpolitischen Ausschusses (1958–1962), des Rechtsausschusses (1958–1962), des Sozialpolitischen Ausschusses (1958 bis Februar 1960), des Haushaltsausschusses (seit April 1960) und des Ältestenrates (seit Oktober 1961) sowie seit 1959 Mitglied oder Vorsitzender in drei Untersuchungsausschüssen. Seine leistungsstarke Arbeitsweise, gepaart mit großem Geschick, komplexe Sachverhalte zu durchdringen und diese in überzeugender Weise zu präsentieren, machte ihn schnell zum führenden Landtagsabgeordneten und charismatischen Fraktionsführer.

Arndt ist seit 1960 häufig Berichterstatter bei verschiedenen Gesetzesvorhaben, wobei er die in den Ausschüssen erarbeiteten Lösungen im Plenum vorstellt, so u. a. zu den Haushaltsplänen, zu den Wahlgesetzen, zum Verwaltungsrecht oder auch zu Altlasten aus der NS-Zeit. In zwei Plenardebatten im Juni 1960 ist dies beispielsweise die Frage, wie mit amtierenden an NS-Unrechtsurteilen beteiligten Richtern umzugehen sei. Als Berichterstatter des Rechtsausschusses kommentiert er die dortigen eingehenden und weitgehend einmütigen Beratungen im Plenum, ist nach der anschließenden Diskussion im Parlament allerdings entsetzt darüber, welche Stellungnahmen zu dem ernsten Thema erfolgten: *Was nun hier geschieht, ist für mich (…) als ob man einfach einen Mantel über all die Dinge decken und sagen will, es ist aus, es soll einfach nichts geschehen sein; die deutschen Richter waren früher alles anständige Menschen.*

Das Interesse der Parteien an einer möglichst hohen Wahlbeteiligung führte zu wiederkehrenden Auseinandersetzungen über das Wahlrecht. Die Möglichkeit, Urlauber und beruflich abwesende sowie kranke und pflegebedürftige Wähler mobilisieren zu können, war für alle Landesparteien wichtig. Doch die Frage, auf welche Weise dies geschehen sollte, blieb kontrovers. Arndt und die SPD-Fraktion waren strikt gegen die Briefwahl, die heute zum üblichen Standard zählt. Arndt betonte stets, *für uns geht es bei der geheimen Wahl vor allen Dingen darum, dass nicht etwa ein anderer*

Wähler die Hand führt (Plenum 4. 5. 1960). Die Briefwahl öffne jeglichen Manipulationsmöglichkeiten die Tür, war er überzeugt. Der Vorwurf der CDU, die Briefwahl sei den Sozialdemokraten nicht gut bekommen, ließ er stehen, wollte ihn nicht mit einem entsprechenden Gegenvorwurf kontern. Vielmehr betonte er, die hohe Zahl ungültiger Stimmen bei der letzten Landtagswahl sei für alle Parteien nachteilig gewesen. Das sei insbesondere dann besonders ärgerlich, wenn bei der Einreichung der Briefwahlunterlagen die notwendigen eidesstattlichen Versicherungen fehlen würden (Plenum 17. 11. 1961). Er plädierte daher für die Möglichkeit der Vorauswahl, bei der beispielsweise Urlauber vorab wählen könnten, und sei für fliegende *Wahllokale*, die in Einrichtungen wie etwa Altenheimen für einen reibungslosen Ablauf sorgen könnten.

»HEUTE FÜR MORGEN«

In der fünften Legislaturperiode setzte die SPD, trotz der bei den Landtagswahlen errungenen absoluten Mehrheit, ihre Koalition mit dem GDP/BHE fort. Arndt ist jetzt nicht nur Mitglied im Parteivorstand der SPD Hessen, sondern gehört als Vertreter des Bezirks Hessen-Süd auch dem Parteirat der SPD auf Bundesebene an, nimmt an dessen Bundesparteitagen teil. Im Jahr 1964 ist der aktive Landtagsabgeordnete stellvertretender Vorsitzender des Hauptausschusses, Mitglied des Haushaltsausschusses sowie des Ältestenrates des Hessischen Landtags und gilt als einer der angesehensten Mandatsträger in Wiesbaden. Am 1. Juli 1964 nimmt er zum zweiten Mal als Mitglied der Bundesversammlung an der Wahl des Bundespräsidenten teil.

Für die Landtagswahl 1962 zeichnet Arndt für eine landespolitische Bilanz der SPD-Fraktion mit dem schönen Titel »Heute für Morgen« verantwortlich. In deren Einleitung weist er darauf hin, dass nach der überwundenen Not der Nachkriegsjahre und dem erfolgten Wiederaufbau nun ein dritter und entscheidender Abschnitt bevorstehe, *in dem die Grundlagen für den Aufbau einer modernen Gesellschaft gelegt werden*. Landespolitik, so argumentiert er, sei primär Gesellschaftspolitik, denn alle ausschließlich bei den Ländern liegenden Zuständigkeiten könnten darunter subsumiert werden – Schul- und Kulturpolitik, Jugendförderung und Gesundheitspolitik, wirtschaftliche Struktur- und Agrarpolitik, Landesplanung und Raumordnung, und er betont, *wie wir in Zukunft leben werden, wird fast ausschließlich von der Landespolitik bestimmt.*

Als am 30. Januar 1963 Ministerpräsident Zinn seine Regierungserklärung für die nächsten vier Jahre im Landtag abgibt, enthält diese im Wesentlichen die Ankündigung, dass die Schöpfung eines Großen Hessenplans als zukunftsgerichtetes integratives Planungsprogramm beabsichtigt sei. Arndt charakterisierte den Weg dahin rückblickend im Interview 1995 als Zinns grundlegendes Verdienst. Erst habe der Ministerpräsident verlangt, dass man zukunftsgerichtet denke, dann entsprechend veranlasst, *dass geplant wurde. (...) Erst entwickelten wir einzelne Pläne (soziale Aufrüstung der Dörfer, Hessen-Jugendplan), die dann später auf Verlangen von Zinn koordiniert wurden [Großer Hessenplan].*

Auch Arndt hielt als Fraktionsführer der SPD nach üblicher Sitte am 30. Januar seine Auftaktrede zur neuen Legislaturperiode im Landtag. Den programmatischen Visionen des Ministerpräsidenten ließ er eine positive Bilanz des bisherigen Regierungshandelns folgen. Es wird daraus besonders deutlich, dass er den Kurs von Zinns Landespolitik konsequent mittrug. Parteivorstand, Fraktion und Regierungsspitze arbeiten zu dieser Zeit auf vorbildliche Weise zusammen, und Arndt ist einer ihrer Protagonisten, die diese auch nach außen deutlich vertreten. Diese Jahre dürften den Höhepunkt von Rudi Arndts Karriere als Landtagsabgeordneter markieren, in denen er nicht nur den größten Zuspruch erhielt, sondern auch den größten Einfluss entfalten konnte.

Im April 1963 kam es im Landtag zu einer Kontroverse über den hessischen Generalstaatsanwalt Fritz Bauer. Bauer war 1956 von Ministerpräsident Zinn in dieses Amt geholt worden und bereitete seit 1959 den Auschwitz-Prozess in Frankfurt/Main vor, der kurz vor Weihnachten 1963 begann. Bauer war durch seine Vorarbeiten daran, insbesondere aber auch durch seine Mitteilung des Aufenthaltsortes von Adolf Eichmann an den israelischen Geheimdienst Mossad schnell ins öffentliche Blickfeld geraten.

Der Versuch, ihn zu diskreditieren, mündete in den Vorwurf, er sei Kommunist und würde bei einem Linksputsch ein Ministeramt anstreben. Diese Anschuldigungen wurden von Arndt als unerhört angesehen und mit dem scharfen Hinweis zurückgewiesen: *Wir sind der Auffassung, dass diejenigen, die die Debatte in dieser Form führen, nichts anderes sind als Lumpen.* Alle Vorwürfe, die gegen

Fritz Bauer in der Presse und auch in Briefen an die SPD-Landtagsfraktion gemacht würden, seien anonym vorgebracht worden.

Arndt beschrieb seine und die Position der SPD mit deutlichen Worten: *Wir stehen in diesem Angriff neben ihm, und wir sind froh, dass ein Mann wie der Generalstaatsanwalt Dr. Bauer in diesem Kampf in unseren Reihen steht.* Daraus wird deutlich, welches öffentliche Klima vor den Auschwitz-Prozessen herrschte, in dem NS-Verstrickte und diejenigen, die dieses Kapitel nicht wieder aufgerollt wissen wollten, ihren stimmungsmachenden Einfluss ausübten.

Der ereignisreiche Sommer 1963 war in Wiesbaden durch Feste und Besuche geprägt. Die SPD feierte im Juli 1963 ihr 100-jähriges Bestehen im Wiesbadener Kurhaus. Bereits am 25. Juni hatte der amerikanische Präsident Kennedy Hessen einen Besuch abgestattet. Zehntausende Menschen säumten die Straßen auf seiner vom Ministerpräsidenten und Bundeswirtschaftsminister Ludwig Erhard begleiteten Fahrt von Wiesbaden nach Frankfurt, wo er in der Paulskirche eine vielbeachtete Rede hielt.

Zum zehnten Jahrestag wurde auch in Hessen des Arbeiteraufstands in der DDR am 17. Juni 1953 gedacht. Die Ausführungen des von der Landesregierung bestellten Festredners Thilo Ramm, Juraprofessor an der Universität Gießen, führten anschließend im Landtag aber zu einer kontroversen Diskussion zwischen SPD und Opposition, bei der auch die Frage erörtert wurde, wie eine Wiedervereinigung unter den gegebenen politischen Verhältnissen zu erreichen sei.

Ursächlich für die Debatte am 18. September 1963 war die Große Anfrage der CDU, die von der Landesregierung verlangte, sie müsse sich zu der Forderung des Festredners nach offiziellen Verhandlungen der Bundesregierung mit der DDR erklären.

Arndt ist über dieses Anliegen sehr erstaunt und stellt fest. *Ich kann mich erinnern, dass Herr Strauß, als er Bundesverteidigungsminister war, unter dem Beifall der CDU/CSU im Bundestag erklärt hat, er würde auch mit dem Teufel verhandeln, wenn er damit die Wiedervereinigung erreichen könnte.*

Die Politik der Bundesregierung unter Adenauer habe vorrangig anderen Interessen gegolten, so Arndt weiter, und das, obwohl Adenauer in seinen Regierungserklärungen stets betont habe, dass die Wiedervereinigung kommen werde. Es sei auch nicht angezeigt, in dieser Angelegenheit auf die Alliierten zu verweisen, wie dies der CDU-Kollege Großkopf tue. Die deutschen Politiker müssten gemeinsam aktiv werden, dürften nicht im Parteiengezänk verharren, stellt er unmissverständlich klar. Ansonsten könne man später den berechtigten Vorwurf erheben, *dass die gesamte Wiedervereinigungspolitik dieser Generation versagt hat.* Die Zeit sei reif, in die Öffentlichkeit zu treten und zu verlangen, *mit der Sowjetzone zu sprechen.* Er werde dies jedenfalls tun.

GROSSE KONTROVERSEN

Bereits in den ausgehenden 1950er Jahren gab es einen hessischen Schulstreit, als die Zinn-Regierung begann, die sogenannte Landschulreform durchzuführen. Diese und die nachfolgenden bildungsreformerischen Maßnahmen hatten vorrangig das Ziel, die Chancen der hessischen Schüler für einen Übertritt in höhere Schulformen zu verbessern. Arndt vertrat, wie ein Artikel im »Spiegel« (Ausgabe 50/1962) offenbart, die Auffassung, dass die Zahl der CDU- und CSU-Wähler umso höher sei, je niedriger der Bildungsstand der Bevölkerung wäre. In seiner eigenen zugespitzten Art wurde daraus die populäre Formulierung: ›Wer nichts gelernt hat, wählt CDU.‹ Um bessere Bildungsstandards zu erreichen und eine höhere Zahl von Realschülern und Gymnasiasten zu erzielen, wurden die kleinen Zwergschulen auf dem Lande aufgelöst und größere Schulverbände gebildet. Bis 1964 war auf diesem Weg schon viel geschehen, doch noch 25% der hessischen Schüler wurden in ein- bis dreiklassigen Landschulen unterrichtet. Es gab demgegenüber aber bereits 340 Schulverbände und 51 sogenannte Mittelpunktschulen, zu denen die Schüler aus umliegenden Dörfern seit 1961 kostenlos befördert wurden. Über den Sinn der Schaffung weiterer Schulverbände und Mittelpunktschulen wurde 1964 nicht mehr gestritten. Rudi Arndt erklärte dazu im Plenum am 22. Januar unmissverständlich der CDU gegenüber: *Sie haben gesehen, dass sich der überwiegende Teil der Bevölkerung diesem Gedanken des Mittelpunktschulwesens angeschlossen hat. Daraufhin hat auch die CDU ihr Herz für die Mittelpunktschulen entdeckt, nur mit dem Unterschiede, dass sie für die Zusammenfassung nur des siebten bis neunten Schuljahres ist.* Die SPD sei demgegenüber für die voll ausgebaute Mittelpunktschule.

Zu einer heftigen Gegenrede Arndts kommt es im Juni 1964 anlässlich des von der Opposition geforderten Nachtragshaushalts. Ein ungewöhnlicher Vorgang, wird dieser doch in der Regel durch die Landesregierung eingebracht. Rudi Arndt belehrt deswegen den politischen Gegner, wirft ihm handwerkliche Fehler vor. Dem Fraktionsführer der CDU, Großkopf, hält er entgegen, *dass Sie Ihre Unterschrift unter eine solch falsche Formulierung gesetzt haben, das ist etwas, was mich doch etwas deprimiert hat.* Was die CDU beantragt habe, sei ein glatter Verstoß gegen die Haushaltsordnung. Er dozierte anschließend, wie man es richtig machen müsse. Der dabei erfolgte Zwischenruf des älteren Kollegen Großkopf von der CDU – »Wollen Sie hier eine Qualifikationsrede halten für eine Finanzministernachfolge?!« – war durchaus nicht abwegig. Dieser kann sogar als eine Art Orakel gewertet werden, erlangte Arndt doch wenige Monate danach ein Ministeramt, wurde einige Jahre später sogar tatsächlich Finanzminister in Hessen.

Bei der Vereidigung ins Amt des Hessischen Ministers für Wirtschaft und Verkehr durch den Hessischen Ministerpräsidenten Georg- August Zinn, 16. 9. 1964, mit Landtagspräsident Franz Fuchs im Hintergrund (2. v. re.)

Von der Legislative zur Exekutive

Sein Weg führte Rudi Arndt mitten in der Legislaturperiode ins Amt des Hessischen Wirtschafts- und Verkehrsministers, seine Ernennung erfolgte am 7. September 1964. Dazu kam es anlässlich einer Kabinettsumbildung, bei der sein Vorgänger im Amt, Albert Osswald, im Parteivorstand einstimmig als neuer Finanzminister und stellvertretender Ministerpräsident nominiert wurde. Rudi Arndt wiederum wurde bei drei Gegenstimmen und fünf Enthaltungen zum neuen Wirtschaftsminister bestimmt. Fast zeitgleich wurde seine Mutter Betty Stadträtin in Frankfurt und blieb es, bis der eigene Sohn acht Jahre später das Amt des Stadtoberhauptes übernahm. Mit 37 Jahren ist Arndt bei seiner Vereidigung im Landtag am 16. September einer der jüngsten Minister in Hessen überhaupt.

In seiner zweiten Amtszeit als Minister von 1966 bis 1970 tritt er immer stärker in Erscheinung, hat den Wunsch, dereinst die Nachfolge Zinns antreten zu können. Nach dem krankheitsbedingten Ausscheiden Zinns als Ministerpräsident im Oktober 1969 übernimmt jedoch dessen Stellvertreter Finanzminister Albert Osswald dessen Nachfolge. Arndt bleibt weiter in seinem Amt, doch zum neuen Regierungschef Osswald hat er nicht das beste Verhältnis. Auch er hatte sich Hoffnungen auf das Amt des Ministerpräsidenten gemacht und mit Osswald konkurriert. Doch Osswald war ihm stets eine Nasenlänge voraus, wusste den SPD-Landesvorstand hinter sich. Bereits auf dem Bezirksparteitag Hessen-Süd im April 1967 waren Osswald und Arndt um das Amt des ersten Vorsitzenden gegeneinander angetreten. Von den Delegierten erhielt Osswald 183, Arndt nur 145 Stimmen. Als es anschließend um die Wahl des zweiten Vorsitzenden ging, verzichtete Arndt anzutreten. Er begründete dies damit, dass nicht zwei Minister an der Bezirksspitze stehen sollten. Ein nur vorgeschobenes Argument, wenn man bedenkt, dass er zuvor als Kabinettsmitglied stellvertretender Vorsitzender neben dem an der Spitze stehenden Arbeitsminister Heinrich Hemsath gewesen war. Für Arndt bestand danach nie eine echte Chance, an die Spitze der Landesregierung zu kommen; vielleicht auch, weil er durch seine direkte Art und seine starke Persönlichkeit nicht nur Fürsprecher in der Partei hatte. Interessanterweise beerbte 1975 Arndt Osswald als Bezirksvorsitzenden Südhessen und half dadurch daran mit, den Ministerpräsidenten zu demontieren, der sich nicht mehr lange im Amt halten konnte.

**Mit Georg-August Zinn (2. v. li.) bei einem Staatsbesuch in
Tansania, 1966**

Nach der für die SPD schwierigen Landtagswahl 1970, bei der
die CDU mit ihrem Stimmenergebnis erstmals in der Landesgeschichte die SPD beinahe eingeholt hatte, ist Arndt in einer dritten
Amtzeit wieder Mitglied der Landesregierung. Im zweiten Kabinett
Osswald besetzt er als Hessischer Finanzminister ein Schlüsselres-
sort, wird in dieser Position stellvertretender Ministerpräsident.
Doch das Verhältnis zu Osswald blieb getrübt. Sein Amt füllte Rudi
Arndt nur bis April 1972 aus, legte dann auch sein Abgeordneten-
mandat nieder, nachdem er Ende 1971 zum Frankfurter Stadtoberhaupt gewählt worden war. Er kehrte Wiesbaden den Rücken.
Osswald scheint dies nicht bedauert zu haben, denn noch in seinen Memoiren aus dem Jahre 1993 ordnet er Arndt rückblickend
das falsche Ministeramt zu und heißt es ohne jeden persönlichen
Kommentar: »Er verließ die Landesregierung im April 1972, um auf
Bitte der Frankfurter SPD nach dem Tod von Walter Möller dort
das Amt des Oberbürgermeisters zu übernehmen.«
Als Abgeordneter ist Rudi Arndt nach 1964 kaum noch in Erscheinung getreten, wie auch die Inhaltsverzeichnisse der Plenar-

protokolle der 5. sowie der 6. und 7. Legislaturperiode belegen. Sein Ministeramt füllte ihn gänzlich aus, zudem veranlasste ihn die damals häufig in der Partei diskutierte Trennung von Amt und Mandat wohl auch dazu, beides nicht zu sehr zu vermischen und kaum mehr als Abgeordneter seines Wahlkreises zu wirken. Trotzdem fühlte er sich seiner Heimatstadt Frankfurt stets verpflichtet und hat sie auch bei all seinen Aktivitäten im Amt im Blick gehabt.

RUDI ARNDT
MEIN POLITISCHER LEHRMEISTER – ERINNERUNGEN AN DEN HESSISCHEN MINISTERPRÄSIDENTEN GEORG-AUGUST ZINN

Nach wie vor ist Georg-August Zinn mein großer Lehrmeister und politisches Vorbild. (...) Als ganz junger Student begegnete ich ihm 1946 in der SPD-Landtagsfraktion. [Friedrich] Caspary, ein Frankfurter Landtagsabgeordneter, war von Seiten der SPD maßgebend an der Gestaltung der hessischen Verfassung beteiligt. Er beauftragte mich mit der Sammlung von Material über Verfassungen. Das meiste konnte ich aus den Verhandlungen der Paulskirchenversammlung von 1848 entnehmen. Dagegen waren die Protokolle über die Weimarer Verfassung nicht so ergiebig. Mit Caspary nahm ich dann ab und zu an den Sitzungen der Landtagsfraktion teil, und ich lernte so die meisten Größen der hessischen SPD kennen. (...)

Aber richtig in Verbindung kam ich mit Georg-August Zinn erst, als ich 1953 Referent für Jugendrecht und Bundesjugendplan bei der Hessischen Landesregierung geworden war. Er [als Ministerpräsident] bestellte mich mehrfach und wollte sehr genau wissen, welche Probleme die damalige Jugend hatte. Das war vor allem die Not der jugendlichen Flüchtlinge aus der SBZ [d. i. Sowjetischen Besatzungszone], wie damals im Behördenjargon die DDR genannt werden mußte. Als Zinn dann mit der sozialen Aufrüstung des Dorfes, dem Hessenjugendplan, dem Goldenen Plan des Sportes und dem [Großen] Hessenplan Hessen nach vorn brachte, war die Eingliederung der heimatlosen Jugend ein wesentlicher Punkt.

Als ich dann 1956 als Nachfolger Walter Kolbs Landtagsabgeordneter wurde, zog mich Zinn nach wenigen Tagen beiseite und sagte: »Und jetzt machst du dein Großes Staatsexamen.« Er wußte also, daß ich nach meinem Referendarexamen direkt als Referent ins Innenministerium gegangen war. Und er fügte hinzu: »Daß du mir unter keinen Umständen auf den Gedanken kommst, du seist ja schon im höheren Dienst und könntest dir das schenken. Man muß eine abgeschlossene Berufsausbildung haben, auch wenn man die konkret gar nicht mehr braucht.« Georg-August Zinn verpaßte mir damit eine Lebensweisheit, die ich an viele junge Menschen weitergegeben und später als Vorgesetzter auch manchem meiner Mitarbeiter oft mit Gewalt aufgezwungen habe.

Kurz vor meinem zweiten Staatsexamen versetzte Zinn mir dann noch einen Schock. So ganz im Vorbeigehen ließ er die Bemerkung fallen: »Aber ein Prädikatsexamen muß es sein.« Aus Angst und um ihn nicht zu enttäuschen, folgte ich seiner Anweisung. Dabei half mir nicht unerheblich meine vorherige Tätigkeit als Justitiar des Landesjugendamtes. Wie das Schicksal so spielt, erhielt ich in der mündlichen Prüfung einen Fall aus dem Verwaltungsrecht, und zwar aus der Fürsorgeerziehung. Der Präsident des Prüfungsamtes [d. i. Landgerichtspräsident Dr. Hacks] war nicht ganz mit meiner, zugegeben arroganten, (...) Lösung einverstanden. Er stellte mir ständig Zusatzfragen, und jeder im Saal merkte, daß ihm meine herablassende Art, den Fall zu lösen, nicht paßte. Aber je mehr er fragte, umso mehr verfiel ich in einen belehrenden Ton. Bis es dem Beisitzer, Ministerialrat [Dr.] Barwinski, zuviel wurde und er sagte: »Herr Kollege, würden Sie bitte einmal in der Akte nachschauen, wer die bearbeitet hat?« – »Da steht Rudi Arndt, Justitiar des Landesjugendamtes. Sind Sie das? Das hat Ihnen wohl Spaß gemacht, einen alten Fahrensmann so aufs Kreuz zu legen!« Der andere Beisitzer, Ministerialrat [Dr.] Reich, erzählte mir später, auch Hacks [selbst] hätte sich nachher über diesen Zufall amüsiert. Barwinski und Reich waren beide in der Staatskanzlei und erzählten ihrem Chef, dem Ministerpräsidenten, die Sache brühwarm. Auch der war hochbelustigt, verlor mir gegenüber aber nie ein Wort darüber.

Besonders eng wurde unsere Zusammenarbeit [d. i. die Zusammenarbeit von Arndt und Zinn], als ich 1960 zum Fraktionsvorsitzenden gewählt wurde. Zinn war stark damit beschäftigt, im persönlichen Bereich Dinge zu klären, und mußte sich deshalb absolut auf den Parteivorsitzenden von Hessen-Süd, Willi Birkelbach, und den Fraktionsvorsitzenden verlassen. Konnte er auch. Als die CDU ihn persönlich angreifen wollte, sorgten Gespräche mit dem damaligen CDU-Vorsitzenden Wilhelm Fay, der sich immer wieder als fairer und anständiger Politiker erwies, [dafür,] daß das sofort aufhörte. Zinn gewann die Landtagswahl 1962 mit hoher [d. i. absoluter] Mehrheit. Er hätte nun allein regieren können, setzte aber die Koalition mit dem BHE [d. i. Bund der Heimatvertriebenen und Entrechteten], der Vertriebenenpartei, fort. Es waren staatspolitische Gründe. Der BHE war natürlich aufgrund des hohen Anteils der Flüchtlinge stark gefährdet, nach rechts abzudriften. Durch die Beteiligung an einer sehr auf soziale Ziele ausgerichteten Regierung

Zinn konnte dieser Gefahr erfolgreich begegnet werden. Unter Georg-August Zinns Führung war in Hessen das Flüchtlingsproblem erfolgreich gelöst worden. Mehr als 25 Prozent der Einwohner Hessens waren 1950 Heimatvertriebene. Zinn war es gelungen, ihnen das Gefühl einer neuen Heimat zu geben und so etwas wie eine hessische Identität zu schaffen. Das war nicht mit dem Nationalbewußtsein der Bayern zu vergleichen, aber die an Hessen angrenzenden Landkreise von Bayern und Rheinland-Pfalz entwickelten einen starken Zug nach Hessen. Nur unter Bruch des Grundgesetzes und Mißachtung eines Urteils des Bundesverfassungsgerichtes konnte die im Bund regierende CDU/CSU verhindern, daß es zu einer Länderneugliederung kam. Dies alles führte 1966 zu einem überwältigenden Wahlsieg Zinns und dazu, daß die meisten führenden Politiker des BHE, nachdem ihr politisches Hauptproblem, die Flüchtlingsfrage, gelöst war, sich der SPD anschlossen.

Als Fraktionsvorsitzender kümmerte ich mich sehr intensiv um die Finanzen. Um den Haushaltsplan bis in die Einzelheiten durchzuberaten (...), aber auch um den persönlichen Kontakt unter den Mitgliedern zu pflegen, führte ich die Klausurtagungen ein, die heute ein fester Bestandteil jeder Fraktionsarbeit im Hessischen Landtag sind. Die erste Klausurtagung fand auf dem Sensenstein, einem gut eingerichteten Heim des Landkreises Kassel und des legendären Landrats Jupp Köcher, statt. Dort strichen wir dem Finanzminister [Dr. Wilhelm] Conrad in den einzelnen Positionen [insgesamt] 40 Millionen aus seiner Haushaltsvorlage. Der klagte jämmerlich, aber Georg-August Zinn deckte mir den Rücken. Ihn regte sowieso die Verschwendungssucht der öffentlichen Hand auf. Das waren keineswegs die großen Brocken, die in die Landesprogramme flossen, sondern die Verwaltungsmittel, Anschaffung von unnötigem Material, Dienstreisen, immer neuen Beförderungen, Dienstwagen usw. Und da ich ja aus meiner Zeit im Ministerium die Tricks kannte, wie man z. B. im letzten Quartal des Jahres noch die Mittel verbraten konnte, stachelte er mich insgeheim an, aber auch noch das letzte Körnchen aufzuspüren. Die Fraktionsmitglieder waren mit einem Heidenspaß dabei, konnten sie doch zum ersten Mal den Beamten die Arroganz bei den Haushaltsberatungen heimzahlen. Wir waren dabei so klug, ernsthaft an keine politischen Mittel heranzugehen. Am letzten Tag kam es dann zu dem

Eklat, den Zinn von Anfang an erwartet hatte. Der Finanzminister stellte die Vertrauensfrage, und die Fraktionsmitglieder waren drauf und dran (...) aufzugeben. Ich kämpfte wie ein Löwe (hessisches Wappentier!), auch weil Zinn mit einer kaum merkbaren Kopfbewegung mir Mut machte. Dann griff er ein, zog den Finanzminister auf die Seite und flüsterte ihm etwas ins Ohr. Der nickte dann mit dem Kopf, und Zinn verkündete den Kompromiß: Es bleibe bei den 40 Millionen, die die Fraktion für politische Programme und zur Kürzung der Kreditaufnahme verwenden dürfe, aber in welchen Positionen der Verwaltungsmittel gekürzt werde, entscheide der Finanzminister. Zinn hatte sowohl das Gesicht des Finanzministers als auch des Fraktionsvorsitzenden gewahrt und sein eigenes Ansehen gemehrt. Im Laufe der Jahre bin ich immer mehr zu der Überzeugung gekommen, daß wir die Akteure in einem Spiel waren, in dem Zinn von Anfang an wußte, wie es ausgehen würde.

Im Jahre 1964 stand eine Kabinettsumbildung an, da Wilhelm Conrad der Wunsch erfüllt wurde, Präsident der Hessischen Landesbank zu werden. Für den freiwerdenden Platz des Finanzministers gab es zwei Kandidaten, den Justizminister Lauritz Lauritzen und mich. Auch hier sah sich Georg-August Zinn das in aller Ruhe an. Er ließ sogar den Landesvorstand abstimmen, allerdings unter dem Vorbehalt, zum Schluß komme es auf seinen [d. i. Zinns] Vorschlag an. Dabei nahm er dann klar Stellung gegen mich mit der Begründung, ich sei zu stark als Finanzminister und er habe wahrscheinlich ständig Streit im Kabinett, den er dann schlichten müßte. Die Nordhessen stimmten bis auf eine Stimme für LauLau (wie Lauritzen grundsätzlich genannt wurde), die Südhessen mit deutlicher Mehrheit für mich. Da aber der Landesvorstand paritätisch zusammengesetzt war, ergab das eine Mehrheit gegen mich, obwohl Hessen-Süd zwei Drittel der Parteimitglieder stellte. Man tröstete mich, und bevor wir auseinandergingen, winkte mich Zinn in sein Zimmer: »Mach dir nichts draus, du kommst noch dieses Jahr ins Kabinett.« Nach der Sommerpause, die von einigen Kommentatoren eifrig genutzt wurde, um mir und Zinn einen Krach anzuhängen, machte dann Zinn seinen Vorschlag: LauLau bleibt Justizminister, Albert Osswald wechselt vom Wirtschafts- ins Finanzministerium, und Rudi Arndt wird zuständig für Wirtschaft und Verkehr. Alle waren sprachlos, er hatte niemandem auf den

Fuß getreten, und so hoben alle brav das Händchen zu dieser Um-
bildung des Kabinetts. Und die Presse feierte den großen Strategen.

Aber nicht immer lief das so glatt. Nach dem Wahlsieg [d. i. Zinns
in Hessen] von 1966 brach gleichzeitig die Regierung Erhard in
Bonn zusammen. Die SPD zeigte sich staatstragend und bildete mit
der CDU eine Große Koalition. Der von Walter Möller, Josef Lang
(Jola) und mir begründete Frankfurter Kreis, der Diskussionskreis
der Linken in der SPD, war gegen eine Große Koalition und für
Neuwahlen. Die Befürworter behaupten, damit habe die SPD ihre
Regierungsfähigkeit unter Beweis gestellt und die sozialliberale Koalition möglich gemacht. Nach meiner Auffassung hätten wir die
Wahl haushoch gewonnen und die Regierung unter sozialdemokratischer Führung bilden können, allerdings mit der Gefahr der
NPD im Bundestag. Übrigens ist die sozialliberale Koalition zu-
standegekommen, weil Willy Brandt gegen das Votum der Anhänger der Großen Koalition am Wahlabend [28.9.1969] den Zipfel
des vorbeiwehenden Mantels der Geschichte ergriff, als sich Kiesin-
ger vor den Fernsehkameras noch als Wahlsieger fühlte. Seine
[d. i. Brandts] sofortigen Gespräche mit Walter Scheel, die dann erfolgreich waren, führte er aus eigener Initiative und [gegen] erheblichen Widerstand führender Sozialdemokraten. Und wie wacklig
diese Koalition war, wurde zwei Jahre später deutlich, als Überläu-
fer aus verschiedenen Motiven mit dem Patt im Bundestag das kon-
struktive Mißtrauensvotum verhinderten.

Aber zurück zur Bildung der Großen Koalition. Georg-August
Zinn war abwartend, aber entschied sich schließlich für die Regie-
rungsbeteiligung in Bonn. Ich habe die Vermutung, daß er nicht
abgeneigt war, einem Ruf nach Bonn zu folgen. Dafür sprach, daß
er bis zum letzten Augenblick wartete, um dem Wahlleiter die Annahme seines Landtagsmandates mitzuteilen. Erst damit hatte er
sich für Hessen entschieden. Die Aversionen der Bonner Parteifüh-
rung gegen das rote Hessen und den sensationellen Sieger der Hes-
senwahl waren wohl zu stark.

Allerdings war das personelle Ergebnis der Großen Koalition das
Überwechseln Lauritzens ins Bundeskabinett. Dadurch mußte der
Posten des Justizministers neu besetzt werden. Ich riet dem Ministerpräsidenten, das Justizministerium – wie schon einmal früher –
in Personalunion zu führen. Obwohl er mit dem Gedanken spielte,
wollte er dann doch einen befähigten jungen Politiker von außer-

*halb holen. Er hatte damit ja schon einmal Erfolg gehabt, als er
Ernst Schütte als Kultusminister und Heinrich Hemsath als Sozialminister nach Hessen holte. Das war zwar auf erheblichen Widerstand der Partei gestoßen, aber diese beiden Persönlichkeiten
gehörten zu den Prunkstücken Zinn'scher Kabinette. Diesmal war
es Klaus von Dohnanyi, der später als Bundesminister, Spitzenkandidat in Rheinland-Pfalz und Bürgermeister von Hamburg ein
hohes politisches Ansehen erwarb. Locker bekam Zinn für seinen
Kandidaten eine haushohe Mehrheit im Landesvorstand. Aber wir
hatten die Landtagsfraktion nicht berücksichtigt. Hier hatte sich der
hochintelligente Johannes Strelitz als mein Nachfolger eine starke
Bastion aufgebaut. Auch er war Jurist, allerdings ohne Großes
Staatsexamen und deshalb als Journalist tätig. Die Fraktion entschied sich mit Mehrheit gegen Dohnanyi und für Strelitz, der auch
die Unterstützung des späteren Bezirksvorsitzenden und Ministerpräsidenten Albert Osswald hatte. Heinrich Hemsath als Bezirksvorsitzender Hessen-Süd und ich als sein Stellvertreter forderten
Zinn auf, erneut mit seinem Vorschlag in die Fraktion zu gehen
und [ihn] diesmal mit der Vertrauensfrage zu verbinden. Wir beide
würden dann erklären, keinem anderen Kabinett als nur einem
Kabinett Zinn anzugehören. Auch Ernst Schütte wäre zu einem
solchen Schritt bereit gewesen. Heinrich Zinnkann, [der vor 1933]
ein Freund und Kollege meines Vaters und [später] mein Chef als Innenminister [gewesen war], pflegte in einer solchen Situation mit
seiner tiefen Stimme zu sagen: »Man muß sie auf die Zinne des
Tempels führen, damit sie in die Tiefe schauen.« Doch solche Kon-
frontationen lagen Zinn nicht, und so beugte er sich der Mehrheit
der Fraktion.*

*Nun war Johannes Strelitz kein schlechter Justizminister, aber
Zinn hatte zum ersten Mal Schwäche gezeigt. Das rächte sich nach
seiner schweren Krankheit, die mit den damit verbundenen perso-
nellen Querelen schließlich zu seinem Rücktritt führte. Als die Partei sich schon für seinen Nachfolger entschieden hatte, versuchte er
das zu verhindern, indem er Georg Leber und mich inständig bat,
gegen Osswald zu kandidieren. Aber wir beide sind zu sehr Partei-
soldaten, um diesen Konflikt in die Partei zu tragen. Ohne Zinn
fuhren wir dann 1970 eine böse Niederlage ein, an der die Bonner
Führung (»wer nicht SPD wählt, soll wenigstens FDP wählen«) nicht
unwesentlich Anteil hatte. (...) Es kam in Hessen zu einer soziall-*

beralen Koalition, die durchaus erfolgreich war, aber die hessische SPD hatte ihr rotes Gütesiegel »Hessen vorn« verspielt.

Die große Zeit der hessischen SPD und des Landes Hessen ist untrennbar mit dem Namen Georg-August Zinn verbunden.

(Rudi Arndt in seinen fragmentarisch gebliebenen und unveröffentlichten Erinnerungen, um 2000. Typoskript in: IfS, Nachlass Rudi Arndt (S1/163), Nr. 13.)

Ein homo politicus

Rudi Arndt als hessischer Minister

Von Wilhelm von Sternburg

Mit Rudi Arndt übernimmt ein homo politicus, ein Macher, ein mit allen Wassern gewaschener Parlamentarier und, wenn es sein muss, brillanter Polemiker im September 1964 im vierten Kabinett Zinn das Amt des Wirtschafts- und Verkehrsministers. Es ist ein Ressort, das dem jungen Mann auf den Leib geschrieben zu sein scheint. Entscheidungen nicht nur zu diskutieren, sondern zu treffen und durchzusetzen, am kleinen, aber wichtigen Rad der Landesgeschichte mitdrehen zu können, die eigenen Ideen als Machtträger im Kreis der Mitstreiter und im Ringen mit den Gegnern zu verwirklichen, als linker Sozialdemokrat Einfluss auf die wirtschaftliche Entwicklung des Landes zu nehmen – da erfüllt sich der Traum eines Mannes, der seit seinen frühesten Lebensjahren tief mit der Politik verbunden ist.

Um die leidenschaftlichen, für ein Kabinettsmitglied nicht immer besonders angepasst und daher gelegentlich überraschend klingenden Bekenntnisse und die komplizierte Persönlichkeitsstruktur dieses Politikers verstehen zu können, sei an ein Lebenstrauma Rudi Arndts erinnert, das in seine frühesten Lebensjahre fällt: Der Vater, überzeugter Marxist und Gewerkschaftssekretär, wird vor seinen Augen von Gestapoleuten in der Wiesbadener Wohnung verhaftet und später im Konzentrationslager gefangen gehalten. Vermutlich haben die Nazis ihn auch umgebracht. Es ist eine Tragödie, die den Menschen und den Politiker Rudi Arndt lebenslang prägen wird. Mut zur Wahrheit, auch wenn sie die Parteigenossen nur ungern hören, demokratisches Pflichtbewusstsein und Ablehnung aller absoluten politischen Gewissheiten gehören zu den Wesenszügen dieses Politikers. Dabei bleibt zumindest gegenüber den nicht ganz engen Freunden und Lebensgefährten stets eine Distanz, die er im Laufe seiner politischen Karriere nicht überschreiten will oder kann. Die häufig ein wenig lauten und burschikosen Auftritte auf Pressekonferenzen, Parteitagen oder Parlamentssitzungen verbergen einen überaus sensiblen, aber auch misstrauischen Mann, der sein Innerstes nicht preisgibt. Auch in seinen

Interviews oder in persönlichen Gesprächen mit den Medien verliert er diesen Abstand fast nie. Es gibt bei dieser komplexen Persönlichkeit natürlich auch die andere Seite: Arndts häufig offene und ungeschützte Art zu argumentieren trägt ihm nicht nur manche kritische Schlagzeile, sondern bei den engen politischen Weggefährten und gelegentlich sogar bei dem einen oder anderen Gegner Respekt und Freundschaft ein.

Nach außen zeigt er sich gerne als der zupackende Politiker, als Sportenthusiast – der er auch wirklich ist –, als rasanter Autofahrer und trotz seiner Kriegsverletzung begeisterter Fußballspieler. Das sei der schönste Tag in seinem Leben gewesen, erklärt er den schmunzelnden Reportern, als er nach einer Autorallye aus seinem Wagen steigt. Entspannt scheint dieser politische Dauerläufer eigentlich nur zu sein, wenn er mit Freunden oder Landtagskollegen dem geliebten Skatspiel frönen kann. Sozusagen unsterblich ist im Buch der jüngeren Landesgeschichte der Name »Dynamit«-Rudi verzeichnet. Bei einem Auftritt im Frankfurter Linkentreff »Club Voltaire« im Jahre 1965 lässt sich Arndt in der ihm eigenen bildhaften

Als Fahrer bei der XXXIII. Internationalen Rallye Wiesbaden um den Texaco-Pokal mit Beifahrer Hans-Joachim Rauschenbach (vorne li.) und Ehefrau Roselinde Arndt (vorne re.), Mai 1971

Sprache zu der Bemerkung hinreißen, die Ruine der Frankfurter Alten Oper gehöre gefälligst in die Luft gesprengt. Ein Satz, der ihm herzlich übel genommen worden ist. Die politische Ironie, die bei den Auftritten dieses häufig in die eigene Rhetorik verliebten Ministers immer mitschwingt, haben damals nur wenige sehen wollen. Denn dass auch Arndt nichts gegen einen Wiederaufbau gehabt hat, ist eigentlich kein Geheimnis gewesen.

In all diesen Aktionen und Auftritten spiegelt sich auch tatsächlich ein wichtiger Charakterzug des Rudi Arndt wider, der beredt, vielfach die Dinge mit krasser Deutlichkeit beim Namen nennend und in der Sache kenntnisreich seine Entscheidungen und seine Pläne darzustellen weiß. Dieses Zupacken, dieser Wille zu entscheiden, diese häufig überschäumende Lebenszugewandtheit bilden neben seiner politischen Intelligenz zweifellos das Geheimnis seines Erfolges. Rudi Arndt wird als Minister nicht zuletzt wegen dieser Eigenschaften im Kabinett stets eine besondere Rolle einnehmen.

Als man ihn vor seiner Wahl zum Frankfurter Oberbürgermeister nach Vorbildern befragt, verweigert er sich mit dem Hinweis auf

Mit Heinz Schenk (li.) in der Fernsehsendung »Zum Blauen Bock«, davor sitzend Willi und Irmgard Brundert sowie Roselinde Arndt

seine *mit Dickfelligkeit gepaarte Wahrheitsliebe* solcherart populärer Imagepflege. Nach kurzer Überlegung, so weiß der Reporter der »Frankfurter Rundschau« zu berichten, fügt er allerdings den Namen Max Schmeling hinzu, »ja, der habe ihm früher mächtig imponiert«. Hans-Joachim Noack schreibt in seiner trefflichen Charakterstudie: »Der künftige Frankfurter Oberbürgermeister gehört auch zu den handfesten Männern, die beim gelegentlichen Skat das Pik-As auf der Hand höher einschätzen als im theoretischen Geplauder die Taube auf dem Dach.« Diese pragmatische und wirklichkeitsnahe Einstellung hat ihn schon in seinen Ministerjahren in heftige Konflikte mit Jungsozialisten und Studentenrevoluzzern gestürzt. Seine Gegner nennen ihn einen Opportunisten, seine Freunde schätzen seine in entscheidenden Momenten kluge Kompromissbereitschaft, ohne die Politik nicht funktionieren kann.

Aber Rudi Arndt – und das macht ihn über alle politischen Debatten hinaus liebenswert und als Mensch stark – hat nie vergessen, welche Wege eine unverantwortliche, egomanische und gewaltbereite Politik gehen kann. Das Schicksal des Vaters bleibt ihm immer gegenwärtig. Seine Entscheidung für die Sozialdemokratie, sein gewerkschaftliches Engagement, seine unnachgiebige Haltung gegen »rechts« und gegen die Absolutheitsansprüche linker Phantasten finden in diesem ganz persönlich erlebten Schrecken politischer Gewalt ihre Wurzeln. Sie werden in seine Ministerjahre hineinragen. Die sozialdemokratische Prägung wird durch die Mutter verstärkt. Sie ist in der Nachkriegszeit viele Jahre SPD-Stadtverordnete und ehrenamtliche Stadträtin in Frankfurt. Der Urgroßvater – so wissen die Archive zu berichten – gehörte 1864 zu den Mitbegründern der Frankfurter Sozialdemokratie. Die Welt dieser großen, traditionsreichen Arbeiterpartei hat er seit frühester Jugend erlebt und verinnerlicht.

Aus dem Zuschauer wird nach 1945 mit dem Eintritt in die SPD ein Handelnder. Ein Neuling im Kampf um Macht und Einfluss ist Arndt also nicht mehr, als er das Ministeramt übernimmt. Den umtriebigen, nicht selten turbulenten und verletzenden parlamentarischen Alltag kennt er bereits seit sechs Jahren. Als Frankfurter Abgeordneter wird er 1956 Mitglied des Hessischen Landtages. Er hat damals das Mandat des legendären Frankfurter Nachkriegsoberbürgermeisters Walter Kolb übernommen, der viel zu früh, erschöpft von einer ungeheuren Arbeitslast, gestorben ist. Bereits

fünf Jahre später, im Jahr 1961, übernimmt Arndt den Fraktions-
vorsitz. Drei Jahre wird er diese Position ausfüllen. Die leisen Töne
sind nicht seine Sache, und der politische Gegner ist damals noch
ein Papiertiger. Bei den Wahlen vom November 1962 kommen die
Christdemokraten auf ganze 28,8 Prozent. Die Sozialdemokraten
erreichen 50,8 Prozent und können alleine regieren. Angesichts
solcher Machtverhältnisse lässt sich die Regierungsfraktion mit
hohem Lustgewinn führen.

Vier Jahre später, Arndt ist schon Kabinettsmitglied, feiern Zinn
und Hessens Sozialdemokraten ihren bislang größten Triumph. 51
Prozent der abgegebenen Stimmen entfallen auf die SPD. Im Bund
haben Willy Brandt und Herbert Wehner zur gleichen Zeit das Wag-
nis der Großen Koalition beschlossen, und in der Republik beginnen die Söhne und Töchter den Aufstand gegen den »Muff aus
tausend Jahren« zu proben. An der Frankfurter Universität lehren
Theodor W. Adorno und Max Horkheimer. Der Adorno-Schüler
und Direktor des Frankfurter Instituts für Sozialforschung, Ludwig
von Friedeburg, wird ab 1969 als Kultusminister und Ministerkol-
lege Arndts die hessische Schulpolitik bestimmen. Ein Feld der parteipolitischen Polemik, das bald einen wichtigen Anteil am Aufstieg
der hessischen CDU unter dem Fuldaer Oberbürgermeister Alfred
Dregger haben sollte.

Mit Alfred Härtl, 1991

ALFRED HÄRTL ÜBER RUDI ARNDT

Der im Jahr 2009 verstorbene Jurist Dr. Alfred Härtl, langjähriger Präsident der Hessischen Landeszentralbank (1974
bis 1990), und Rudi Arndt kannten sich aus der gemeinsamen Studienzeit. 1965 hatte Arndt den ehemaligen Kommilitonen als seinen engen Mitarbeiter ins Hessische
Ministerium für Wirtschaft und Verkehr geholt. Nach seinen
Erinnerungen an Rudi Arndt befragt, überreichte Alfred
Härtl der Interviewerin beim Gesprächstermin nur einen
Zettel, worauf er mit Bleistift die folgenden Stichworte no-
tiert hatte:

- intelligent
- klug
- fleissig
- schnell
- herv[orragender] Jurist
- gutes Judiz
- Humor
- witzig, schlagfertig
- hemdsärmelig
- verletzend (evtl.)
- guter Redner (...)
- pol[itisches] Gespür
- Vertrauen
- Selbstironie
- Sport (...)

Damit sei alles über Rudi Arndt gesagt, befand der Freund.

(Alfred Härtl in einem Zeitzeugengespräch mit Sabine Hock, Frankfurt am Main,
21.11.2008. Das Original des zitierten Zettels befindet sich im Besitz von Sabine
Hock, Frankfurt am Main.)

Bis heute sind die Spuren dieser Auseinandersetzung in den hessischen Schulen sichtbar. Friedeburgs richtige, in zahlreichen europäischen Staaten längst zum schulischen Alltag gehörende
Neuansätze bleiben dabei zum Schaden der Schüler in den späteren SPD- und den folgenden CDU-Regierungsjahren teilweise auf

der Strecke. Arndt hat die Friedeburg'sche Schulpolitik lange Zeit solidarisch mitgetragen, aber die professorale Intellektualität des Soziologen und Bildungsreformers ist seine Sache nicht. Als Finanzminister wird er die Etatforderung seines Kollegen dann auch öffentlich in die Schranken weisen und als politischer Realist vor den verbalen und inhaltlichen Übertreibungen der Schöpfer der Rahmenrichtlinien immer heftiger warnen. Als Arndt 1971 vor seinem Abschied als Landesminister steht, weil die Partei ihn im Frankfurter Römer zu sehen wünscht, kann er es sich nicht verkneifen, den Journalisten zuzurufen: *Wenn ich aus dem hessischen Kabinett ausscheiden sollte, wäre es am besten, wenn auch ein anderer Kollege gleichzeitig seinen Hut nehmen würde.* Jeder, der da zuhört und die Öffentlichkeit darüber informiert, weiß, dass hier nur Friedeburg gemeint sein kann. Arndt kann im Eifer des Gefechts auch bei seinen öffentlichen Anmerkungen ein rücksichtsloser Fighter sein. Auch dann, wenn es um Kritik an den eigenen Leuten geht. Allerdings erweist er in Sachen Friedeburg sein sicheres politisches Gespür. Denn es treibt ihn um, dass die Sozialdemokraten mit den Rahmenrichtlinien und der Debatte um die Gesamtschule teilweise überaus leichtfertig einen ideologischen Krieg provozieren, den zu gewinnen angesichts einer mehrheitlich konservativen und auf die Privilegien ihrer Kinder beharrenden Elternschaft Illusion bleibt.

Frankfurt ist seit Mitte der sechziger Jahre ein Zentrum der gesellschaftspolitischen Diskussionen. Hier eröffnet das Schwurgericht 1963 nach wichtigen Vorarbeiten des hessischen Generalstaatsanwalts Fritz Bauer den Auschwitz-Prozess, der am Anfang einer in der Bundesrepublik lange versäumten Aufarbeitung der nationalsozialistischen Vergangenheit steht. An der Frankfurter Universität erreichen die Studentenproteste nach 1966 eine Dimension wie sonst nur noch in Westberlin. Das Frankfurter Kaufhaus Schneider wird am 2. April 1968 zum ersten Brandfanal einer radikalisierten Minderheit, für die Namen wie Baader, Meinhof oder Ensslin stehen. Der traditionell links argumentierende SPD-Bezirk Hessen-Süd erinnert die Bundespartei nach der wichtigen Reformanstrengung auf dem Godesberger Parteitag von 1959 – an dem sich die südhessischen Delegierten mit zahlreichen Änderungsanträgen besonders aktiv beteiligen – immer wieder daran, dass die Sozialpolitik ein Fundament sozialdemokratischer Politik ist. Schon die hessische Verfassung von 1946 zeichnet sich durch konsequente sozialstaatliche Formulierungen aus. So wird in Artikel 37 das innerbetriebliche Mitbestimmungsrecht der Arbeitnehmer festgehalten, und der Artikel 41 fordert die Überführung der Schlüsselindustrien und Großbanken in Gemeinschaftseigentum. Beide Verfassungspostulate sind nie verwirklicht worden. Aber sie weisen auf eine besondere sozialpolitische Verpflichtung der Landespolitik hin. Rudi Arndt steht in dieser Verfassungstradition und spielt im innerparteilichen Ringen der hessischen Sozialdemokraten über Jahre hinweg auch in allgemeinen gesellschaftspolitischen Fragen eine herausragende Rolle. Mit Georg-August Zinn steht ein Nordhesse an der Spitze der SPD-Landesregierungen und sein Nachfolger Albert Osswald kommt aus dem mittelhessischen Gießen. Aber in Hessen-Süd werden die politischen Schlagzeilen gemacht. Nicht selten lösen sie in der Bundespartei Entsetzen und Zorn aus.

HESSEN VORN

Arndt übernimmt sein Ministeramt in einer Zeit, in der Hessen bundesweit als sozialdemokratisches Musterland gilt. Während Konrad Adenauers CDU (gemeinsam mit der bayerischen CSU und diversen bürgerlichen Koalitionspartnern) in Bonn bis Mitte der Sechzigerjahre die Bundesregierungen stellt und die zukunftsweisenden Entscheidungen über die Wirtschaftsordnung und die außen- und sicherheitspolitischen Ziele fällt, wird Hessen unter der SPD ab 1957 zu einem der führenden »Geberländer« im deutschen Länderfinanzausgleich.

Georg-August Zinn ist von 1950 bis 1969 Hessens Ministerpräsident. Er bleibt fast zwei Jahrzehnte die überragende Figur in der Landespolitik. Erst die letzten Jahre werden von einer gewissen Amtsmüdigkeit und nachlassender Energie überschattet. Für seine Politik stehen nicht nur die legendären Bürger- und »Dorfgemeinschaftshäuser« oder der seit 1961 jährlich zelebrierte »Hessentag«, sondern es ist in wichtigen gesellschaftspolitischen und rechtsstaatlichen Fragen immer wieder die von Zinn geführte Landesregierung, die beim Karlsruher Verfassungsgericht die Einhaltung der durch Bundesentscheidungen gefährdeten demokratischen oder sozialen Grundrechte einklagt. Zinn ist in den großen verfassungsrechtlichen Auseinandersetzungen dieser Jahre der Gegenspieler Konrad Adenauers. Der aus Kassel stammende Sozial-

demokrat steht zudem für eine moderne Wirtschafts- und Sozialpolitik, die zunächst die Grundlage für die beispielhaft gelungene
Eingliederung von Hunderttausenden Flüchtlingen und Vertriebenen bietet. Unter Zinn entwickelt die hessische Politik eine überaus erfolgreiche Standort- und Strukturplanung, die sich an lang-
fristigen Zielen orientiert. Der 1951 verkündete »Hessenplan« soll
zunächst die Eingliederung von in Hessen gestrandeten Menschen
aus dem Sudetenland, aus Böhmen, Mähren und Schlesien sicher-
stellen. Daraus entwickelt sich rasch ein allgemeiner Landesent-
wicklungsplan, der diesem Bundesland überproportional hohe
Wachstumsraten und eine unterdurchschnittliche Arbeitslosigkeit
(konstant unter 2 Prozent) beschert. Hessen wird schon 1949 als
erstes Bundesland ein Gesetz zur Unterrichts- und Lehrmittelfreiheit
verabschieden. 1968/69 hebt das Land die ersten praxisorientierten
Fachhochschulen aus der Taufe, und 1970 beschließt die Landesregierung die Gründung der Gesamthochschule Kassel, einer Universität mit Modellcharakter. »Hessen vorn« wird zum Markenzeichen dieses von der SPD regierten Bundeslandes.

Rudi Arndt übernimmt sein Amt also zu einem Zeitpunkt, an
dem die SPD *die* Regierungspartei in Wiesbaden schlechthin ist.
Sie wird es auch während seiner sieben Ministerjahre bleiben. Der
»Hessenplan« hat schon 1965 im »Großen Hessenplan« seine Fortsetzung gefunden. Bildungs- und Wohnungsbaupolitik, Ausbau der
Infrastruktur in ländlichen Regionen und Aufbau einer landeswei-
ten Datenbank, Schul- und Sportstättenneubau – auch wenn sich
am Horizont bereits die ersten Wachstumsverwerfungen zeigen
und das deutsche Wirtschaftswunder Mitte der sechziger Jahre seinen ersten Glanz verloren hat, der hessische Wirtschafts- und Verkehrsminister kann noch vieles im Land bewegen. Und er tut es.

Arndt ist mit Abstand das jüngste Kabinettsmitglied. Seine Amts-
kollegen sind mit Ausnahme des 1919 geborenen Finanzministers
Albert Osswald 18 bis 25 Jahre älter. Sie gehören fast schon einer
anderen Generation an. Ihr politisches Denken ist noch tief geprägt von den dramatischen Jahren der Weimarer Republik und
ihren persönlichen Erlebnissen während der zwölfjährigen Hitler-
Diktatur. Deutsche Politikerschicksale: Zinn saß bereits als junger
Abgeordneter in der Kassler Stadtverordnetenversammlung, als
dort der spätere Blutrichter Roland Freisler für die NSDAP seine
wüsten Reden hielt. Innenminister Heinrich Schneider war in der

Gewerkschaftsbewegung aktiv und erhielt als Journalist 1933 Berufsverbot. Er stand in den Jahren des »Dritten Reiches« unter Polizeiaufsicht. Kultusminister Ernst Schütte war nach dem Ruhreinmarsch 1923 arbeitslos geworden, wurde in den Zwanzigerjahren Mitglied der sozialistischen Jugend und machte auf dem zweiten Bildungsweg seine schulische und akademische Karriere. Sozialminister Heinrich Hemsath trat bereits unmittelbar nach dem Ersten Weltkrieg in die SPD ein und war bis 1933 Stadtverordneter in Münster. Justizminister Lauritz Lauritzen überlebte das Dritte Reich als Justiziar und Abteilungsleiter in der Reichsstelle für Chemie. Der aus Böhmen stammende Vertriebenenfunktionär und BHE-Mann Gustav Hacker (er wurde als Landwirtschaftsminister 1967 von Tassilo Tröscher abgelöst) kollaborierte 1938 mit Henleins Sudetendeutscher Partei und nahm als deutscher Offizier am Zweiten Weltkrieg teil.

FRANKFURTER MUNDART

Seine Frankfurter Mundart läßt ihn in den Augen der Wähler nicht als Akademiker, der er ist, und erst recht nicht als Intellektuellen, der er weißgott und wirklich nicht ist, erscheinen. Seine Popularität rührt daher, daß er spricht wie der Leiter des Latschamarkts oder der Wirt von der Eckkneipe (...).

(Aus: Hans Jörg Becker [Pseudonym für einen unbekannten Verfasser]: Rudi Arndt. Frankfurt am Main: Verlag Der Neue Jacob 1972. S. 8.)

ARNDT UND OSSWALD

Arndt und der acht Jahre ältere Finanzminister Albert Osswald stehen in Zinns Kabinett also für die Zukunft der hessischen SPD. Das sehen in den kommenden Jahren nicht nur die Medien so. Diese Rolle bedingt schon fast automatisch eine politische Rivalität, die auch die freundschaftlichen Beziehungen zwischen diesen beiden Männern schließlich nicht unberührt lässt. Während ihre Kollegen solide Verwalter ihrer Ressorts sind, sie nach den großen Erfolgen der zurückliegenden Zinn-Jahre dazu neigen, den Status

Rudi Arndt mit Albert Osswald

quo zu erhalten, fordern die beiden jüngeren Minister – vor allem Rudi Arndt – Veränderungen und weisen nachdrücklich auf die Herausforderungen einer sich immer rascher verändernden gesellschaftlichen und wirtschaftlichen Wirklichkeit hin. Als sich die Zinn-Ära ihrem Ende zuneigt, in den Medien und in der Partei ein gewisser Überdruss an der Rolle des politisch schwächer wirkenden, auch von privaten Schatten belasteten »Übervaters« bemerkbar ist, gerät die Nachfolgefrage immer stärker in die Schlagzeilen. Arndt äußert sich schon 1968, als in der Landtagsfraktion ein erster kleiner Aufstand gegen Zinn geprobt wird, mit markigen Formulierungen über die Rolle des gealterten Regierungschefs. Zinn, so zitiert das Nachrichtenmagazin »Der Spiegel« den Wirtschaftsminister, möge *nicht ständig wie ein Fettauge auf einer salzlosen Bouillon schwimmen.*

Osswald oder Arndt – das ist für die landespolitischen Beobachter die einzige realistische Alternative. An Selbstbewusstsein hat es Rudi Arndt nie gefehlt. So fühlt er sich seinem Parteifreund Albert Osswald (und den anderen Kabinettskollegen) intellektuell überlegen. Seine rasche Auffassungsgabe, sein Durchsetzungswillen und sein politischer Ehrgeiz sind im Grunde auch für jeden innerhalb und außerhalb der Partei sichtbar. Osswald wirkt gegen den dynamischen Schnelldenker aus Wiesbaden häufig wie ein braver Parteiaktivist. Bieder ist das Auftreten. Seine Debattenbeiträge, seine öffentlichen Reden, seine Fernsehinterviews bleiben umständlich und viel zu häufig im technokratischen Detail hängen. Es fehlt ihnen die Leidenschaft, der charismatische Funken, der im Wechselspiel zwischen Politikern und ihren Wählern eine so entscheidende Rolle spielt. Als Kabinettsmitglied ist Osswald ein solider Arbeiter. Neben dem Regierungschef bleibt er in der Rolle des Finanzministers der wichtigste Mann in der Landesregierung.

DIE FOLGENREICHSTE NIEDERLAGE IM POLITISCHEN LEBEN RUDI ARNDTS

Die Entscheidung der hessischen SPD, dem ehemaligen Oberbürgermeister von Gießen im Oktober 1969 die Nachfolge von Georg-August Zinn zu übertragen, ist wohl die folgenreichste Niederlage im politischen Leben Rudi Arndts gewesen. Er weiß, dass für ihn damit die Leitung der hessischen Landespolitik bei einem normalen Verlauf unerreichbar geworden ist. Jedenfalls bedeutet Osswalds Wahl einen Bruch in seiner bislang so steilen politischen Karriere. Sie blockiert nicht nur seine weiteren landespolitischen Ambitionen, sondern letztlich auch seinen Weg in die Bundespolitik, der ihm zweifellos in den 70er Jahren offen gestanden hätte. Als die Partei ihm 1971 das Frankfurter Oberbürgermeisteramt anbietet, ist Arndts zögerliches Ja letztlich auch ein Zeichen von Resignation. So lässt er sich von seiner Partei in die Pflicht nehmen und ist lieber der Erste in Frankfurt als der Zweite in der Landesregierung.

Die Entscheidung für Osswald fällt im Grunde schon auf dem Büdinger Bezirksparteitag der SPD-Hessen-Süd im April 1967. Es kommt zu einer Kampfabstimmung um die Position des Vorsitzenden, der sich die beiden Minister stellen. Osswald siegt mit einem klaren Vorsprung von 38 Stimmen. Arndt verzichtet, sich für die Stellvertreterposition zur Wahl zu stellen. Als Grund führt er an, dass zwei Mitglieder der Landesregierung im Vorstand zu viel seien. Da wird aber auch ein gutes Stück Enttäuschung mitgespielt haben. Vier Monate vor Zinns Rücktritt wird Osswald am 11. Juni 1969 zum stellvertretenden Ministerpräsidenten ernannt. Die Weichen für seine Reise in Richtung Staatskanzlei sind endgültig gestellt.

Warum Osswald und nicht Arndt? Da gilt es für die machtbewussten Genossen zunächst einmal das angespannte Verhältnis der beiden SPD-Bezirke mit aller Vorsicht auszutarieren. Nach dem Nordhessen Zinn meldet Hessen-Süd seine Ansprüche an. Arndt ist durch seine offene Sprache gegenüber den sich in diesen Jahren radikal gebärdenden Linken in Hessen-Süd und seinem häufig etwas rüden, auch gelegentlich verletzenden Ton gegenüber den konservativeren Genossen im eigenen Bezirk nicht unumstritten. Da ist der konturlose Osswald in den Augen der verbal immer ein wenig halbstark auftretenden innerparteilichen Systemkritiker und der empfindlichen, vor jeder Unruhe zurückschreckenden Parteioberen ein für die eigenen Machtambitionen bequemere Kandidat. Den nordhessischen Genossen ist zudem der forsche Rudi Arndt immer ein wenig fremd geblieben, und da sie sich gegenüber dem »reichen« Süden ohnehin stets vernachlässigt fühlen, herrscht da mit Blick auf den für die Strukturpolitik zuständigen Wirtschafts- und Verkehrsminister nicht immer nur hehre Genossenliebe. Arndt aber ist schließlich auch daran gescheitert, dass er in seinem ganzen Politikerleben ein Individualist geblieben ist. Er kann sich nicht biegen und neigen, wenn er nicht von der Sache überzeugt ist. Solidarität ist für ihn ein wichtiges Moment in seinem politischen Denken gewesen. Aber nicht um den Preis der Selbstverleugnung.

Jedenfalls ist Osswald im Herbst 1969 der starke Mann in der hessischen SPD. Aber heute wissen wir besser als damals, dass er die falsche Wahl war. Er hat den Stürmen der Siebzigerjahre, die dann über die hessische SPD hinwegfegten, zu wenig entgegenzusetzen. Natürlich spielt da die Bundespolitik bald eine gewichtige Rolle, die Ernüchterung, die nach Willy Brandts grandiosem Wahlsieg von 1972 nicht nur weite Teile der Partei, sondern auch der Wählerschaft erfasst. Natürlich haben die idealistischen, aber im Ton dann doch völlig verfehlten Attacken der Jungsozialisten und einiger älterer Marxisten im Bezirk Hessen-Süd und die Gutsherrenart, mit der manche der nordhessischen Parteigranden ihre »Besitztümer« inzwischen verwalteten, der Landespartei mittelfristig empfindlich geschadet. Aber die ohne Rücksicht auf die regionalen Heimatgefühle der Menschen durchgepaukte Gebietsreform –

grotesker Höhepunkt ist die »Gründung« der Stadt Lahn –, der wachsende Skandal um die finanziellen Unregelmäßigkeiten der Hessischen Landesbank, an dessen Verwaltungsratsspitze der Ministerpräsident sitzt, sind auch Fehlentwicklungen der Siebzigerjahre, die sehr eng mit dem Namen Albert Osswald verbunden bleiben. Einer immer stärker auftrumpfenden, sich mit rechtsnationalen und erzkonservativen Argumenten zu Wort meldenden Opposition – angeführt von einem dynamischen, zu verbalen Radikalausflügen neigenden Alfred Dregger – hat Osswald nur wenig entgegenzusetzen. Er verteidigt sich und seine Politik immer blasser, verstrickt sich in Widersprüche und findet in der Partei schließlich nicht mehr viele Helfer.

Schon bei den Landtagswahlen von 1970 verliert die SPD über fünf Prozent und braucht nun die FDP, um weiterregieren zu können. Die Wahlen von 1974 geraten dann zur Katastrophe: Erstmals in der Geschichte Hessens stellt die CDU im Landtag die stärkste Fraktion. Die Wähler haben ihr mit 47,5 Prozent – 4,1 Prozent-

Als Verkehrsminister bei der Einweihung eines neuen Autobahnabschnitts

punkte mehr als die SPD – einen Triumph beschert. Immerhin, noch weitere 13 Jahre werden die hessischen Sozialdemokraten den Ministerpräsidenten stellen. Auf Osswald folgt Holger Börner, bis dann der CDU-Mann Walter Wallmann 1987 in die Staatskanzlei einziehen kann. Aber trotz des achtjährigen Zwischenspiels mit Hans Eichel an der Regierungsspitze hat sich die hessische SPD bis heute nicht von der desaströsen Niederlage des Jahres 1974 erholt.

Wäre das mit einem Ministerpräsidenten Arndt anders gekommen? Wahrscheinlich nicht. Macht macht bequem. Zu lange haben die hessischen Sozialdemokraten sich im Herrschersessel zurückgelehnt und sich zu wenig mit den Problemen der Bürger, dafür aber umso mehr mit sich selbst beschäftigt. Sie haben offenbar geglaubt, Hessen sei ihnen von irgendeinem politischen Gott auf Ewigkeit zur Pacht gegeben worden, ohne dass es ihr Führungspersonal allzu viel Mühe und Schweiß kosten müsse. Auch eine neue jüngere Mannschaft – Sozialminister Armin Clauss, Kultusminister Hans Krollmann oder Heribert Reitz, Arndts Nachfolger als Finanzminister, zählen zu den prägenden Figuren der Kabinette Holger Börner und Hans Eichel – hat den Abwärtstrend nur aufhalten, aber nicht umkehren können.

Innerparteiliche Kämpfe, die monarchistischen Herrschaftsansprüche der seit Jahren amtierenden regionalen Parteifürsten, wachsendes Unverständnis für das Denken einer sich immer stärker polarisierenden Wählerschaft, die schwieriger werdende Haushaltslage, der Aufstieg der umweltbewussten Partei der Grünen, der allgemeine Wandel des bundesrepublikanischen Zeitgeistes, der auch in Hessen deutliche Zeichen setzt – vieles ist zusammengekommen, und ein Einzelner kann da wohl allein das Ruder nicht herumreißen. Aber Rudi Arndt hätte im Landesbank-Skandal oder im Kampf gegen Dreggers CDU zweifellos offener, selbstbewusster und auch polemischer reagiert. Vielleicht wäre er sogar in der Sache – Schulpolitik, Arbeitsmarkt, Energiepolitik, Forderungen des linken Flügels – geschmeidiger und klüger aufgetreten, als es der schließlich überforderte und immer unglücklicher agierende Osswald getan hat. Selbstbescheidung und das Schwenken der weißen Fahne sind Arndts Argumente nie gewesen. Gerettet hätte er die Partei mit seiner Art zu handeln und zu argumentieren aber auch nicht. Das zeigen nicht zuletzt die Frankfurter Kommunalwahlen vom März 1977. Nicht nur die SPD, sondern auch ihr Oberbürgermeister Rudi Arndt gehörten an diesem denkwürdigen Tag zu den großen Verlierern.

Kein Amt hat Rudi Arndt mehr geliebt als das des Wirtschafts- und Verkehrsministers. Hier ist er in seinem Element. Hessen ist ein rohstoffarmes Land. Sein Reichtum beruht auf den großen Wachstumsindustrien im Bereich der Chemie und der Pharmazie, des Maschinen- und Fahrzeugbaus, der Elektronik und nicht zuletzt der Dienstleistungsbranchen. Wirtschaftliches Schwungrad dieses Bundeslandes ist das Rhein-Main-Gebiet. Rüsselsheim wird mit den – damals noch hohe Gewinne abwerfenden – Opelwerken rasch wieder ein Zentrum der deutschen Automobilindustrie (zu Arndts Zeit rund 35 000 Beschäftigte). In Höchst steht das zweitgrößte deutsche Chemiewerk (etwa 30 000 Beschäftigte), und vor den Toren Frankfurts entwickelt sich der Rhein-Main-Flughafen zur neben Paris und London wichtigsten europäischen Achse des rasant wachsenden internationalen Flugverkehrs. Als Arndt sein Ministeramt übernimmt, ist Frankfurt längst zur führenden Banken- und Messemetropole aufgestiegen.

ERINNERUNGEN AN DEN VERKEHRSMINISTER

In seiner Zeit als Wirtschafts- und Verkehrsminister des Landes Hessen besuchte Rudi Arndt die Firma Masing in Erbach im Odenwaldkreis, ein führendes Unternehmen zur Entwicklung und Fertigung elektronischer Steuerungen. Der Firmenchef Prof. Dr. Walter Masing empfing den Minister mit den Worten: »Herr Minister, ich begrüße Sie in unserem Betrieb und darf Sie gleich mit einem besonderen Problem bekannt machen. Als wir nach dem Krieg die Firma gegründet hatten, besaß ich einen alten Horch. Mit ihm war ich in einer knappen Stunde mitten in Frankfurt. Heute habe ich einen 300er Mercedes und brauche bis Frankfurt fast zwei Stunden!« Der Minister antwortete wie aus der Pistole geschossen: »Herr Professor, hätten Sie doch den alten Horch behalten!«

(Zuschrift von Günter Zabel, dem damaligen Kreistagsmitglied im Odenwaldkreis und späteren hessischen Landtagsabgeordneten (von 1980-87 als stellvertretender Fraktionsvorsitzender der SPD), per E-Mail an Roselinde Arndt, 7.12.2008.)

In Marburg produziert das seit 1951 zu den Farbwerken Höchst gehörende und 1997 zerschlagene Pharmazieunternehmen Behring. Wetzlar ist der Sitz von Buderus, einem der bedeutendsten deutschen Eisenwerke. Die »Hessische Berghütte« wird in Arndts Ministerzeit reprivatisiert und vom Flick-Konzern gekauft. Volkswagen baut Autos in Baunatal. Aber das landschaftlich so schöne, waldreiche Nordhessen – Zonenrandgebiet und mit schwacher Wirtschaftsstruktur – bleibt die Problemregion dieses Bundeslandes.

Wir befinden uns – zumindest was die amtliche Wirtschaftspolitik anbetrifft – mitten in einer Phase der Neuorientierung, deren Konsequenzen noch keinesfalls in allen Teilen abgeschätzt werden können. Diesen Satz formuliert Arndt im März 1967 und er ist so etwas wie das intellektuelle Credo des Wirtschaftsministers.

DER STREITBARE WIRTSCHAFTSMINISTER

Unternehmerische Freiheit und staatliche Planung sind die Pole, die in diesen Jahren in Politik und Wirtschaft leidenschaftlich, kontrovers und nicht selten ideologisch diskutiert werden. Arndt weist darauf hin, dass Marktwirtschaft und Freiheit keine bedeutungsgleichen Begriffe seien, aber niemand – und da denkt er zweifellos auch an die Neo-Marxisten in den eigenen Reihen – Wunder von einer geplanten Wirtschaft erwarten dürfe. Im April 1967 erklärt er vor hessischen Jungunternehmern, dass der Staat als Marktteilnehmer eine zentrale Stellung besitze und daher in der Wirtschaftspolitik nicht neutral bleiben könne. Entscheidend sei, dass seine Vorgaben und Eingriffe nicht wettbewerbsverzerrend wirken. Arndt gehört noch der Generation von Wirtschaftspolitikern an, die den hohen Stellenwert einer staatlich kontrollierten Ordnungspolitik für die Volkswirtschaft erkennt. Die neoliberale Wirtschafts- und Geldpolitik, die dann in den Achziger- und Neunzigerjahren ihren Durchbruch erzielen wird, hat mit ihren dramatischen Schulden- und Währungsverwerfungen, der von ihr provozierten und immer breiter wachsenden Lücke zwischen Reichtum und Armut und dem finanziellen Verfall der Kommunen gezeigt, wie richtig das Denken der Keynesianer und Ordnungspolitiker vom Stile eines Rudi Arndt gewesen ist.

Arndt ist ein streitbarer Wirtschaftsminister. Sofort nach seinem Amtsantritt beginnt er mit dem notwendigen und zukunftsweisenden organisatorischen Umbau seines Hauses, was heftige interne Konflikte auslöst. Er legt sich mit dem Frankfurter IHK-Präsidenten an, wenn es um den Aufsichtsratssitz der Landesregierung bei der Flughafen AG geht. Er geißelt öffentlich die Preispolitik der Frankfurter Hoteliers in den Tagen der Buchmesse. Die Frage der Vermögensbildung durch Gewinnabgaben der Unternehmen (Arndt: *Wir müssen endlich zu einer echten Vermögensbildung kommen.*) löst im April 1970 im Kabinett einen heftigem Streit mit Albert Osswald aus, bei dem Arndt angeblich sogar mit seinem Rücktritt droht. Er setzt sich für den bei den Anwohnern unpopulären Bau einer umstrittenen Raffinerie und eines petrochemischen Werkes im Kreis Groß-Gerau ein, den er eine einmalige Gelegenheit nennt. Auf dem hessischen Raiffeisentag im Juni 1969 erntet er Pfiffe und Buhrufe der tausend Delegierten, als er die Kritik des Bayern Franz Josef Strauß an der EG-Landwirtschaftspolitik als *Blut-und-Boden-Romantik* bezeichnet. Strauß hatte mit Blick auf

Mit den Amtsvorgängern als Frankfurter Oberbürgermeister, Willi Brundert (li.) und Walter Möller (re.), bei der Unterzeichnung eines Verkehrsabkommens zwischen dem Land Hessen und der Stadt Frankfurt, 1966

Als Wirtschaftsminister bei einem Messerundgang in Brünn:
Roselinde Arndt, Christa Zinn, Rudi Arndt, Georg-August Zinn

den Mansholt-Plan von »versteckten Reparationen« für die deutschen Bauern gesprochen. Scharf wendet sich Arndt 1969 in einem Zeitungsinterview gegen die sogenannte Preisbindung in zweiter Hand und erweist sich als überzeugter Marktwirtschaftler: *Ganz allgemein muss festgestellt werden, dass die vertikale Preisbindung mit unserer Wirtschaftsverfassung nicht systemkonform ist. Wir haben eine Marktwirtschaft, das heißt, der Markt- und Preismechanismus (...) hat für den Ausgleich von Angebot und Nachfrage zu sorgen.* Arndt ist gegen ein Tempolimit auf den Autobahnen und für die Entsendung einer offiziellen westdeutschen Delegation zur Leipziger Messe.

Er ist ein Reiseminister, und seine neugierige Unruhe und Weltoffenheit wird ihn auch als Frankfurter Oberbürgermeister oder dann als Europaabgeordneten immer wieder über Deutschlands Grenzen hinausführen. Es mag etwas Schicksalhaftes darin zu sehen sein, dass ihn der Tod am 14. Mai 2004 so unvermutet in der

Bei der Eröffnung des Terminals Mitte am Frankfurter Flughafen,
14. 3. 1972, mit Bundesverkehrsminister Georg Leber,
Flughafenvorstandschef Erich Becker, Bundespräsident Gustav
Heinemann und Ministerpräsident Albert Osswald (v. li. n. re.)

fernen Ukraine während einer privaten Schiffsreise auf dem Dnjepr
überwältigt hat.

Sein hessisches Amt führt ihn in die USA und in viele europäische
Staaten. Besonderen Kontakt hält er zu den Ostblockländern. Politisch setzt er sich für die Aufnahme diplomatischer Beziehungen
zu Bulgarien, zur Tschechoslowakei und Ungarn ein. Damals sind
solche Forderungen noch ein heißes Eisen in der innerdeutschen
Diskussion. »Wirtschaftsminister Arndt lässt nichts unversucht, die
politische Atmosphäre in Hessen zu vergiften«, erbost sich denn
auch die parlamentarische Opposition.

Als hessischer Minister und mächtiger Mann im Bezirk Hessen-
Süd mischt Arndt auch in den Bundesdebatten der SPD kräftig mit.
Als Bundeswirtschaftsminister Karl Schiller auf dem Außerordent-
lichen Steuerparteitag der SPD 1971 in Bonn in der Frage einer Er-
höhung der Körperschaftsteuer durch die Parteilinke in arge
Bedrängnis gerät, ist es Arndt, der ihn mit dem schließlich akzep-

tierten Kompromissvorschlag, die Höhe des Steuersatzes zunächst offenzulassen, vor einer folgenreichen Niederlage bewahrt. Die erboste Linke nennt den Retter Schillers einen »Verräter«. Wenig später im Umsatzsteuer-Streit zwischen Bund und Ländern weist der hessische Finanzminister dagegen Schillers Vorschläge barsch zurück. *Dann liefert das Land Hessen einfach im nächsten Jahr keinen Pfennig Umsatzsteuer ab,* droht er öffentlich.

Der Frankfurter Flughafen bleibt in all diesen Jahren sein »Lieblingskind«. Seine Erweiterung fördert er als Wirtschafts- und dann als Finanzminister mit großer Energie. Die Fertigstellung der neuen großen Empfangshalle – damals von vielen als »größenwahnsinnig« bezeichnet – empfindet er ein Stück auch als sein Werk. Nicht der neue Ministerpräsident Albert Osswald übernimmt als Nachfolger von Zinn den Sitz der Landesregierung im Aufsichtsrat der Flughafen AG, sondern Wirtschaftsminister Rudi Arndt.

ARNDT UND KARRY

Rudi Arndt schätzt es nicht, wenn sich an seinem gewohnten Feindbild etwas ändert. Hier hat auch FDP-Wirtschaftsminister Karry seinen Stammplatz. Doch ausgerechnet jener Karry ließ während der Koalitionsverhandlungen nur Gutes über den »kooperativen« Arndt verlauten, was diesen nicht hinderte, beim nächsten Treffen mit geballtem Mißmut zu erscheinen. Betrübt meinte Karry: »Ich habe Sie vor der Presse doch jetzt erst wieder gelobt!« Erwiderte [Arndt] voller Grimm: »Das ist es ja!«

(Aus: Rudi Arndt: Mit Humor ans Schienbein. Stille, feine Anmerkungen eines Stadtoberhauptes. Hg.: Presse-und Bildungs-GmbH. Zusammenstellung: Herbert Stettner. [Frankfurt am Main 1977.] S. 19.)

Einmal schlug ich Karry vor, wir sollten uns duzen, damit der Eindruck verschwinden würde, wir seien uns nicht grün. Darauf Heinz Herbert im Brustton der Überzeugung: »Biste verrickt? Des mecht ja unser ganz Immetsch [d. i. Image] kabutt!«

(Rudi Arndt: [Erinnerungen.] Unvollendetes Typoskript in: IfS, NL Rudi Arndt (S1/163), Nr. 15.)

Als designierter Oberbürgermeister vor einem außerordentlichen
Unterbezirksparteitag der Frankfurter SPD, 10. 12. 1971:
»Ich freue mich auf meine Aufgabe in Frankfurt!«

Er tauscht nach der Landtagswahl im November 1970 nur sehr
ungern das Wirtschaftsministerium gegen das Finanzministerium
ein. Die SPD muss mit der FDP, die damals noch vom sozialliberalen Flügel beherrscht wird, in Wiesbaden eine Koalition bilden.
Heinz Herbert Karry, der starke Mann bei den hessischen Liberalen, setzt sich mit seiner Forderung durch, das Wirtschaftsministerium zu leiten. Die beiden Frankfurter verstehen sich gut. Ihr
manchmal herber Humor, die unprätentiöse Art ihrer öffentlichen
Auftritte, ihre Liebe zum Skatspiel und ihr bodenständiges politisches Verständnis verbindet sie. Was Arndt nur wenig über den
Verlust des geliebten Amtes hinwegtrösten kann.

Ein Jahr ist er noch Finanzminister, dann verlässt Arndt die Landesregierung und geht nach Frankfurt. Wenige Stunden vor dieser
Entscheidung schreibt der langjährige Korrespondent der traditionell SPD-kritischen »Frankfurter Neuen Presse«: »Es wäre ein großer
– wenn nicht der größte Verlust für das hessische Kabinett, wenn
sein wohl stärkster Mann, Finanzminister Rudi Arndt, die Nachfolge Walter Möllers antreten würde.« Er sollte recht behalten.

Rudi Arndt
Gesunde Gemeinden in Hessen durch fortschrittliche Wirtschafts- und Verkehrspolitik (um 1965)

Wirtschafts- und Verkehrspolitik in Hessen ist eine Politik zur Hebung der allgemeinen Wirtschaftskraft des Landes. Erstes Ziel ist dabei die Schaffung einer wirtschaftlichen Struktur, die allgemeines Wachstum, Vollbeschäftigung und damit eine Wohlfahrt auf breiter Basis garantiert.

Strukturpolitik ist nur möglich in enger Zusammenarbeit mit den Gemeinden im ganzen Lande. Ihre Initiative muß mit dazu beitragen, das wirtschaftliche Gefälle zwischen den einzelnen Landesteilen zu beseitigen und die wirtschaftlichen Kräfte Hessens voll zu entwickeln, um gleichzeitig über die Ertragskraft der Wirtschaft eine gesunde Grundlage für die Weiterentwicklung des eigenen Gemeinwesens zu schaffen. (...)

Als umfassendes Instrument einer fortschrittlichen Landesentwicklungspolitik wird nun der Große Hessenplan aufgestellt. Er wird sich der »hessischen Pionierzeit« der Jahre nach 1945 anschließen und Grundlage einer planvollen inneren Neuordnung werden. Vielfältige Maßnahmen der Wirtschaftsförderung gehen einher mit einem gezielten Ausbau der sogenannten Infrastruktur, der Verkehrswege, der Schulen und sozialen Einrichtungen. Das Gesamtprogramm baut auf einer Ordnung in harmonisch gegliederte Wirtschaftsräume auf. Ziele der nunmehr ausgesprochenen [sic!] wachstumsorientierten Strukturpolitik sind die Schaffung von zentral gelegenen Industriestandorten, die Ansiedlung neuer Betriebe, wachsender Gewerbezweige sowie die Kapazitätsausweitung, Modernisierung und Rationalisierung vorhandener Betriebe. Gemeinsame Aufgabe des Staates und der einzelnen Gemeinden ist es dabei, die nötigen optimalen Standortbedingungen zur Ansiedlung und Festigung wachsender Industrien zu schaffen. Es muß dabei nicht nur Siedlungsgelände bereitgestellt werden; es gilt auch, die Einrichtungen und Anlagen der Energie- und Wasserversorgung zu verbessern. Gute Standortbedingungen – von der öffentlichen Hand geschaffen – werden nach unserer Auffassung die Ansiedlung privater Wirtschaftsbetriebe erleichtern. Eine so in Gang gebrachte Entwicklung kann sich aus eigener Kraft fortsetzen und zum wirtschaftlichen Strukturausgleich führen.

Einer der wichtigsten Standortfaktoren einer Region oder eines bestimmten Ortes ist seine Verkehrserschließung. Gute Verkehrsverbindungen können auch den Standortnachteil der Marktferne ausgleichen. So wurde der Verkehrserschließung des Landes besondere Aufmerksamkeit gewidmet. Als Grundlage für einen Generalverkehrsplan wurde zunächst in enger Zusammenarbeit mit den Gemeinden und Kreisen ein Verkehrsbedarfsplan geschaffen, der die nötigen Maßnahmen zum Ausbau des Verkehrssystems aufzeigt, bei den Straßen wie bei der Bahn, bei den Wasserstraßen wie beim Luftverkehr. Wie diese Untersuchungen ergaben, werden allein für den Ausbau der Landesstraßen in den nächsten 15 Jahren rd. 3,1 Milliarden DM benötigt werden. Das Land hat bereits energische Schritte zur Lösung der Verkehrsprobleme eingeleitet. Es wird nicht nur das gesamte Kraftfahrzeugsteueraufkommen wieder dem Straßenbau zugeführt, im kommenden Jahr wird das Land erstmals für 40 Millionen DM Darlehen aufnehmen und im Straßenbau investieren. Die Gemeinden sind mit einem Viertel am Aufkommen der Kraftfahrzeugsteuer beteiligt und erhalten außerdem Zuschüsse aus einem Gemeinde-Schwerpunktprogramm.

Die Verkehrsplanung ist darauf angelegt, schnelle und leistungsfähige Fernverbindungen jeder Art zwischen den Wirtschaftsteilräumen des Landes zu schaffen. Innerhalb der einzelnen Wirtschaftsgebiete muß das regionale Zubringer- und Verteilernetz so ausgebaut werden, daß der Berufs- und Wirtschaftsverkehr störungsfrei ablaufen kann. Gute Zubringerstraßen und schnelle Nahverkehrsbahnen werden auch eine Trennung zwischen Arbeitsplatz und Wohngemeinden ertragbar machen und somit einer weiteren Entvölkerung der ländlichen Bezirke entgegenwirken. Die Verkehrserschließung steht also in direktem Wechselspiel mit dem wirtschaftlichen Aufschwung. (...)

(In: Zeitungsausschnitt ohne Quellenangabe, in: IfS, Nachlass Rudi Arndt (S1/163), Nr. 7.)

DIE (UN)REGIERBARE STADT

Rudi Arndt als Frankfurter Oberbürgermeister

Von GÜNTER MICK

Nein, das Amt des Oberbürgermeisters der Stadt Frankfurt, in der er 1948 als Mitglied des Stadtparlaments seine politische Karriere begonnen hatte, kam für ihn eigentlich nicht in Frage. Als Walter Möller am 17. November 1971 nach nur anderthalbjähriger Amtszeit plötzlich gestorben war und die SPD nach einem Nachfolger suchte, wehrte Rudi Arndt entschieden ab. *Ich will nicht Oberbürgermeister werden*, sagte der hessische Finanzminister am Rande des SPD-Bundesparteitags, der tags darauf in Bonn stattfand. Und er bekräftigte seine Aussage mit dem Hinweis, dass er bei seiner ablehnenden Haltung vom Mai 1970 bleibe, als es um die Nachfolge des ebenfalls im Amt gestorbenen Möller-Vorgängers Willi Brundert gegangen war.

Arndt strebe in Wiesbaden nach Höherem, hieß es damals in der SPD. Doch die Parteistrategen ließen sich von solchen Erwägungen nicht von ihrer Überzeugung abbringen, der Minister sei auf Grund seiner Verwurzelung in Frankfurt und seiner politischen Erfahrungen der Geeignetste, Oberbürgermeister der größten Stadt des Landes Hessen, der Wirtschafts- und Finanzmetropole Frankfurt, zu werden. Ende November gab Arndt nach. Den Ausschlag hatte ein Gespräch mit der grauen Eminenz der SPD, dem früheren Widerstandskämpfer Josef Lang (»Jola«), gegeben. Ministerpräsident Albert Osswald, Landesvorsitzender der SPD, stimmte dem Wechsel seines Kabinettskollegen von Wiesbaden nach Frankfurt zu. Am 10. Dezember bestätigte der Parteitag der Frankfurter SPD mit 221 gegen 93 Stimmen bei 17 Enthaltungen die Kandidatur. Sechs Tage später wählte ihn das Stadtparlament im Rathaus »Römer« mit den Stimmen von SPD und CDU gegen die der FDP zum neuen Oberbürgermeister. Weil er als zuständiger Minister den Landeshaushalt noch einbringen wollte, trat er sein neues Amt erst am 6. April 1972 an.

Nein, erstrebenswert war es in diesen Jahren nicht, Stadtoberhaupt von Frankfurt zu werden, selbst nicht für ein »Mannsbild«, einen Politikertyp von der Robustheit eines Rudi Arndt, der sein

Naturell in politischen Auseinandersetzungen mit Nachdruck zur
Geltung zu bringen wusste. Frankfurt war politisch ein Pulverfass,
war gleichsam vermintes Gelände. Bürger machten gegen Fehlentwicklungen in der Stadtplanung mobil, widersetzten sich der
Verdrängung der Bevölkerung durch einen planlosen Hochhaus-
bau im Westend, dem historisch gewachsenen, traditionell gutbür-
gerlichen Wohnquartier. Frankfurt war zu einem bundesweit abschreckenden Symbol für »Unwirtlichkeit« geworden, zu einem Kes-
sel brodelnden Protests im Gefolge der Achtundsechziger-Bewe-
gung, für deren radikale, gesellschaftsverändernde Stoßrichtung
die Stadt das über die Universität hinausreichende Zentrum war.
Hausbesetzungen, gewaltsame Ausschreitungen, Straßenkrawalle
ruinierten den Ruf der Stadt. Und die Sogwirkung dieser Ereignisse
machte auch vor der SPD nicht halt, die mit einem sich andienen-
den ebenfalls gesellschaftsverändernden Impetus immer weiter
nach links driftete und für die Partei die politische Richtlinien-
kompetenz gegenüber den gewählten Amts- und Mandatsträgern
propagierte.

Die Demokratie sei in Gefahr, totalitäre Methoden zeichneten sich ab, die gewählten Repräsentanten des Gemeinwesens würden zu Hampelmännern degradiert: Mit massiven Argumenten und sehr grundsätzlich wurde die Auseinandersetzung über den »Fall Littmann« geführt, der weit über die Grenzen der Stadt hinaus Resonanz fand. Der Parteitag der Frankfurter SPD hatte beschlossen, der Magistrat solle den Polizeipräsidenten Gerhard Littmann in den einstweiligen Ruhestand schicken. Dem Polizeipräsidenten solle das politische Vertrauen entzogen werden, weil es im Zusammenhang mit den Demonstrationen in der Stadt seit den Osterunruhen 1968 bei der Polizei politische und taktische Fehleinschätzungen gegeben habe.

Der SPD-Vorsitzende Walter Möller berichtete über wachsenden Unmut in seiner Partei, zumal die Stadtregierung mit ihrer absoluten SPD-Mehrheit die Kritik nicht aufgreife. Die Partei habe daher, so Möller, beschlossen, »die Sache selbst in die Hand zu nehmen«. Niemand könne dem SPD-Parteitag das Recht absprechen, über einen politischen Beamten ein politisches Urteil zu fällen. Das entspreche durchaus den demokratischen Spielregeln. – Um das »imperative Mandat« ging es, darum, ob die Partei immer Recht habe, letztlich darum, geltende Verfassungsgrundsätze politisch aus den Angeln zu heben.

Im März 1970 fasste der Magistrat, die Stadtregierung, auf Druck des SPD-Vorstands innerhalb von zwei Tagen zwei völlig gegensätzliche Beschlüsse. Zunächst hatte es der Magistrat abgelehnt, die Paulskirche, in der 1848/49 die erste deutsche Nationalversammlung getagt hatte, der »Initiative Internationale Vietnam-Solidarität« für eine »Vietnam-Manifestation« zur Verfügung zu stellen. Der Charakter dieser Veranstaltung entspreche nicht den Bestimmungen für die Überlassung dieses Gebäudes. Extreme politische Gruppierungen, deren demokratische Legitimation in Zweifel stehe, sollten keinen Anspruch auf die Nutzung der Paulskirche als einer der bedeutendsten politischen Gedenkstätten in Deutschland erhalten. Der SPD-Vorstand widersprach, forderte die Korrektur – die Paulskirche solle ihrem Charakter gemäß nicht nur Forum für besondere Anlässe sein, sondern sich der aktuellen politischen Tagesdiskussion öffnen. Der Magistrat revidierte mit SPD-Mehrheit seinen Beschluss. Die turbulente Veranstaltung mit antiamerikanischer Stoßrichtung und Parolen einer sozialistischen Weltrevolution konnte stattfinden.

DER SCHNELLSTE POLITIKER DEUTSCHLANDS

Zeitlebens konnte sich Rudi Arndt für Fahrzeuge aller Art begeistern. Seit er 1949 den Führerschein Klasse 4 und im folgenden Jahr den Führerschein Klasse 3 erworben hatte, war er am liebsten motorisiert unterwegs, auch wenn er später als Oberbürgermeister gelegentlich pressewirksam in sein Büro im Römer oder auf dem Trimm-dich-fit-Pfad im Stadtwald radelte.

Im Amt des Hessischen Verkehrsministers, das in den Sechzigerjahren Arndts automobiler Leidenschaft besonders entsprochen hatte, leistete er sich einen rasanten Opel Commodore GS als Dienstwagen, der eigens auf eine Spitzengeschwindigkeit von über 200 Stundenkilometern »präpariert« worden war – und den er bei seinem Wechsel nach Frankfurt mitnahm, um das bisherige Dienstfahrzeug des Oberbürgermeisters, einen gemächlicheren Opel Admiral, seinem Nachfolger in Wiesbaden zu überlassen. Eine Zeitlang startete er erfolgreich bei Autorallyes, um einmal den Erfolg beim Adam-Opel-Gedächtnisrennen 1971 gar als *den schönsten Tag meines Lebens* zu bezeichnen; auch rühmte er sich gerne, als einziger bundesdeutscher Politiker die große Hockenheimrunde *in 2 Minuten 40* durchrast zu haben.

(Knut Müller in einem Zeitzeugengespräch mit Sabine Hock am 4.11.2008 in Oberursel.)

Beim Radfahren mit Hund Disso auf dem »Trimm-dich-fit-Pfad« im Stadtwald

Bei der Landtagswahl am 8. November 1970 bekam die SPD einen gewaltigen Schuss vor den Bug. Die CDU, mit ihrem neuen Landesvorsitzenden Alfred Dregger pointierter und kraftvoller in ihren politischen Aussagen als zuvor, legte deutlich zu, entwand der SPD im »roten« Frankfurt zwei von sechs Wahlkreisen. Eine Sensation damals. Rudi Arndt, in der linksdogmatischen Großstadtpartei zur pragmatischeren »linken Mitte« zählend, warnte seine Genossen damals mit nachdrücklichen Worten: Die SPD habe große Wählergruppierungen *durch unverdaute gesellschaftspolitische Thesen vor den Kopf gestoßen*; durch eine *verfehlte linke Artikulation* sei in der Öffentlichkeit der Eindruck entstanden, die Partei entferne sich vom Boden des Godesberger Programms. Als es um das Thema Hausbesetzungen ging, für das knapp die Hälfte des Parteitags aus gesellschaftspolitischen Überlegungen Sympa-

»High-Noon!«, Karikatur von Felix Mussil vor der Wahl von Rudi Arndt zum Oberbürgermeister, Frankfurter Rundschau, 4. 12. 1971

thie bekundete, musste der neue Polizeipräsident Knut Müller mahnend eingreifen: Auch Hauseigentümer hätten ein Recht auf polizeilichen Schutz; wer das geltende Recht zugunsten eines Faustrechts in Frage stelle, der stelle zugleich die Funktion der Polizei im demokratisch-freiheitlichen Rechtsstaat in Frage.

Nein, erstrebenswert war es diesen Jahren nicht, Stadtoberhaupt von Frankfurt zu werden. Bundeskanzler Willy Brandt ließ es anklingen, als er Arndt zur Wahl im Stadtparlament gute Wünsche für sein Wirken »in diesem zugleich wichtigen und schwierigen Amt« übermittelte. Er wisse, so schrieb Brandt, »dass die Übernahme dieser neuen Aufgabe nicht Deinen ursprünglichen Vorstellungen entsprach«. Er halte es aber für richtig, dass Arndt sich den an ihn gerichteten Bitten nicht entzogen habe. Und: »Ich hoffe, dass Du mit der gesundheitlichen und sachlichen Robustheit ausgestattet bist, die es leichter, wenn auch nicht leicht macht, die Bürden des Frankfurter Amts zu tragen.« Doch der nächste, ebenso harte wie gravierende Konflikt mit der eigenen Partei bahnte sich schon an.

Als die CDU sich für die Wahl Arndts – wie auch zuvor für die innerparteilich jedoch sehr umstrittene Wahl des »linken« Walter Möller – entschieden hatte, setzte sie eine Tradition fort, die seit 1946 Bestand hatte: Die Parteien sollten, zumal in der schwierigen Zeit des nicht zuletzt geistig-politischen Wiederaufbaus, in der Verwaltung einer Stadt zusammenarbeiten. Die CDU war seither gleichsam der Juniorpartner der SPD im Magistrat. Hatte schon die Alt-CDU bei der Wahl Möllers sich einer innerparteilichen Protestbewegung und Forderungen erwehren müssen, den Linksdrall der SPD auf diese Weise nicht zu unterstützen und das Profil der CDU zu schärfen, formierte sich nun in der SPD eine politisch-radikale Abwehrfront gegen diese althergebrachte Bündnispolitik, die Römer-Koalition. Der linke Flügel, voran die Jungsozialisten, mach-te mobil. Arndt war gerade mal drei Tage – mit den Stimmen der CDU – gewählt, da zerriss ein schriller Fanfarenstoß die eingespielte großkoalitionäre Rathaus-Ruhe. Radikaler konnte es kaum formuliert werden: »Die CDU muss aus dem Römer.« Der Hebel: Bürgermeister Wilhelm Fay und Stadtrat Karl Bachmann im nächsten Jahr, 1972, nicht wiederzuwählen.

Die Jusos zogen vom Leder: Die Beendigung der Koalition sei zwingend. Kommunalpolitik erschöpfte sich ihrer Überzeugung nach nicht in technischer Verwaltung, Kommunalpolitik sei vielmehr in erster Linie »Politik«. Und das bedeutete für sie »Kampf widersprüchlicher Interessen, Entscheidung über vordringliche Bedürfnisse, Einleitung und Unterstützung von Prozessen der Emanzipation, Organisation des Widerstandes gegen das kapitalistische Interesse«. Die Römer-Koalition stabilisiere hingegen ein unpolitisches Verständnis von Kommunalpolitik. Die Rolle der CDU in der Koalition charakterisierten die Jungsozialisten so: Um sich Posten zu erhalten, sei sie bereit, auf öffentliche Auseinandersetzungen mit der SPD zu verzichten beziehungsweise diese »auf Landtagsabgeordnete oder die F.A.Z. zu delegieren«, sonst aber zu allem Ja und Amen zu sagen und sich, wenn alles gutgehe, ein progressives Mäntelchen um- und einen Teil des Lorbeers anzuhängen. Dies alles gelte es zu beenden.

Die SPD berief einen Sonderparteitag ein. Und auf dem ging es am 11. März 1972 hoch her. Die Gegner argumentierten im Sinne der Jungsozialisten: Die SPD müsse ein klares Alternativprogramm zur CDU formulieren, um bei der Kommunalwahl am 22. Oktober die absolute Mehrheit verteidigen zu können. Der Delegierte Karsten Voigt, ehemaliger Bundesvorsitzender der Jusos, äußerte die Befürchtung, eine Wiederwahl der beiden CDU-Dezernenten werde die absolute Mehrheit der SPD gefährden, weil sie die Wähler in die Arme der FDP treibe. Außerdem könne bei der immer schärfer werdenden bundespolitischen Auseinandersetzung – Stichwort »Ostverträge« – kein Sozialdemokrat die Wiederwahl von CDU-Politikern befürworten.

Befürworter einer Fortsetzung des Bündnisses mit der CDU warfen ihre Argumente in die Waagschale. Den Überdruss an der früheren Bonner Großen Koalition (1966 bis 1969) nicht einfach auf die Frankfurter Verhältnisse zu übertragen, mahnte der Parteivorsitzende und Bundestagsabgeordnete Fred Zander. Denn: Auf der Ebene der Gemeinden gibt es wegen der unterschiedlichen Amts- und Wahldauer von Magistratsmitgliedern und Stadtverordnetenversammlung nicht das parlamentarische Regierungssystem wie in Bund und Ländern. Gewarnt wurde davor, die beiden CDU-Politiker, besonders den populären Bürgermeister Fay, zu »Märtyrern« zu machen und so diese Partei im Blick auf die Kommunalwahl zu stärken.

Rudi Arndt greift in die Debatte ein. Er erinnert daran, schon Walter Möller habe sich für eine Wiederwahl ausgesprochen, er selbst nach seiner Wahl im Stadtparlament der CDU zugesichert, die Voraussetzungen für die weitere Zusammenarbeit im Magistrat schaffen zu wollen. Arndt verschärft den Tonfall: Sollte der Parteitag anders entscheiden, werde er den Oberbürgermeister von Beginn an unglaubwürdig machen.

Zischen und Pfiffe im Saal, spärlicher Beifall. Ein Delegierter ruft Arndt zu, den Parteitag mit persönlichen Gefühlen unter Druck setzen zu wollen. Arndt legt nach. Die SPD solle die CDU nicht in die Lage bringen, die Kommunalwahl zu einer Fay-Wahl zu machen. Und: *Eine Politik des Alles oder Nichts muss schiefgehen.*

Abstimmung. Eine Mehrheit von 204 gegen 178 Stimmen bei sechs Enthaltungen gegen eine Wiederwahl der CDU-Politiker. Arndt ist aufgebracht und betroffen: *Mir hat man einen zusätzlichen Pfahl ins Fleisch gerammt. Die Situation für den Wahlkampf ist erschwert. Man hat mich in eine Zusage hineingejagt, die jetzt widerrufen wurde.*

Zweiter Anlauf. Die Befürworter des Bündnisses mit der CDU fordern einen neuen Parteitag, um eine Revision des ersten Beschlusses zu erzwingen. Der Vorgang wird als zu gravierend für die politische Zukunft gewertet.

Arndt erlebte das Debakel nicht. Er befand sich auf einer Südamerika-Reise, um Abstand zu gewinnen, bevor er sein Amt in Frankfurt antrat. Die »Revisionisten« erlitten sieben Tage nach ihrer ersten Niederlage eine weitere böse Abfuhr. Auf dem neuerlichen Sonderparteitag zog die SPD einen noch dickeren Schlussstrich unter das Thema Koalition mit der CDU. 227 gegen 162 Stimmen bei vier Enthaltungen lautete nun das Ergebnis. Fred Zander stellte als Vorsitzender anschließend fest, die Entscheidung sei für alle Sozialdemokraten verbindlich. Anschließend beschloss der Parteitag, die beiden im Magistrat frei werdenden Positionen mit Kandidaten der SPD zu besetzen. Der hessische CDU-Vorsitzende Alfred Dregger kündigte einen »besonders harten und kontrastreichen« Wahlkampf an. Der beunruhigende Vormarsch der »Linkssozialisten« in der Frankfurter SPD und die Ideologisierung der Kommunalpolitik machten eine »scharf markierte rechtsstaatliche Alternative der Union« notwendig. Der SPD-Vorstand rief Arndt aus dem Urlaub zurück, um über die Konsequenzen nach dem Bruch der Römer-Koalition zu beraten.

AMTSANTRITT IN FRANKFURT

Unter all diesen Vorzeichen und Belastungen trat Rudi Arndt am 6. April 1972 sein Amt als neues Frankfurter Stadtoberhaupt an. Und Arndt stellte sich in seiner von ihm *Regierungserklärung* genannten Antrittsrede auf die von seiner Partei geschaffenen Fakten ein.

Die Aufkündigung des seit dem Kriegsende bestehenden Römer-Bündnisses bezeichnete er als Zäsur in der politischen Geschichte der Stadt, aber auch in der Geschichte der Kommunalpolitik der deutschen Großstädte überhaupt. Jedoch – die gesellschaftspolitischen Entwicklungen der vergangenen Jahre haben es nach Arndts Worten mit sich gebracht, dass *politische Grundeinstellungen* immer stärker auch in der Kommunalpolitik durchschlügen. Nicht zuletzt die *jungen Leute* in seiner Partei machte er dafür verantwortlich, dass er als Oberbürgermeister im Oktober *ohne Netz über das Drahtseil der Kommunalwahl balancieren* müsse.

Da besonders die großen Städte nicht mehr mit *wertfreier Kommunalpolitik* geleitet werden könnten, forderte der neue Oberbürgermeister eine Änderung der Gemeindeverfassung als Konsequenz aus den Beschlüssen seiner Partei. Wie in Bund und Ländern sollten Amts- und Wahlzeiten angepasst, die *verwaltungsorientierte kommunale Spitze* solle durch eine *politische kommunale Regierung* ersetzt werden.

Als Plädoyer gleichsam für die *menschliche Stadt* trug Arndt seine *Regierungserklärung* vor. Die wichtigsten Aspekte der Nutzung einer Stadt müssten in einer vernünftigen Mischung berücksichtigt werden: Wohnen, Arbeiten, Einkaufen, Lernen, Kultur. Wenn eine Stadt wie Frankfurt *überleben* wolle, brauche sie ein verbessertes Planungsrecht, wozu seiner Ansicht nach auch gehörte, den Gemeinden eine stärkere Verfügungsmacht über Grund und Boden zuzubilligen. Im Blick auf die Fehlentwicklung im Westend forderte er verbindliche Bebauungspläne. Sie könnten dazu beitragen, die Bodenspekulation einzudämmen, um im Zentrum preiswerte Grundstücke für den Bau von Wohnungen und Einrichtungen für die Bürger zu erwerben. Arndt, leidenschaftlicher Autofahrer, bekannte sich zur Priorität des öffentlichen Nahverkehrs. Er verhehlte nicht, dass eine solche Politik zu Lasten des Autoverkehrs gehen könne. Aber: *Bei kühler Abwägung der Gegebenheiten muss ich hart und offen sagen, dass dies in Kauf genommen werden muss. Man kann nicht nur von Prioritäten reden, man muss sie durchsetzen.*

Die Beziehungen zwischen der Kernstadt Frankfurt und den Gemeinden des Umlands. Walter Möller hatte diese Diskussion im Blick auf die wachsenden Verflechtungen in seiner Amtszeit mit der Idee der »Regionalstadt« forciert und war dabei auf heftigen Widerstand gestoßen. Sein Nachfolger bekannte sich zu dieser Idee einer regionalen Neuordnung. Arndt mahnte jedoch zu Behutsamkeit: Dies lasse sich nicht einfach von Frankfurt aus erzwingen. Für diesen Plan müssten nicht allein die Bürger der Stadt gewonnen werden, sondern auch und vor allem die Menschen, die jenseits der Frankfurter Gemarkungsgrenzen lebten.

So rief Arndt in seiner Antrittsrede nicht nur die Bürger Frankfurts, sondern auch die der Umlandgemeinden dazu auf, ihn bei seiner Arbeit zu unterstützen. *Ich brauche nicht nur das Daumendrücken am Spielfeldrand, ich brauche das Mitspielen und den intensiven Einsatz auf dem Platz selbst. Allein kann das niemand schaffen.*

Beim Amtseid als Oberbürgermeister vor Stadtverordnetenvorsteher Willi Reiss (re.) am 6. 4. 1972 im Römer; links Bürgermeister Wilhelm Fay, CDU

Aber Rudi Arndt hatte sich eines Großaufgebots von Gegenspielern zu erwehren – in der eigenen Partei, wie gehabt. Wieder Hausbesetzungen, wieder sollte dafür auf einem Parteitag »Verständnis« bekundet werden. Arndt musste kämpfen. Rechtlich sei er verpflichtet, besetzte Häuser räumen zu lassen. Schließlich konnte er eine »Solidarisierung« mit den Besetzern abwehren: *Wenn es euch um Demonstrationen und darum geht, den sozialdemokratischen Oberbürgermeister im Wahljahr in die größten Schwierigkeiten zu bringen, dann nehmt den Antrag an.*

Wieder Krawalle und Ausschreitungen bei einer Demonstration gegen Amerika und den Krieg in Vietnam. 12. Mai 1972: Sprengstoffanschlag auf das Hauptquartier des V. Korps der amerikanischen Armee im IG-Hochhaus am Grüneburgpark, ein Oberst wird getötet. Arndt spricht deutliche Worte: Demonstrationen, die die Polizei befürchten ließen, es könne zu Ausschreitungen kommen, würden künftig sofort aufgelöst. Diese Aussage wollte er ausdrücklich als grundsätzlich gewertet wissen. Bei der Durchsetzung werde er sich, stellte Arndt klar, auch nicht von andersdenkenden

RUDI ARNDT UND LIESEL CHRIST

Das Frankfurter Volkstheater, das die Schauspielerin Liesel Christ (»Mamma Hesselbach«) im Sommer 1971 eröffnet hatte, steckte nach dem plötzlichen Tod von Oberbürgermeister Walter Möller, seines wichtigsten Fürsprechers, in der Krise. Trotz regen Publikumszuspruchs mussten die Volksschauspieler in den ersten Monaten des Jahres 1972 »stempeln gehen«, weil dem »fliegenden« Theater zur Fastnachtszeit kein Saal zur Verfügung stand. Eines schönen Tages jedoch wurde die Prinzipalin Liesel Christ vom neuen Oberbürgermeister Rudi Arndt in den Römer bestellt. Arndt selbst erzählte gern, dass er der Theaterdirektorin damals vorgeschlagen habe: *Ich kann Ihnen nur mich selbst als Frankfurter Darsteller oder einen kleinen Zuschuss anbieten.*
Da musste die Christ nicht lange überlegen: »Lieber Geld«, sagte sie trocken.

(Erzählt von Sabine Hock nach: Frankfurter Neue Presse vom 15.4.1989.)

Gruppierungen in der SPD beeinflussen lassen. Denn: *Wer die Polizei angreift, greift auch die Stadtverwaltung und die politische Repräsentanz dieser Stadt an.*

Eine neue Sturmfront. Aktionseinheit mit Kommunisten. Auf dem linken Flügel bei den Jungsozialisten hatte sich eine Gruppierung in den Vordergrund gespielt, die sich stark an kommunistisches Gedankengut anlehnte und die fortwährende »Aktionseinheit« mit der DKP proklamierte. Karsten Voigt, der einstige Linkspropagandist als Juso-Chef, war für diese Aktivisten nicht mehr als ein »Rechtsopportunist«. Die »linke Mitte« in der SPD um Rudi Arndt und den Vorsitzenden Zander holt zum Schlag aus. Sie will den Rädelsführer Rainer Eckert, stellvertretender Juso-Vorsitzender, wegen Zusammenarbeit mit Kommunisten von der Kandidatenliste für die Kommunalwahl streichen. Arndt deutet auf die Beschlusslage der südhessischen SPD hin, die Aktionseinheiten mit Kommunisten verbiete.

Die Alleinregierungspartei in Frankfurt steht vor einer neuerlichen Zerreißprobe. *Schärfsten Protest* gegen das Vorhaben der

Beim Aufstellen der Sperrschilder zur Einweihung des Fußgängerbereichs in Alt-Sachsenhausen, 28. 6. 1972: Liesel Christ, Ferry Ahrlé, Rudi Arndt; hinten: Charly Heil (2. v. re.) und Polizeipräsident Knut Müller (re.)

Arndt-Truppe legt die südhessische Juso-Chefin Heidemarie Wieczorek-Zeul ein. Diese wolle mit administrativen Maßnahmen gegen politisch kontroverse Meinungen vorgehen, wettert sie. Eine solche Vorgehensweise sei ihr bisher nur vom früheren Münchner Oberbürgermeister Jochen Vogel gegen innerparteiliche Gegner bekannt gewesen. Auf einem tumultartigen Parteitag ruft Eckert Arndt und dessen Anhängern zu, eine »Sozialistenhatz durch einen Griff in die antikommunistische Klamottenkiste« zu eröffnen. Zander kontert: Die DKP, die die Niederschlagung des »Prager Frühlings« im Jahr 1968 befürworte, sei Gegnerin der Sozialdemokratie. Eine Mehrheit findet sich schließlich für diese Argumentation und die Streichung von Eckerts Namen auf der Kandidatenliste.

Der SPD saß die Angst im Nacken. Doch das befürchtete Debakel blieb aus. Bei der Kommunalwahl am 22. Oktober 1972 verteidigte sie mit 50,1 Prozent trotz des Anwachsens der CDU (39,8 Prozent) ihre absolute Mehrheit im Stadtparlament. Und die Sozial-

Anlässlich der Taufe des Flusspferds Rudi Dynamit im Frankfurter Zoo »überreicht« Rudi Arndt als Pate der Flusspferdmutter Gretel einen »Blumenstrauß«, 19. 5. 1972

demokraten begannen im Römer mehr noch als bisher die Muskeln spielen zu lassen. Aus dem Wahlergebnis folgerten sie, ganz allein die »Regierungsverantwortung« zu übernehmen. Und dabei zuckten sie auch nicht davor zurück, hergebrachte parlamentarische Spielregeln außer Kraft zu setzen. Im Vollbewusstsein ihrer neu bestätigten Macht beschlossen sie, in allen parlamentarischen Ausschüssen die Positionen der Vorsitzenden ausschließlich mit eigenen Leuten zu besetzen. Also keine proportionale Aufteilung mehr entsprechend der Stärke aller Fraktionen im Parlament. Aus dem Bruch der Römer-Koalition ergebe sich das.

Und der radikal linke Flügel machte wieder mobil. Er verwahrte sich gegen Arndts »Rufmordmethoden«, den Exponenten dieser Gruppierung stalinistische Praktiken vorzuwerfen, pochte darauf, die Partei müsse Zentrum der politischen Willensbildung sein. Der Parteitag nahm dann ausdrücklich für sich das Recht in Anspruch, die für die politische Arbeit erforderlichen Richtlinien aufzustellen. Immerhin: Der Antrag, die dem Oberbürgermeister laut Verfassung zustehende Geschäftsverteilung im Magistrat durch den Parteitag bestätigen zu lassen, fand nicht die erforderliche Mehrheit.

Vor Gericht gar wurden die Flügelkämpfe ausgetragen. Der stellvertretende Parteivorsitzende Christian Raabe, zu Arndts »linker Mitte« zählend, hatte der Vorsitzenden der Arbeitsgemeinschaft sozialdemokratischer Frauen, Anita Breithaupt, Stadtverordnete im Römer und Repräsentantin der SPD-Linken, vorgeworfen, eine »undemokratische Kraft« zu sein. Die Frauenvorsitzende beantragte daher gerichtlich den Erlass einer einstweiligen Verfügung, Raabe die Wiederholung der Äußerung zu untersagen. Vor dem Landgericht fand der Genossenstreit drei Tage vor Weihnachten nach zweistündiger Verhandlung schließlich mit einem Vergleich ein Ende. Raabe versicherte, er habe seine Gegnerin nicht in ihrer Ehre verletzen wollen. Auch habe er nicht sagen wollen, Frau Breithaupt sei eine Gegnerin der Demokratie. Er habe lediglich seine Meinung im Rahmen der innerparteilichen Auseinandersetzung geäußert. Auf diese Weise habe er nur seine »erheblichen Bedenken« gegenüber der Verhaltensweise Breithaupts im Fall Eckert, dem sie nahestehe, zum Ausdruck bringen wollen. Schließlich: Über ihn seien auch schon »Kübel von Dreck« von Mitgliedern des linken Flügels geschüttet worden.

AUF DEM PULVERFASS

Es brodelte bedenklich in der Stadt. Anfang des neuen Jahres fand auf dem Römerberg eine Vietnam-Kundgebung der SPD statt, deren Verlauf der Veranstalterin völlig entglitt. Radikale Teilnehmer kommunistischer und anarchistischer Couleur beherrschten die Szene, amerikanische Fahnen wurden verbrannt. Randalierer richteten anschließend auf ihrem Zug durch die Innenstadt ein Chaos an. Arndt, der den Amerikanern während der Kundgebung vorgeworfen hatte, in Vietnam den Gedanken der Demokratie mit Bomben realisieren zu wollen, sah sich harten Attacken der CDU ausgesetzt. Als Skandal bezeichnete es der Landesvorsitzende Dregger, wie ein führender Sozialdemokrat wie Arndt den amerikanischen Bündnispartner, dem Deutschland die Freiheit verdanke, diffamiert habe.

Die radikal linken Eckert-Jusos und Anhänger, Verfechter der kommunistischen Theorie vom staatsmonopolistischen Kapitalismus (»Stamokap«), zwangen Arndt und Getreue, unter ihnen der DGB-Landesvorsitzende Armin Clauss, zur neuerlichen Positionierung. Deren Politik führe zu einer Stärkung der DKP und deren Hilfsorganisationen, laufe damit diametral den Interessen der SPD entgegen. Kein Taktieren dürfe es gegenüber dieser Gruppe geben, in deren Schulungspapieren der Wert freier Wahlen bezweifelt werde. Ende März 1973 verließen dreißig Stamokap-Jusos die SPD, zwanzig, unter ihnen Eckert, kündigten an, sich der DKP anzuschließen. Arndts Vorstoß, den restlichen Stamokap-Anhängern in der SPD auch den Parteiaustritt nahezulegen, lehnte die linke Mehrheit im Vorstand ab: Man müsse versuchen, mit diesen die »theoretischen Fragen« zu klären.

Radikale und Rabauken, politischer Mob prägten das Erscheinungsbild der Stadt. Etwa sechzig junge Leute aus der Hausbesetzerszene, Bewohner des besetzten Hauses Kettenhofweg 51 im Westend unter ihnen, sprengten die Sitzung des Planungsausschusses des Stadtparlaments, griffen zwei Teilnehmer tätlich an und verschmierten Wände sowie Portraitbilder früherer Oberbürgermeister vor dem Sitzungssaal des Magistrats. Als die Polizei eintraf, war es schon zu spät. Arndt stellte Strafantrag wegen Hausfriedensbruchs und Sachbeschädigung. *Diese Leute sind nicht an sachlichen Lösungen interessiert, sondern an möglichst brutaler Konfrontation.*

Bürgerkriegsähnliche Zustände, Auseinandersetzungen zwischen Demonstranten und Polizei wegen des besetzten Hauses im Kettenhofweg. Debatte wegen der schweren Ausschreitungen im Stadtparlament. Die CDU zielt auf die SPD und Arndt: Radikale Kräfte seien im politischen Klima der Stadt »geradezu hochgezüchtet« worden; die »labile Haltung« der politischen Führung gegenüber destruktiven Rechtsbrechern habe dazu beigetragen. Die SPD-Fraktion stellt fest, die Grenzen seien nun erreicht, die beabsichtige politische Signalwirkung, die von den ersten Hausbesetzungen zweifellos ausgegangen sei, dürfe nicht zum Vorwand für fortgesetzten Rechtsbruch genommen werden. Die FDP erklärt, die Grundrechte auf Meinungsäußerung und Demonstration dürften nicht von »militanten anarchistischen Elementen« in Misskredit gebracht werden.

Schwerstes Geschütz fuhren die Jungsozialisten gegen Rudi Arndt und Polizeipräsident Knut Müller auf. Unbeschreibliche »Brutalität« der Polizei hatten sie ausgemacht. Der Polizeipräsident habe die Auseinandersetzungen »provoziert«, er stehe nicht mehr »auf dem Boden der Sozialdemokratie«. Und weiter: »Wir werden die Rolle unseres geheiligten Oberbürgermeisters unter die Lupe nehmen müssen.« Auch er habe die Grundlagen sozialdemokratischer Politik »mit Füßen getreten«. Arndt und Müller müssten daher »abgeschossen« werden. Arndt reagierte gelassen.

Das besetzte Haus Kettenhofweg 51 wird am 4. April 1973 geräumt. Der vielleicht schlimmste Tag für den Oberbürgermeister. An der Hauptwache will er sich ein Bild von der Protestdemonstration durch die Innenstadt machen. Einzelne Gruppen umringen ihn, Arndt wird bespuckt, getreten, von einer Flasche an der Schulter getroffen. Der große, kräftige Mann erbleicht kurz. Seine Begleiter ziehen ihn weg, bevor es handgreiflich wird, gehen mit ihm rasch zurück Richtung Römer.

Der SPD-Vorstand »verurteilt« es, dass das Westend-Haus durch einen Gerichtsvollzieher unter Polizeischutz geräumt worden sei, »um dem formalen Rechtsanspruch zweier Großspekulanten zu genügen, dieses Haus zu zerstören«. »Law-and-order-Bewusstsein« in der Bevölkerung gefördert zu haben, kreidet die Linke Arndt und Müller an. Der Vorsitzende der SPD-Fraktion im Römer, Hans Michel, nennt es unverständlich, dass der Parteivorstand nicht seine Solidarität mit dem Oberbürgermeister bekundet habe. Die Arndt-

Bei einer Konfrontation mit militanten Demonstranten, die den Oberbürgermeister als »Gangster« beschimpften, anrempelten und bespuckten, 4. 4. 1973

Anhänger kreiden der Linken an, den Oberbürgermeister in den schwersten Stunden im Stich gelassen und letztlich »die Position der Chaoten« eingenommen zu haben. Arndt selbst versucht es argumentativ: Auch ein sozialdemokratischer Oberbürgermeister sei gezwungen, Gesetze zu befolgen, und könne keine Gerichtsentscheidungen aufheben.

Die oppositionelle CDU beginnt sich verstärkt auf den einstigen Partner einzuschießen. Die Stadtverwaltung werde durch die Eruptionen in der SPD arbeitsunfähig. Der Fraktionsvorsitzende Hans-Jürgen Moog sah Systemveränderer am Werk, die die parlamentarisch-demokratische Ordnung zu diskreditieren versuchten, um die »Diktatur des Proletariats« verwirklichen zu können. Fraktion und Magistratsmitglieder der SPD haben seiner Beobachtung nach immer wieder »das imperative Mandat akzeptiert« und sich so als »nützliche Idioten« im Sinne Lenins missbrauchen lassen.

Der »Fall Jäkel« sorgt im Römer politisch für Zündstoff. Der im Magistrat für das städtische Personal zuständige Stadtrat Peter Jäkel, dem linken SPD-Flügel zugezählt, hatte versucht, ein von seinem Magistratskollegen Martin Berg (linke Mitte in der SPD) gegen den Magistratsdirektor Alexander Schubart (radikal linker Agitator in der SPD) angestrebtes Disziplinarverfahren zunächst vom Parteivorstand politisch bewerten zu lassen. Der Vorstand hatte es aber abgelehnt, sich mit der Angelegenheit zu befassen. Die Opposition rief die Landesregierung auf, einzugreifen und den Fall nach Recht und Gesetz zu prüfen.

Die neuen Kindertagesstätten (Kitas) sorgen für Furore. Um bauliche Mängel geht es da, weit mehr aber um die Organisationsform, um das pädagogische Konzept antiautoritärer Erziehung, das von Schuldezernent Peter Rhein propagiert und nachhaltig vertreten wird. Kulturpolitisch gibt es Wirbel wegen der Theater. Am städtischen Schauspiel inszenieren die Direktoren Peter Palitzsch und Hans Neuenfels gesellschaftspolitisch Provozierendes. Das Theater am Turm (TAT) versteht sich mehr und mehr als Zentrum gesellschaftsverändernder Agitation. Widerstand formiert sich ge-gen die bildungspolitische Stoßrichtung der SPD, mit dem Modell der

Mit Eiern beworfen (und von Lilli Pölt, re., gesäubert) bei seiner Rede zur Maikundgebung auf der Hauptwache, 1. 5. 1973

integrierten Gesamtschule das klassische Schulsystem auszuhebeln. Die CDU spricht von »sozialistischer Einheitsschule«.

RUDI ARNDT
ÜBER DAS »DEMOKRATISCHE SELBSTVERSTÄNDNIS«:

Den Verantwortlichen in unseren Großstädten ist verschiedentlich der Vorwurf gemacht worden, sie hätten das Demonstrationsrecht zu weit ausgedehnt und damit politischen Schlägergruppen die Straße freigegeben, deren einzige Absicht es gewesen sei, den Kampf gegen die parlamentarische Demokratie zu führen. Als Verantwortlicher in einer Stadt, die als besonders demonstrationsfreudig bezeichnet werden kann, möchte ich dazu bemerken, daß die Demokratie, und nicht nur die deutsche, zwei Schwierigkeiten zu bewältigen hat. Das ist einmal der Langmut und die Unachtsamkeit gegenüber den Feinden der Demokratie, und daneben gibt es die Angewohnheit, den Antidemokraten alle die demokratischen Rechte einzuräumen, die sie im Falle ihres Sieges ganz schnell beseitigen würden. Diese Schwächen sind sozusagen system-immanent. Sie sind zwar eine Gefahrenquelle, aber gleichzeitig auch eine Voraussetzung für die Demokratie überhaupt, da die Verfügungsgewalt über die Machtmittel des Staates die gefährliche Verlockung in sich birgt, diese Machtmittel zum eigenen Nutzen und nicht nur zur Wahrung demokratischer Rechte einzusetzen. Das ist der schmale Pfad, auf dem sich die Demokraten zu bewegen haben, denn die Demokratie ist nun einmal die unbequemste, aber auch die menschenwürdigste Staatsform. Sie verlangt sehr viel von ihren Bürgern, die diese Staatsform mit Überzeugung tragen sollen.

(Rudi Arndt: Die regierbare Stadt. Stuttgart 1975, S. 90f.)

Wegweisendes für die Entwicklung der Stadt und der Region ereignete sich aber auch in dieser Zeit. Die Zeil, Hauptstraße im Zentrum zwischen Haupt- und Konstablerwache, wurde – zunächst versuchsweise – für den Autoverkehr gesperrt. Skeptikern nahm besonders die Industrie- und Handelskammer Wind aus den Segeln: Die Sperrung habe kaum zu Verkehrsproblemen geführt, sie schaffe die Voraussetzung, die Anziehungskraft der Innenstadt zu verbessern.

Einmütig stimmte das Stadtparlament der Einführung des Verkehrs- und Tarifverbundes mit der Deutschen Bundesbahn zu, dessen Vertrag am 27. Juni 1973 im Römer unterzeichnet wurde. Ein einheitlicher Fahrplan und ein Einheitstarif machten es möglich, das Verkehrsangebot der Stadt Frankfurt und der Bundesbahn in der Region zwischen Friedberg im Norden, Hanau im Osten, Darmstadt im Süden und Wiesbaden-Mainz im Westen zu nutzen. Als besonderes kommunalpolitisches Ereignis würdigte der Oberbürgermeister die Unterzeichnung des Vertrags. Damit wurde seiner Überzeugung nach ein entscheidender Schritt getan, alte Gemarkungsgrenzen aus dem vergangenen Jahrhundert zu überwinden. Zudem werde das politische Ziel, dem öffentlichen Nahverkehr Priorität einzuräumen, in die Tat umgesetzt.

Rudi Arndt gelang es auch, die bis dahin städtische Polizei und die Universität einschließlich der Uni-Kliniken dem Land zu übertragen und damit den städtischen Haushalt zu entlasten.

Sehr grundsätzlich wurde es in der SPD. Der niedersächsische Kultusminister Peter von Oertzen, als Mitglied des Bundesvorstands Vorsitzender der Programmkommission der SPD, rechnete in Frankfurt mit dem linken Parteiflügel, besonders den Jungsozialisten, ab. Deren Rückgriff auf einen dogmatischen Marxismus habe verbalen Radikalismus, leichtfertige Spielerei mit revolutionären Phrasen und Praxisfremdheit zur Folge. Im Blick auf Bündnisse mit kommunistischen Gruppierungen forderte er, die organisatorische Trennung von solchen Mitgliedern nicht zu scheuen. Thema Hausbesetzungen. Er schloss nicht aus, unter Umständen menschlich und politisch Verständnis für das Besetzen leerstehender Häuser aufbringen zu können, wenn auf diese Weise demonstrativ auf Missstände aufmerksam gemacht werden solle. Trotzdem stehe »außer Zweifel«, dass solche Aktionen rechtswidrig seien. Sie könnten nicht legitimer Inhalt der Politik der SPD sein.

Ein Sturm bricht los. Der Frankfurter Juso-Vorsitzende Armin Kleist keilt zurück: Oertzen habe sich mit seinen Aussagen selbst aus der SPD ausgeschlossen. Gesetze könne man, so der Juso-Vorsitzende, nur verändern, »wenn man sie partiell übertritt«. Und: »Gesetze sind keine heiligen Kühe.« Fred Gebhardt, Kandidat für den Parteivorsitz, befindet, Oertzen habe sich »stupide auf einen konservativen Rechtsstandpunkt« gestellt. Die Stadtverordnete Anita Breithaupt stellt die Existenz eines demokratischen Rechtsstaats in Abrede. Wie das Beispiel des besetzten Hauses im Kettenhofweg zeige, das geräumt und abgerissen worden sei, ohne dass zugleich eine Baugenehmigung vorgelegen habe, müsse der demokratische Rechtsstaat »erst einmal erworben werden«.

Empört springt Rudi Arndt auf: Wer ständig abschätzig von Rechtsstaat und bürgerlicher Demokratie spreche, übersehe, dass dies alles *in einem hundert Jahre langen Kampf von Arbeitern gegen das Kapital erkämpft wurde. (…) Die Genossen in Chile und Griechenland kämpfen dort um die Rechte, die ihr hier mies macht.*

Gerüchte und Spekulationen halten sich, der Oberbürgermeister werde Minister im Bonner Kabinett. Die Wahl des Außenministers, des FDP-Politikers Walter Scheel, zum Bundespräsidenten, eröffnet diese Möglichkeit. Doch Rudi Arndt will sich nicht absetzen. Dezidiert wehrt er ab: Er bleibe in Frankfurt.

Die »unregierbare« Stadt? Anfang 1974. Frankfurt entwickelt sich mehr und mehr zu einem Aufmarschzentrum für Chaoten, Radika-

Beim Karussellfahrenauf dem Wäldchestag, 12. 6. 1973

linskis, Schlägerbanden, politisches Pack. Ein Schlachtfeld. Fast kaum noch Tage ohne Demonstrationen, die in Krawalle münden. Diesmal wegen des vom Innenministerium verfügten Einreiseverbots für persische Studenten, die in Frankfurt an einer Tagung der militanten Konföderation iranischer Studenten (CISNU) teilnehmen wollen, die den Sturz des Schah-Regimes propagiert. Die Landesregierung setzt auf Demonstrationsverbote.

Vergebens. Zusammen mit kommunistischen Gruppen rufen unter anderem die Jusos zu Protestbekundungen auf, die zu schweren Auseinandersetzungen mit der Polizei in der Innenstadt führen.

Gegen den Widerstand des Oberbürgermeisters verurteilt der SPD-Vorstand die Demonstrationsverbote. Demokratische Rechte in der Bundesrepublik dürften nicht als »Handelsobjekte mit ausländischen Herrschern« gebraucht werden. Arndt verlangt ein Parteiordnungsverfahren gegen die Jungsozialisten wegen parteischädigenden Verhaltens. Die Linken im Vorstand lehnen einen solchen »Schnellschuss« ab. Sie schießen zurück. Arndts Äußerungen, mit den linken Flügelfrauen Dorothee Vorbeck und Antje Arold präsentiere die SPD »nicht die richtigen« Kandidatinnen für den Landtag, seien parteischädigend. Arndt gerät außer sich, verlangt »voller Erregung die sofortige Zurücknahme dieses unzulässigen Vergleichs«. Arndt kommentiert den Vorfall: *Da dies nicht unverzüglich geschah, verließ ich den Sitzungsraum, da mich die Infamie und die Unaufrichtigkeit so tief empörte, dass ich kurz davor stand, die Selbstbeherrschung zu verlieren.*

Der CDU-Landeschef Alfred Dregger nennt das Verhalten der SPD bedenklich und verwerflich. Ein demokratischer Staat dürfe kein »Nachtwächterstaat« sein.

Und wieder blutige Auseinandersetzungen, brutale Ausschreitungen in der Stadt. Die besetzten Häuser Ecke Bockenheimer Landstraße/Schumannstraße waren geräumt worden. Gewalttätiger Mob inszenierte wieder sein zerstörerisches Werk, legte es auf einen rücksichtslosen, brutalen Kampf mit der Polizei an. Im Namen des Magistrats stellte der Oberbürgermeister fest, Ziel dieser Gruppen sei es einzig und allein, die Demokratie und die Verfassung zu zerstören. Kein Demokrat könne Verständnis für solche Gewalttaten aufbringen. Arndt nannte es bedauerlich, dass die gewalttätigen Trupps das gerade in Frankfurt besonders freiheitlich gehandhabte Recht auf politische Demonstration diskreditierten.

Doch es könne nicht zugelassen werden, dass dieses Demonstrationsrecht zu verfassungsfeindlichen Aktionen missbraucht werde. Der Polizei dankte er für ihren Einsatz. Er hob hervor, dass die Beamten trotz gezielter Provokationen die Nerven behalten hätten.

Dem Bau eines Bürohochhauses an Stelle der zum Abriss freigegeben Häuser hatten, darauf wies Arndt besonders hin, Magistrat und Stadtverordnetenversammlung zugestimmt. Der Bauherr, Ignatz Bubis, habe alle Auflagen, vor allem die Errichtung von Ersatzwohnraum, erfüllt. Für die Räumung der Häuser hätten bindende Rechtstitel vorgelegen.

Tumultuarische Formen nahm der folgende SPD-Parteitag an. Massive Vorwürfe gegen die Polizei wurden erhoben, von »Polizeiterror« war gar die Rede. Einzelne Vertreter der Linken schienen nun zu begreifen, dass die SPD sich nicht von diesem Strom mitreißen lassen dürfe. Ein Mann wie Karsten Voigt rief den Genossen zu, auch »kapitalistische Gesetze« müssten exekutiert werden, das Verhältnis der SPD zur Rechtsstaatlichkeit dürfe nicht »kurzfristig taktisch« gesehen werden, die Verteidigung von Rechtsbrüchen könne nicht Bestandteil der SPD-Politik sein. Eine gedrechselte Resolution wurde verabschiedet: »Gruppen, die nicht identisch sind mit der Masse der Demonstranten und deren offensichtliches politisches Ziel die Verhinderung sozialistischer Reformpolitik ist und die damit gegen eine erklärte Strategie der Frankfurter SPD auftreten, veranlassten den Staat, seine Machtmittel einzusetzen.« –

Eine Woge der Ablehnung brach über Rudi Arndt herein. Gera-

»MICH HÄLT KEINER LÄNGER ALS ZEHN STUNDEN AUS.«

Vor einer Entführung hat Rudi Arndt keine Furcht. Wie er in kleinem Kreis kundtut, ist ihm ein Geheimpapier der Anarchisten zugespielt worden, in dem dringend davon abgeraten wird, den Oberbürgermeister als Geisel zu nehmen. Arndt kennt auch den Grund: »Mich hält keiner länger als zehn Stunden aus.«

(Rudi Arndt: Mit Humor ans Schienbein. Stille, feine Anmerkungen eines Stadtoberhaupts. Zusammengestellt von Herbert Stettner. Frankfurt am Main [1977], S. 11.)

dezu hasserfüllt war die Atmosphäre im Saal, als sich der Oberbürgermeister in einer Bürgerversammlung der Diskussion über
das brisanteste Thema in diesem Stadtteil stellte – dem geplanten
Bau eines Großkraftwerks im Fechenheimer Mainbogen. Schmä-
hungen und Beleidigungen sah sich das Stadtoberhaupt ausgesetzt.
Die Anfeindungen gipfelten in der mit hysterischem Tonfall erhobenen Forderung, sich »zum Teufel zu scheren«, es werde Zeit,
»dass Sie von Ihrem Sessel wegkommen«.

Die Bürger waren, angestachelt auch von linksextremen Agitato-
ren, aufgebracht. Der Bau eines Kraftwerks in diesem Stadtteil sei
wegen der Umweltbelastungen unverantwortlich, er stelle eine
Rücksichtslosigkeit größten Ausmaßes gegenüber den hier lebenden Menschen dar. Auch der Vorsitzende der Frankfurter SPD,
Fred Gebhardt, wandte sich während der Versammlung gegen den
Bau – Fechenheim gehörte zu seinem Landtagswahlkreis.

Arndt behielt die Contenance, versuchte sachlich zu argumentieren. Die Entscheidung sei noch nicht gefallen, doch er befürworte das Projekt, wenn alle Umweltauflagen erfüllt werden
könnten. Dazu gehöre, es mit Erdgas zu betreiben, keinesfalls mit

Unter den Zuschauern
beim Tag der
offenen Tür auf dem
Römerberg,
15. 9. 1973

Öl oder Kohle. Ohnehin – das Kraftwerk der Zukunft müsse mit Atom betrieben werden.

Von brausendem Beifall wurden die Anwürfe gegen den Oberbürgermeister begleitet, zumal sich ein zweites Reizthema in den rüden Attacken bündelte: die Erhöhung der Fahrpreise im Zusammenhang mit der Einführung des Verkehrs- und Tarifverbunds.

Die SPD hatte sich mit der Erhöhung abgefunden, weil andernfalls die Einführung des Verbunds und das politische Ziel, Vorrang für den öffentlichen Nahverkehr zu schaffen, in Frage gestellt worden wäre. Auch im Blick auf die bevorstehende Landtagswahl zählte der Vorsitzende der Fraktion im Römer, Hans Michel, Pragmatiker aus der Arndt-Gefolgschaft, die Preisanhebung zu den »unbequemsten« Projekten, aus denen die Partei aber nicht aussteigen könne. Die Regierungsfähigkeit der SPD stehe auf dem Spiel. Rudi Arndt wurde grundsätzlich: *Linke Politik ist eine Politik der Realitäten und darf sich nicht in ein Wolkenkuckucksheim flüchten.* Die Jusos propagierten dagegen eine Kampagne gegen die Fahrpreiserhöhung, forderten die Einführung des Nulltarifs, um die Landtagswahl nicht zu verlieren.

21. Mai 1974. Die »Kampagne« beginnt mit einer Kundgebung des Deutschen Gewerkschaftsbunds vor etwa 6 000 Teilnehmern, die lautstark protestieren, auf dem Römerberg. Die DGB-Forderung: die bisherigen Tarife »einzufrieren«. Ein Demonstrationszug schiebt sich über den Liebfrauenberg auf die Zeil. Radikale linke, kommunistische Trupps kündigen Widerstand an. Die Straßen dürften nicht mehr freigegeben werden, die Erhöhung müsse fallen – »und wenn der Magistrat mitfällt«.

DER OBERBÜRGERMEISTER BEZIEHT POSITION

Kriegsschauplatz Frankfurt, Kampfzone Innenstadt. Tag für Tag Krawalle, Guerillataktik gegen die Staatsmacht. In der Nähe des Römers rennt – nach Darstellung der Polizei – ein Demonstrant in einen fahrenden Wasserwerfer, muss mit einer Platzwunde am Kopf und Schürfwunden am linken Bein im Krankenhaus behandelt werden. Die linksradikale »Rote Hilfe« verbreitet über Lautsprecher, der junge Mann sei tot. Sprechchöre schwellen an. »Mörder, Mörder.« An der Hauptwache und auf der Zeil kommt es zur härtesten Auseinandersetzung der vergangenen Tage. Die Polizei setzt Wasserwerfer ein, Tränengas, Schlagstöcke. Die Straßenkämpfer werfen Sprengkörper, Farbbeutel, Gegenstände, die sie gerade finden, reißen das Pflaster auf, errichten Barrikaden, zerstören Fahrscheinautomaten. Die Innenstadt ist lahmgelegt.

Der Oberbürgermeister bezieht klar Position: Die Radikalen müssten mit aller Härte bekämpft werden. Deren Treiben habe mit Demonstration oder Protest gegen die Fahrpreise nichts mehr zu tun, kriminelle Handlungen seien das. Diesen Gruppen gehe es letztlich darum, die parlamentarische Demokratie, dieses *System,* zu zerstören. Sofern es sich dabei um Studenten handele, dürften diese *Schmarotzer* nicht mehr mit Steuergeldern unterstützt werden. Ein Zurückweichen vor den Schlägerbanden und Krawallmachern kann nach Arndts Worten nicht in Frage kommen. Die Demokratie hätte dann eine entscheidende Schlacht verloren.

Turbulent wurde es, als das Stadtparlament über die Vorgänge debattierte. Der Vorsitzende der CDU-Fraktion, Hans-Jürgen Moog, nahm die SPD ins Visier: »Sie haben die geistigen Grundlagen zumindest mitgelegt.« Und: »Man kann sich des Eindrucks nicht erwehren, dass die Verantwortlichen in die Situation des Zauberlehrlings geraten sind, der die Geister, die er rief, nicht mehr los

Mit Willy Brandt (re.) und Egon Franke (li.)

wird.« Zornbebend schlug Arndt mit der Faust auf den Tisch, brüllte Moog an. Was er sagte, ging in den empörten Rufen aus der SPD-Fraktion und im tosenden Beifall der CDU-Fraktion unter. – Nicht zu vergessen: Wenige Wochen zuvor hatten innenpolitische Turbulenzen die Bundesrepublik erschüttert. Der sozialdemokratische Bundeskanzler Willy Brandt war zurückgetreten. Günter Guillaume, seit 1971 Referent im Kanzleramt, war als DDR-Spion enttarnt worden. Und dieser Günter Guillaume hatte sich in Frankfurt in die Machtstrukturen der SPD eingenistet, war 1968 Stadtverordneter geworden, dann Geschäftsführer der Fraktion, dann Wahlkreissprecher des Bundesverkehrs- und späteren Verteidigungsministers Georg Leber, der im Frankfurter Westen für den Bundestag kandidierte.

Die SPD organisierte eine Brandt-Kundgebung vor dem Römer, zu der einige tausend Bürger kamen. Rudi Arndt rief ihnen zu, es gehe jetzt nicht *um einen kleinen Spion*, vielmehr darum, ob weiterhin progressive Politik betrieben werde. Denn: *Unsere politischen Gegner schrecken vor nichts zurück, um wieder an die Macht zu kommen.* Ihre politische Waffe sei die *Dreckschleuder*, Alternativen hätten sie nicht zu bieten. Und weiter: *Das demokratische Frankfurt steht zu Willy Brandt. Die Gegner sollen nicht glauben, dass sie diese Schlacht schon gewonnen haben.* Die CDU bezeichnete das als »hemmungslose Polemik«. Jetzt zur Solidarität mit Brandt aufzurufen, sei bei denen, »die einen Guillaume haben hochkommen lassen«, nichts als Heuchelei. –

Diesen Verdacht weist Rudi Arndt entschieden zurück: Er habe zusammen mit der SPD-Fraktion kurz vor der Landtagswahl sein Herz für den Wiederaufbau der Alten Oper entdeckt. Schließlich hängt ihm immer noch seine zu Ministerzeiten getätigte Äußerung nach, die Kriegsruine einfach zu sprengen. Der Name »Dynamit-Rudi« haftet ihm seither an. Später präzisiert er, er habe das Zeugnis bürgerlicher Kultur des 19. Jahrhunderts, für dessen Erhalt sich eine Aktionsgemeinschaft unter Führung von Fritz Dietz, des Präsidenten der Industrie- und Handelskammer, nachdrücklich einsetzte, nicht eliminieren wollen. Die Voraussetzung habe er vielmehr schaffen wollen, das Gebäude von Grund auf nach den alten Plänen neu entstehen zu lassen.

Nein, der Beschluss, nun drei Millionen Mark zur Vorbereitung einer baureifen Planung für den Wiederaufbau vorzusehen, hat seinen Worten zufolge mit der Wahl nichts zu tun. Auf Aussagen im vergangenen Jahr verweist er, hebt hervor, es könne kein Zurück von der Absicht geben, dieses Projekt zu realisieren. Der eigentliche Aufbau, also über die Sicherungsarbeiten für das noch bestehende Mauerwerk hinaus, könne jedoch nicht vor 1976 beginnen, da die Pläne noch nicht exakt ausgearbeitet seien. Der Oberbürgermeister bedauert jedoch, durch die Entscheidung, das bestehende Mauerwerk beizubehalten, verlängere sich nicht nur die Bauzeit. Auch die Kosten stiegen, weil diese Mauern nicht mehr als Stützwerk benutzt werden könnten.

Landtagswahl am 27. Oktober 1974. Für die so selbstherrliche SPD geriet sie zum Debakel. Mit einem Stimmenanteil von 46,5 Prozent wurde die CDU im »roten« Frankfurt stärkste politische Kraft und eroberte sieben der acht städtischen Landtagswahlkreise. Nur noch 40,9 Prozent der Wähler entschieden sich für die erfolgsverwöhnten Genossen. Eine Abfuhr, die Quittung für ideologiegesteuerte Bildungspolitik, für Machtanmaßung, für den Herrschaftsanspruch des Parteitags, der die Stadt dem Chaos preisgab, für das unsolidarische, die repräsentative Demokratie aushöhlende

Allein, mitten auf einem großen Frankfurt-Plan, 1974

Verhalten gegenüber den in die Ämter gewählten Verantwortlichen im Römer, an der Spitze der Oberbürgermeister.

Ein Gerücht hält sich hartnäckig. Der Schatzmeister der SPD, Erich Nitzling, solle an den Baudezernenten Hanns Adrian und den Vorsitzenden des Bauausschusses des Stadtparlaments, Karlheinz Berkemeier (beide SPD), herangetreten sein. Das Ziel: Sondergenehmigungen für Bauvorhaben zu erteilen, um von Bauherren wieder Spenden für die Parteikasse zu bekommen. Seit der neuen Baupolitik im Westend und der Beendigung des Systems von Ausnahmegenehmigungen, unter Baudezernent Hans Kampffmeier praktiziert (City-Erweiterungsgebiet), sei das Spendenaufkommen deutlich zurückgegangen. Der Parteivorstand befasst sich damit. Er nimmt die Stellungnahmen Adrians und Nitzlings zur Kenntnis, dass das nicht zutreffe. Berkemeier sagt, während seiner Zeit als Ausschussvorsitzender habe es keine Entscheidungen »auf irgendwelchen Druck von außen« gegeben.

Eine Spende in Höhe von 200 000 Mark an die SPD. Jetzt erst wurde sie ruchbar. Ende 1972 hatte der libanesische Kaufmann und Pächter der Flughafen-Tiefgarage, Albert Abela, diesen stattlichen Betrag den Genossen im Parteihaus in der Fischerfeldstraße zukommen lassen. Warum hat er das getan? Nichts als politische Zuneigung? Schließlich war die Stadt mit knapp einem Drittel an der Flughafen AG beteiligt, der Oberbürgermeister und der Bürgermeister Rudi Sölch waren Mitglieder des Aufsichtsrats. Ominös. Ominös? Arndt und Sölch berichteten im Vorstand, die Spende sei nicht mit Forderungen oder Bedingungen verknüpft gewesen. Der Vorstand nahm die Erklärung zur Kenntnis.

Als in der Wolle gefärbter Sozi alten Schrot und Korns darf Rudi Arndt als singuläre Erscheinung gewürdigt werden. Er ragt aus dem Mittelmaß deutscher Kommunalpolitiker weit heraus und hat in Frankfurt durchaus seine Spuren hinterlassen – wenn in der Kultur auch nur deren wenige tiefe. Immerhin konnten wir mit seinem Beistand bei der Durchsetzung flächendeckender »Kultur für alle« rechnen: Dem Bibliotheks-Entwicklungsplan verdankte die Bevölkerung mit inzwischen über dreißig Stadtteilbüchereien die Buchversorgung bis vor die Haustür. (...) Und fast jeder Stadtteil verfügte bis Anfang der neunziger Jahre über einen Bürgertreff oder über ein Bürgergemeinschaftshaus. Mit beiden Langzeitprojekten lag Frankfurt, gemessen an der Einwohnerzahl, an der Spitze der Republik. Auch war es mit Rudi Arndt relativ leicht, dem Magistrat alternative Kulturprogramme aufs Auge zu drücken, wie subventionierte Straßenfeste in Stadtteilen mit größerer Ausländerdichte oder »Zwölf-Uhr-Mittags«-Events auf dem Römerberg.

(Hilmar Hoffmann: Erinnerungen. »Ihr naht Euch wieder, schwankende Gestalten«. Neufassung. Frankfurt am Main 2003. (suhrkamp taschenbuch 3284). S. 138.

Hilmar Hoffmann hatte es am Anfang ja sehr schwer mit mir. Aber wir mußten es ihm mit seinen überschäumenden Ideen ja schwer machen, damit sie dann in der kommunalen Praxis realisierbar wurden. Mit Wehmut kann ich heute nur an die Blütezeit des Frankfurter Theaterlebens der 70er Jahre unter Hilmar mit Palitzsch, Neuenfels, Dohnányi und Fassbinder zurückdenken. Nur eine Sache habe ich ihm zum Leidwesen angeblicher Avantgardisten tatsächlich kaputtgemacht: das audio-visuelle Glasbetonzentrum auf dem Römerberg. Mit Hilfe eines Bildes von Ferry Ahrlé machten wir 1973 einen Vorschlag für die Bebauung, der die Wirklichkeit von heute bis ins Detail entspricht. Allerdings haben wir leider versäumt, auch einen Vorschlag für die Rückseite der Römerbergzeile zu machen. So sieht die ja nun auch aus.

(Rudi Arndt: Dankesrede zur Verleihung der Ehrenplakette (...), 1.12.1989. Typoskript in: IfS, Nachlass Rudi Arndt (S1/163), Nr. 13.)

Bundestagswahl-kampf der SPD in Frankfurt 1976: Hermann Lingnau, Hilmar Hoffmann, Martin Berg, Ferry Ahrlé (hinten von li. nach re.); Fred Zander, Roselinde Arndt (vorn)

DISKUSSION UM DIE MENSCHLICHE STADT

Die im Krieg zerbombte und nach 1945 ohne Rücksicht auf die Geschichte total weggeräumte gotische Altstadt, das Herz Frankfurts zwischen Römer und Dom, in dem die Herrscher des Heiligen Römischen Reiches Deutscher Nation gewählt und gekrönt wurden. Ein öder Platz, an der Nordseite dominiert von dem »Technischen Rathaus«, einem Betongiganten aus dem Baukasten des modernistischen Nachkriegs-Frankfurt wenige Schritte vom gotischen Dom entfernt. Pläne gibt es, auf diesem Areal einen neuen Mittelpunkt zu schaffen, ein »audiovisuelles Kommunikationszentrum«, eine Reverenz an den Zeitgeist, eine endgültige Absage an historische Reminiszenzen. Der sozialdemokratische Kulturdezernent Hilmar Hoffmann ist in diese Idee verliebt.

Rudi Arndt lässt aufhorchen. Nein, einem historisch getreuen

Wiederaufbau dieses Geländes redet der Oberbürgermeister nicht das Wort. Aber: Die Front gegenüber dem Römer sollte seinen Überlegungen zufolge mit einer Gebäudefolge gestaltet und abgeschlossen werden, die dem gotischen Stil des Rathauses entspreche. Arndt ist, wie er erläutert, überzeugt davon, seine Auffassung decke sich mit der des Großteils der Bürger. Als »Denkanstoß« möchte er seine Initiative für die historische »Ostzeile« des Römerbergs verstanden wissen, die unter seinem CDU-Nachfolger Walter Wallmann nach seinen Vorstellungen wiedererrichtet wird. Vor einer Entscheidung müsse darüber ausführlich diskutiert werden.

Einen Seitenhieb auf die bisherige Stadtplanung kann er sich dabei nicht verkneifen. Zu oft seien, fügt Arndt hinzu, in der Vergangenheit *schon Dinger hingestellt und hochgejagd worden*, die in der Bürgerschaft keinen Anklang fänden. Er sei zwar kein studierter Architekt oder Techniker, doch das sei auch nicht immer erforderlich. *Denn sonst müssten die Architekten in den vergangenen dreißig Jahren in Frankfurt einiges anders gebaut haben.*

RUDI ARNDT:
AM RÖMERBERG SOLL HISTORISCH GEBAUT WERDEN

Damit wenigstens die »Gute Stubb des Heiligen Römischen Reiches Deutscher Nation«, der Römerberg, sich wieder geschlossen darstellt, sollte man die Ostseite gegenüber dem Römer schleunigst in einer der Tradition und dem historischen Charakter des Platzes angepaßten Form bebauen. Frankfurt hat seine Altstadt nicht wiederaufgebaut, und das war verständlich. Damals ging es ums Überleben – bitterer Hunger, große Wohnungsnot – und niemand wagte deshalb, ein solches aufwendiges Projekt anzupacken. Und wer die Verhältnisse in der früheren Altstadt kennt, weiß auch, wie unzureichend Menschen in den engen Häusern und Gassen leben mußten. Dann folgte beim Wiederaufbau sehr schnell auch die Phase, in der wir stets im Geist der Zeit bauen wollten, und das hieß allemal modern. Unser Historisches Museum mit seiner massiven und kaum Rücksicht nehmenden kantigen grauen Architektur ist dafür ein deutliches Zeugnis direkt am Römerberg, neben dem feingliedrigen Bau der Nikolaikirche.

In jüngster Zeit aber denken manche anders. Wenn schon nicht Häuser wieder naturgetreu Stein um Stein aufgebaut werden wie etwa das Goethehaus, die Hauptwache oder die Alte Oper, weil auch die Kosten dadurch unwahrscheinlich steigen, so versucht man doch, sich stärker den durch Geschichte und vorhandene Bebauung gegebenen Voraussetzungen anzupassen. Die Vorstellung, man müsse den bedeutenden geschichtlichen Bauten gerade wegen des Kontrastes um so mehr Modernität gegenüberstellen, wird zumindest nicht überall akzeptiert. Vielerorts weiß man wieder, wie wertvoll eigentlich ein stilangepaßtes Ensemble an einer Straße oder um einen Platz heute ist. Besonders sollte das für Frankfurt gelten, das im letzten Krieg so viel von seiner Identität durch die Zerstörung verloren hat, ohne sie durch den Wiederaufbau zurückzugewinnen. Deshalb bin ich für den Bau einer Häuserzeile in historischem Stil auf der Ostseite des Römerberges. (...)

Wird dann einmal der große ‚Rest' zwischen Dom und Römerberg bebaut werden, kann man immer noch darüber entscheiden, ob auch hier eine historische Form gewählt werden soll. Meiner Meinung nach sollte man nur die Front zum Römer im alten Stil gestalten, den anderen, wesentlich größeren Teil aber durchaus modern.«

(Rudi Arndt: Am Römerberg soll historisch gebaut werden. In: Zur Diskussion: Was kommt zwischen Dom und Römer? Eine Schrift des Presse- und Informationsamtes der Stadt Frankfurt am Main. Frankfurt am Main 1975. Ohne S.)

Wenige Wochen später, im März 1975, konnte Arndt ein gerüttelt Maß an Zufriedenheit an den Tag legen. Der »Umlandverband Frankfurt«, unter Mithilfe Arndts durch Landesgesetz ins Leben gerufen und bis 2001 existent, konstituierte sich im Plenarsaal des Römers. Regionale Zusammenarbeit besonders in Fragen der Flächenplanung sollte nun in dieser neuen Institution größere Bedeutung erlangen. Eine Kompromisslösung gleichsam im Widerstreit der regionalen Einzelinteressen, an denen Walter Möllers großer Wurf einer »Regionalstadt« gescheitert war. Modelle von Pflichtverbänden oder der von der CDU favorisierte »Stadtkreis« fanden keine Mehrheit. Arndt wurde zum ehrenamtlichen Verbandsdirektor gewählt, die Parteien verständigten sich auf Formen der Kooperation bis zur ersten Direktwahl des Verbandstages – des Umlandparlaments – bei der Kommunalwahl 1977.

RUDI ARNDT UND DAS ELFENBALLETT

Diskussion im Frankfurter Stadtparlament über die Bebauung des Dom-Römerberg-Bereichs. Der OB schwingt sich mit seinen zwei Zentnern Lebendgewicht auf die Rednertribüne und erklärt: »Der Betonklotz des Historischen Museums wirkt auf mich etwa so, wie ich sicherlich als zweiter von links in einem Elfenballett der Städtischen Bühnen auf Sie wirken würde.«

Den Oberbürgermeister freut es, daß sein Vorschlag zur historisch angelegten Bebauung des Römerbergs in der Bürgerschaft eine so breite begeisterte Zustimmung auslöst. In seiner Freude steckt natürlich auch eine gewisse Zufriedenheit darüber, dass die erneute Diskussion der Stadt finanziellen Zeitgewinn bringt. Auf die Frage, wann es denn mit der Bebauung der Höckerzone [d. i. im Dom-Römer-Bereich] ernst werde, meinte der OB: »Den Termin lege ich in meinem Testament für meine Enkel fest.«

(Rudi Arndt: Mit Humor an Schienbein. Stille, feine Anmerkungen eines Stadtoberhaupts. Zusammengestellt von Herbert Stettner. Frankfurt am Main [1977], S. 8.)

Im Westend soll wieder Ruhe einkehren. Der bauliche Wildwuchs, der das gewachsene Wohnviertel zum Teil ruinierte und für Protest und Aufruhr sorgte, soll ein Ende haben. Der neue Planungsdezernent Hans-Erhard Haverkampf stellte im Namen des Magistrats einen Bebauungsplanentwurf für diesen Stadtteil vor. Das Ziel des Plans: Die städtebauliche Ordnung in diesem Gebiet planungsrechtlich zu sichern, eine ausgewogene bauliche und soziale Entwicklung zu erreichen und das Wohnen dauerhaft zu schützen und zu fördern. –

Eklat im Stadtparlament. Während der erregten Debatte über die Beschäftigung Radikaler im öffentlichen Dienst rief Arndt dem Vorsitzenden der CDU-Fraktion, Hans-Jürgen Moog, zu: *Ich habe ja schon oft gemerkt, dass Sie geistig hierbei nicht mehr mitkommen.* Die CDU legte auf den Oberbürgermeister an. Arndt werde, stellte sie aufgebracht fest, zu einer Belastung für die Stadt und das die Bürgerschaft repräsentierende Parlament, wenn er sich so wenig in der Gewalt habe, dass er sich zu persönlichen Verunglimpfungen politisch Andersdenkender hinreißen lasse. Die CDU habe während der Debatte über dieses Thema zwar hart, aber stets politisch gekämpft. Dem Oberbürgermeister sei es, so die Oppositionspartei, vorbehalten gewesen, die Grenze zwischen der politisch-sachlichen Auseinandersetzung, die dem Wesen der Demokratie entspreche, und der persönlichen Diffamierung, die der parlamentarischen Arbeit schade, zu überschreiten.

Die Formulierung, er werde zu einer Belastung für die Stadt, wertete Rudi Arndt als *volle Kampfansage*. Er räumte ein, seine Anwürfe gegen Moog seien in einer *normalen* Debatte *jenseits der Grenze der parlamentarischen Umgangssprache* gewesen, in der Hektik der Debatte und in Anbetracht der von der CDU vorgebrachten Beleidigungen und Verleumdungen erschienen sie aber durchaus verständlich.

Arndt holte aus. Das Amt des Frankfurter Oberbürgermeisters sei zweifellos eines der härtesten, das jemand einnehmen könne, und nur dann auszufüllen, wenn sein Inhaber mit aller Energie und auch der gebotenen Härte ausgestattet sei. Die Probleme der Stadt ließen sich nicht durch Nachgiebigkeit, Zurückweichen und penible Zuvorkommenheit lösen, die Stadt sei nicht *in Frack und Samthandschuhen* regierbar. Als Oberbürgermeister versuche er seiner Aufgabe dadurch gerecht zu werden, dass er in einer *Achtzig- bis Hundertstundenwoche* unter weitgehendem Verzicht auf Urlaub seine ganze Kraft und Energie für die Bürger dieser Stadt einsetze. Und weiter: *Ich habe nicht die Absicht, mich dabei kaputtmachen zu lassen, weder von den Problemen dieser Stadt noch von chaotischen Gruppen und auch nicht durch die Beleidigungen und Verleumdungen der CDU, die durch eine solche Kampagne nur ihre kommunalpolitische Verantwortungslosigkeit und Konzeptionslosigkeit verdecken will.*

Frankfurt ist über den Berg. Rudi Arndt gab sich außerordentlich optimistisch. In der Weihnachts- und Neujahrsbotschaft, die er Ende 1975 zusammen mit Stadtverordnetenvorsteher Willi Reiss den Bürgern vermittelte, fand er zu dem Resümee, die politisch Verantwortlichen könnten beginnen, die ersten Früchte anstrengender Diskussionen, harter Arbeit und planender Überlegungen zu ernten. Dem neuen Jahr könne die Bevölkerung mit größerem Vertrauen entgegensehen. Auch wenn viele Probleme noch nicht gelöst seien, wurden seiner Überzeugung nach die Voraussetzungen für eine künftige positive Entwicklung geschaffen.

Stadt- und Verkehrsplanung hob der Oberbürgermeister besonders hervor. Die Bodenspekulation (Stichwort Westend) sei seiner Einschätzung nach endgültig gescheitert, eine neue Spekulationswelle werde es nicht geben. Entwicklungen wie im Westend wiederholten sich weder im Nordend noch im Ostend. Die Sicherung innerstädtischer Wohngebiete nannte er als vorrangiges Ziel. Der Weiterbau der S-Bahn unter der Zeil sei gesichert, der Anschluss der S-Bahn an den Hauptbahnhof werde nicht mehr lange auf sich warten lassen.

Frankfurt bekommt langsam wieder ein Gesicht, über das man sich freut, konstatierte Arndt. Er erwähnte dabei, im kommenden Jahr werde mit der Gestaltung der Fressgass' zu einer *schattigen Allee mit einem Brunnen* begonnen – *dem Frankfurter Prinzip einer menschlichen Stadt entsprechend in Form einer Fußgängerzone.* Wer in letzter Zeit offenen Auges durch die Stadt gegangen sei, habe, fügte Arndt hinzu, feststellen können, *wie stark wir uns der Geschichte verpflichtet fühlen.* Die renovierte Fassade des Römers nannte er als Beispiel, die Erneuerungsarbeiten an Dom und Eschenheimer Turm, den Kaiserbrunnen. Pläne für den Wiederaufbau des Leinwandhauses am Dom gab es.

Mit Marianne Koch bei einer Fernsehtalkshow in Bremen

Mit Roselinde Arndt, Rudi Sölch und Hans Eick, um 1975

NEUE HERAUSFORDERUNGEN

Dem neuen Umlandverband widmete der Oberbürgermeister zudem sein Augenmerk. Möglichst stark müsse der Verband werden, solle die Region mit Frankfurt als ihrer Kernstadt im europäischen Maßstab konkurrenzfähig bleiben. Nach Arndts Vorstellungen sollen Städte, Gemeinden und Kreise über diesen Umlandverband zu einer *neuen Einheit* zusammenwachsen.

Optimismus hin, Zuversicht her – Arndt schien zu ahnen, nicht alle Bürger könnten wegen der Turbulenzen der vergangenen Jahre die Lage der Stadt ähnlich positiv beurteilen. Eine Art Rückversicherungsvertrag im Blick auf die Kommunalwahl im Frühjahr 1977? Ein weiterer Aspekt spielte eine gewichtige Rolle, als sich die SPD-Führung – Arndt war inzwischen Vorsitzender der Parteiorganisation in Südhessen geworden – ein Jahr vor dieser Wahl plötzlich entschloss, der FDP im Römer ein Koalitionsangebot zu unterbreiten: Unter bundespolitischen Gesichtspunkten sollte in Frankfurt die Festigkeit und Zukunftsfähigkeit des Bündnisses zwischen diesen beiden Parteien bekundet werden. Denn wenige Wochen zuvor war in Niedersachsen der CDU-Landtagsabgeordnete Ernst Albrecht völlig überraschend mit Stimmen von Überläufern aus der »sozial-liberalen« Regierungskoalition zum Ministerpräsidenten gewählt worden. Ein neuer »sozial-liberaler« Pflock also in Frankfurt – allen kund und zu wissen.

Das Zweite Deutsche Fernsehen ebnete den Weg. Bürgermeister Rudi Sölch, Arndts Stellvertreter, stand vor dem Wechsel auf den Sessel des Verwaltungsdirektors des ZDF, seine Position im Magistrat wurde mithin frei. Obwohl es in der SPD Unbehagen wegen der Offerte an die FDP gab, weil Arndt auf diese Weise frühzeitig seine Befürchtung bekunde, die absolute Mehrheit zu verlieren, wurde verhandelt. Die FDP hatte dabei das größere Problem. Bisher gerierte sie sich als Opposition im Römer, die sich zum Ziel gesetzt hatte, die Macht der SPD in der Stadt zu brechen. Und nun sollte sie die »sozial-liberale« Bündnisstrategie in der Bundeshauptstadt Bonn und der Landeshauptstadt Wiesbaden auf Frankfurt übertragen, sich mit der SPD ins Regierungsboot setzen. Ein Jahr vor der Kommunalwahl drohte ein verhängnisvoller Vorwurf – die FDP ist eine »Blockpartei«.

Mit der englischen Königin Elisabeth II. anlässlich der Eröffnung des neuen Messezentrums der Partnerstadt Birmingham, 9. 2. 1976

Nach zwei Monaten, im Mai, wurden die Annäherungsversuche beendet. Die Akteure brachen die Gespräche in beiderseitigem Einvernehmen ab. Man hatte sich nicht auf ein kommunalpolitisches Sachprogramm verständigen können. Die SPD rieb sich vor allem an der Forderung der FDP, städtische Betriebe auf ihre Rentabilität hin zu überprüfen und zu privatisieren. Das hätte, klagte die SPD, die wirtschaftliche Tätigkeit der Stadt in Frage gestellt und Arbeitsplätze gefährdet. Die FDP monierte, eine »sozial-liberale« Politik sei in Frankfurt noch nicht möglich, weil die SPD sich weigere, auf »Eckpunkte« der FDP einzugehen.

Kurz darauf besann sich die SPD, in der die »linke Mitte« innerparteilich inzwischen an Boden gewonnen hatte, wieder ganz auf sich und vor allem auf ihren Oberbürgermeister. In ihrem Programm zur bevorstehenden Kommunalwahl ließ sie keine Zweifel daran, den Kampf um die Macht im Römer in erster Linie auf das Stadtoberhaupt auszurichten: »Wer Rudi Arndt als Oberbürgermeister von Frankfurt will, der wählt SPD.« Mit Arndt habe, formulierte die Partei, die Stadt einen erfahrenen, fachkundigen und weit über die Grenzen Deutschlands bekannten Kommunalpolitiker an ihrer Spitze. Seine energische, engagierte, »weder Freund noch Feind schonende Art« sei für Frankfurt unersetzlich. Keine andere Partei habe einen Kandidaten für das Amt des Oberbürgermeisters, der diese Stadt führen könne.

EHER AMÜSANT ALS AUFBRAUSEND

Dr. Frolinde Balser, die seit 1976 als erste Frau an der Spitze der Frankfurter Stadtverordnetenversammlung stand, hat Rudi Arndt in der Zusammenarbeit »sehr geschätzt«: »Er war gar nicht so hemdsärmelig, wie die meisten gemeint haben«, sagt sie. »Das hat er nach außen hin ein bisschen hochgespielt.« Tatsächlich sei er »gelegentlich mal« aufgebraust, aber sie habe das »eher amüsant« gefunden. Nur einmal allerdings bekam die Stadtverordnetenvorsteherin persönlich den Zorn des Oberbürgermeisters zu spüren – weil sie sich, eher beiläufig, in seinem Büro auf seinen Stuhl gesetzt hatte.

(Frolinde Balser in einem Zeitzeugengespräch mit Sabine Hock, Frankfurt am Main, 20.10.2008)

Bei der Bewirtung von Senioren aus dem Altenheim Stadtwald beim Bockbieranstich der Binding Brauerei, 1976

Dann präsentierte die CDU Walter Wallmann als Kandidaten für das Amt des Oberbürgermeisters. Dem Bundestagsabgeordneten und stellvertretenden Vorsitzenden der hessischen CDU, der sich als Vorsitzender des Guillaume-Untersuchungsausschusses einen Namen gemacht hatte, traute man in der Partei zu, in Frankfurt die Rolle eines »hessischen Ernst Albrecht« zu spielen.

Die SPD wähnte, sich über diese Entscheidung freuen zu können. Wallmann sei, so äußerte sich der Fraktionsvorsitzende Hans Michel, der »Wunschkandidat der Sozialdemokraten«. Als Vertreter einer »schwarz-weiß-roten, deutsch-nationalen Politik« lasse sich gegen Wallmann eher das Wählerpotential der SPD mobilisieren als etwa gegen den niedersächsischen Finanzminister Walther Leisler Kiep oder den Frankfurter Gesundheitsdezernenten Ernst Gerhardt, dem letzten noch verbliebenen hauptamtlichen CDU-Stadtrat im SPD-dominierten Magistrat. Immerhin sei die SPD froh, merkte Michel ironisch an, dass sich endlich jemand bereitgefunden habe, für die CDU ins Rennen zu gehen.

November 1976. Wieder das Thema »Spenden«. Arndt wies Vorwürfe der hessischen CDU zurück, im Zusammenhang mit Baugenehmigungen für das Projekt »Sonnenring« am Sachsenhäuser Berg seien Spenden an die SPD entrichtet worden. Nach Überprüfung der Vorgänge lägen *keinerlei Anhaltspunkte* vor, die diese Behauptung rechtfertigten. Aus den städtischen Akten ergäbe sich *eindeutig,* dass *keine Vorteile von der Stadt* eingeräumt worden seien.

Zutiefst verletzt, wie er sagte, fühlte sich der Oberbürgermeister, wegen Ermittlungen der Staatsanwaltschaft im Zusammenhang mit einer angeblichen Millionenspende des Bauherrn des Sheraton-Hotels am Flughafen, des Berliner Unternehmers Karsten Klingbeil, an die SPD in den Verdacht der Bestechlichkeit geraten zu sein. Arndt schrieb der Staatsanwaltschaft: *Die Vergabe an Sheraton/Klingbeil stellt keine Bevorzugung dar, sondern erfolgte an denjenigen, der das für den Flughafen günstigste Angebot abgegeben hat. Es gibt keinerlei Initiative meiner Person zugunsten einer Vergabe an Sheraton/Klingbeil.* Und: *Ich darf noch einmal betonen, dass ich an einer außerordentlich schnellen Aufklärung der Angelegenheit interessiert bin, weil neben dem politischen Aspekt die bewusste öffentliche Diffamierung zu einer ernsthaften physischen und psychischen Belastung für mich geworden ist.*

»Meine ursprüngliche Freude hat sich in Verlegenheit verwandelt«

Und wieder Ärger. Der Oberbürgermeister schlägt im Magistrat vor, Fritz Dietz, den Präsidenten der Industrie- und Handelskammer (IHK), und den Psychoanalytiker Professor Alexander Mitscherlich zu Ehrenbürgern der Stadt zu ernennen. Der Magistrat stimmt zu, es bedarf aber noch eines Beschlusses des Stadtparlaments. Dietz soll nicht allein wegen seiner Bemühungen um den Aufbau der Frankfurter Wirtschaft ausgezeichnet werden, sondern auch wegen seines Engagements für den Wiederaufbau der Alten Oper. Mitscherlich, langjähriger Leiter des Sigmund-Freud-Instituts in Frankfurt, will der Magistrat wegen seiner wissenschaftlichen Verdienste zum Ehrenbürger ernennen.

Im Vorstand der SPD-Fraktion rumort es kräftig, als über Arndts Vorlage geredet wird. Die Empörung gipfelt in der Äußerung »Das ist ein plumper Annäherungsversuch an die Bourgeoisie kurz vor

**Beim Aufzug der (vom Schauspielhaus stammenden) Quadriga
auf den Giebel der Alten Oper, 24. 9. 1976: Rudi Arndt,
Stadtverordnetenvorsteherin Frolinde Balser und IHK-Chef
Fritz Dietz zwischen den Panthern der Quadriga**

der Kommunalwahl«. Zielscheibe der Kritik ist vor allem CDU-Mit-glied Dietz, der die Politik der SPD in den vergangenen Jahren nicht gerade mit Freundlichkeiten bedacht hat. Arndt selbst hatte dem Kammerpräsidenten während des Neujahrsempfangs 1973 vorgeworfen, im Kommunalwahlkampf des Vorjahres *klar und deutlich* versucht zu haben, die politischen Mehrheitsverhältnisse in der Stadt zu ändern – was dieser heftig zurückwies.

Die Kritik in der SPD-Fraktion macht aber auch vor Mitscherlich nicht halt. Dessen wissenschaftliche Verdienste seien nicht so über-ragend, dass man ihn nach Albert Schweitzer, Theodor Heuss, Otto Hahn oder Max Horkheimer in die Liste der Frankfurter Ehrenbür-ger einreihen müsse. Da fehle einfach die »historische Dimension«, die die Verleihung der höchsten städtischen Auszeichnung recht-fertige. Es wird in der Fraktion nicht ausgeschlossen, dass Rudi Arndt mit seinem Vorstoß »auf den Bauch« falle.

Mitscherlich wollte sich dieses Polit-Spektakel nicht bieten las-

Mit Fritz Dietz bei einem Empfang der IHK, 1976

sen. In einem Schreiben an den Oberbürgermeister verzichtete er auf die ihm angetragene Ehrung. Mitscherlich schrieb: »Die Vorkommnisse bei der Vorbereitung der Verleihung der Ehrenbürgerschaft an mich haben mich bewogen, meine Einstellung zu dieser Ehrung zu ändern. Ich sehe mich leider nicht mehr in der Lage, die Auszeichnung anzunehmen. Meine ursprüngliche Freude hat sich in Verlegenheit verwandelt.«

Doch es wurde noch bizarrer. Trotz der Absage Mitscherlichs beschloss die SPD-Fraktion in einer Sondersitzung am selben Tag mit 25 gegen 12 Stimmen bei einer Enthaltung – zehn Mitglieder waren nicht anwesend – völlig überraschend, den Professor und den Präsidenten zu neuen Ehrenbürgern zu machen. Man hoffte darauf, Mitscherlich werde seine Entscheidung revidieren. In der SPD hieß es, man habe Arndt wenige Monate vor der Kommunalwahl nicht ins Leere laufen lassen wollen. Der Fraktionsvorsitzende Michel bemerkte dazu, der Beschluss habe einen Eklat zwischen Fraktion und Magistratsgruppe der SPD mit Arndt an der Spitze vermieden. Der Stadtverordnete Karlheinz Berkemeier berichtete, die Fraktion sei vor ihrer Entscheidung politisch »massiv unter Druck gesetzt« worden.

Mitscherlich lenkte nicht ein. Auch Fritz Dietz winkte nun ab.

178

Dem Oberbürgermeister schrieb er: »Da ich nicht zum Spielball von politischen und persönlichen Interessen werden möchte und als Nachfahre einer alten Frankfurter Familie, deren Angehörige sich stets für die Stadt Frankfurt engagiert haben, mich dem Ansehen Frankfurts verpflichtet fühle, bitte ich um Ihr Verständnis, wenn ich mich außerstande sehe, meinen Namen weiter missbrauchen zu lassen. Unter diesen Umständen muss ich die Annahme der höchsten Ehrung, die unsere Stadt zu vergeben hat, leider ablehnen.« Arndt bedauerte die *diffamierende Diskussion*, der Magistrat lege Wert darauf, dass die beiden Kandidaten *aus dem Zwielicht* gerieten. Denjenigen, die den Vorgang in die Öffentlichkeit getragen hätten, sei es *gründlich gelungen, die Ehrenbürgerschaft tief herabzuwürdigen.* – Es war das erste Mal in der Geschichte dieser rund zweihundert Jahre alten Auszeichnung, dass die zu Ehrenden die Annahme verweigerten.

Zwei Tage später, am 11. Dezember, nominierte ein Parteitag Arndt zum Spitzenkandidaten der SPD für die Kommunalwahl am 20. März 1977. 339 Delegierte stimmten für den Oberbürgermeister,

Inmitten von Bürgern und Gratulanten zum 50. Geburtstag im Römer, 1. 3. 1977

Mit Manfred Kiesewetter und Holger Börner (re.) bei dem Empfang zum 50. Geburtstag im Römer, 1. 3. 1977

54 gegen ihn, 35 enthielten sich. Mit lang anhaltendem Beifall nahm die Partei das Ergebnis auf. Zuvor waren gleichwohl kritische Worte gefallen. Als Widerspruch wurde es aus dem linken Spektrum gewertet, wenn Arndt den CDU-Kandidaten Wallmann als Reaktionär bezeichne, gleichzeitig aber die Ehrenbürgerschaft dem »Reaktionär« Dietz antrage. Fraktionschef Michel wertete die Äußerung als »Demontage« des Spitzenkandidaten und Schädigung der Partei. Der Sachsenhäuser Delegierte Klaus Sturmfels konterte: Der Spitzenkandidat demontiere sich ab und zu selbst, wie an den Spendenaffären und der beabsichtigten Verleihung der Ehrenbürgerschaft deutlich werde.

1. März 1977. Rudi Arndt sah offenbar die Zeit gekommen aufzuräumen. Aufzuräumen mit einem Urteil, das sich seit Jahren hartnäckig hielt: Ein Rauhbein sei er, hemdsärmelig, unsensibel, laut. Der Kaisersaal im Römer war brechend voll, als der Oberbürgermeister bei dem Empfang aus Anlass seines fünfzigsten Geburtstages sich offenbarte. Ein *sehr verträglicher Mensch* sei er. Von *Hemmungen* werde er sogar geplagt. Und sollte er dem einen oder anderen Zeitgenossen tatsächlich einmal *auf den Fuß getreten* haben – sie alle bat er um Entschuldigung.

WILLY BRANDT ÜBER RUDI ARNDT

Rudi Arndt ist sich selbst und anderen nicht immer bequem. Er ist kein Mann des faulen Kompromisses, wohl aber der sachlichen Verständigung. Er scheut Konflikte nicht, geht ihnen nicht aus dem Weg, und er trägt sie aus. (...) Zu seinen wertvollen Eigenschaften gehört, daß er ein temperamentvoller Anreger ist und fruchtbare Unruhe zu stiften versteht.

(Willy Brandt in seiner Rede zum 50. Geburtstag von Rudi Arndt am 1. März 1977. Typoskript in: IfS, Zeitgeschichtliche Sammlung zur Personengeschichte, S2/1.325, Mappe Ia.)

Zwanzig Tage vor der Kommunalwahl war das. Ministerpräsident Holger Börner redete nicht um den heißen Brei herum, sondern sprach klare Worte. Er wünschte Arndt, was dieser sich selbst am meisten wünsche – weiterhin einen »roten Römer«. Sibyllinisches formulierte der Doyen des Konsularischen Korps, der Franzose Léon Bouvier: »Solange die Stadt in Ihren Händen ist, ist sie in den bestmöglichen.« Fritz Dietz, der verhinderte Ehrenbürger, ließ im Namen der Frankfurter Wirtschaft über den Satz grübeln: »Wir tun unser Bestes, dass der Römer immer gut besetzt ist.«

Bei der Jungfernfahrt des »Ebbelwei-Express«, 7. 2. 1977

Der harte Aufschlag. 20. März. Die SPD mit ihrem Spitzenmann Rudi Arndt erlebt ein politisches Debakel. Die Partei verliert gegenüber der vergangenen Kommunalwahl gut zehn Punkte und erreicht nur noch 39,9 Prozent. Strahlender Überraschungssieger ist die CDU mit ihrem Oberbürgermeister-Kandidaten Walter Wallmann, die auf 51,3 Prozent kommt und damit die absolute Mehrheit im Römer erringt. Die FDP fällt von 7,3 auf einen Anteil von 6 Prozent.

Niedergeschlagen nimmt Arndt in seinem Dienstzimmer das Ergebnis auf. Noch in der Wahlnacht beginnen die Parteistrategen über die Konsequenzen aus der für die SPD katastrophalen Niederlage zu beraten. Rasch macht das Gerücht die Runde, Arndt werde bald zurücktreten. Zwei Tage später, am Dienstag nach der Wahl, ist die Entscheidung gefallen: Arndt, noch bis April 1978 gewählt, legt das Amt des Oberbürgermeisters nieder, wird als neuer Vorsitzender der SPD-Fraktion – er stand auf Platz eins der SPD-Liste zur Kommunalwahl – Oppositionsführer im Stadtparlament. Einstimmig hatte der Parteivorstand Arndts Angebot angenommen, seinen Amtssessel im Römer zu räumen und so den Weg für den CDU-Politiker Wallmann freizumachen.

Arndt habe, wurde im Parteivorstand hervorgehoben, seinen Rücktritt aus freiem Entschluss angeboten. Weder in Bonn noch in Wiesbaden oder Frankfurt habe ihn jemand dazu gedrängt. Es sei ihm auch nicht die Schuld an der Wahlschlappe angelastet worden, die gesamte Partei habe eine Niederlage erlitten. Über große Solidarität im Vorstand wurde berichtet. Das werde nicht zuletzt daran deutlich, dass Arndt bei der nächsten Kommunalwahl in vier Jahren wieder als Kandidat der SPD für das Oberbürgermeisteramt antreten solle.

Der scheidende Oberbürgermeister äußerte, er habe sich schon in der Wahlnacht zu dieser *politischen Lösung* entschieden. Sein Entschluss habe sowohl im Bundes- als auch im Landesvorstand der SPD volle Zustimmung gefunden. Sein Schritt, nun Oppositionsführer im Römer zu werden, sei Ausdruck des *erklärten politischen Willens*, bei der nächsten Wahl wieder das Mandat der Wähler zu gewinnen, um danach abermals Frankfurter Oberbürgermeister werden zu können.

Einen Monat später machte sich ein Parteitag daran, das Wahldebakel aufzuarbeiten. Die eine oder andere Äußerung wurde laut,

Auf der Oppositionsbank im Stadtparlament (mit dem CDU-Fraktionsvorsitzenden Hans-Jürgen Moog im Hintergrund), Juni 1977

letztlich habe der Oberbürgermeister die Wahl verloren. Arndt selbst gab sich selbstkritisch und pochte sich an die eigene Brust: *Wir müssen uns alle Vorwürfe machen, auch ich, gerade in der Frage der Spenden.* Zudem habe die öffentliche Diskussion über *Filzokratie* und *Parteibuchbeamtentum* der SPD geschadet. Gleichwohl bekundete der Parteitag Solidarität mit dem neuen Oppositionsführer. Einstimmig versicherte er ihn seines »vollen persönlichen und politischen Vertrauens«.

Rudi Arndt ritt Attacke. Der ehemalige Oberbürgermeister legte es in der nächsten Zeit immer wieder darauf an zu zeigen, wer nach wie vor der eigentliche Herr im Frankfurter Rathaus sei. Seinem Nachfolger bestritt er den Anspruch, Oberbürgermeister aller Bürger zu sein, die »liberale Erneuerung«, von Wallmann propagiert, nannte er einen Etikettenschwindel, der CDU-Politiker beweise durch sein Reden und Handeln, dass er von seiner *grundkonservativen* Einstellung in früheren Jahren nichts verloren habe.

Arndt und die SPD waren ganz sicher, bei ihrer Wahlniederlage und dem gewaltigen Sieg der CDU mit Wallmann an der Spitze habe es sich nur um einen ärgerlichen Betriebsunfall gehandelt, weniger um eine nachvollziehbare Abrechnung der Bürger mit einer macht- und ideologiebesessenen Partei, unter deren Führung Frankfurt lange Zeit dem Chaos anheim gefallen war. Den neuen Mann an der Spitze der Stadt glaubten sie mit all ihrem vermeintlichen stadtpolitischem Herrschaftswissen nicht so recht ernstnehmen zu müssen.

Doch das war der vielleicht größte, womöglich ausschlaggebende Fehler dafür, dass die Partei bis 1989, zwölf Jahre lang, auf dem Abstellgleis blieb. Die »Marburger Provinznummer«, wie Wallmann in der SPD abschätzig etikettiert wurde, zeigte es den unbußfertigen Verlierern. Trotz einiger Startschwierigkeiten der machtungewohnten CDU zog das neue Stadtoberhaupt seine Bahn: mit zielgerichteter Strategie, taktischen Finessen auch, mit Überblick, Ruhe, Tatkraft, intellektuellem Niveau weit über das Politische hinaus, nicht zuletzt auch mit Stil. Sie hatten den neuen Mann im Römer geradezu sträflich unterschätzt, die Sozialdemokraten.

Für die Öffentlichkeit kam die Entscheidung überraschend: Arndt erklärte sich nach einem einstimmigen Beschluss des Parteivorstands bereit, im Sommer 1979 für das Europa-Parlament zu kandidieren. Der Vorstand verband seinen Beschluss mit der Erwartung, Arndt werde nach einer Wahl ins Straßburger Parlament sein Mandat als Stadtverordneter in Frankfurt beibehalten. Überraschend war die Entscheidung, weil Arndt in den Wochen zuvor darauf hingewiesen hatte, ein solches Mandat nicht anzustreben, weil der zusätzliche Arbeitsaufwand sich mit seinem Engagement im Römer nicht vereinbaren lasse.

Bei der Diskussion über seine Kandidatur hat nach Arndts Darstellung in der SPD auch die Überlegung eine Rolle gespielt, dass er dann neben seinem Sitz im Stadtparlament politisch ein »zweites Bein« habe. Folglich könne er in der Auseinandersetzung mit Oberbürgermeister Wallmann größeres Gewicht einbringen. Arndt legte Wert auf den Hinweis, seine Straßburg-Kandidatur davon abhängig gemacht zu haben, seine Rolle als Oppositionsführer in Frankfurt nicht vernachlässigen zu müssen. Frankfurt habe für ihn auf jeden Fall Priorität, hier wolle er gerade im Blick auf die Kommunalwahl 1981 präsent bleiben.

Schroff reagierte er. Eine solche Vermutung sei einfach falsch. Die Vermutung nämlich, mit dieser Kandidatur werde in seiner Partei der Versuch unternommen, ihn von Frankfurt »wegzuloben«, also eine parteiinterne Diskussion über seine Ambitionen frühzeitig hinfällig werden zu lassen, 1981 in der Stadt wieder als Mannschaftsführer der SPD aufzulaufen. Immerhin – der SPD-Vorstand hatte die Ankündigung des früheren Oberbürgermeisters begrüßt, den Sozialdemokraten bei der Kommunalwahl wieder für diese Position zur Verfügung zu stehen. Der Vorstand fügte aber hinzu, ein Parteitag werde darüber rechtzeitig befinden.

ABRÜCKEN VON ARNDT

Absetzbewegungen zeichneten sich ab. Der ehrenamtliche Stadtrat Klaus-Dieter Streb, ein Mann, der auf dem linken Ticket reiste, sprach im Blick auf die Strategie der neuen Opposition von »altem Wein in alten Schläuchen«. Die Jungsozialisten forderten, die Partei müsse sich einen neuen Spitzenkandidaten suchen. Arndt sei nicht in der Lage, eine Politik zu vertreten, die aus den Fehlern, die zur Wahlniederlage geführt hätten, Lehren ziehe. Arndt könne nicht »über seinen Schatten springen«, analysierte der Juso-Vorsitzende Jan von Trott.

Auf einem Parteitag im März 1979 signalisierte der Vorsitzende Fred Gebhardt das inzwischen fast schon planmäßige Abrücken. Ohne Arndts Namen zu erwähnen, gab er als Marschlinie vor, es könne nicht darum gehen, »einen« Spitzenkandidaten zu benennen, vielmehr solle sich eine »Gruppe« von Kommunalpolitikern den Wählern präsentieren. Die Linke machte Front gegen Arndt, weil er dieser parteischädigendes Verhalten beim Disput über die Oppositionsstrategie vorgeworfen hatte. »Hier verwechselt einer die Partei mit der eigenen Person nach dem Motto ›Die Partei bin ich‹«, rief Streb ihm zu. Erregt wehrte Rudi Arndt die Angriffe ab. Es sei für ihn nicht gerade erbaulich, wenn Genossen ihm *vors Schienbein* träten, während er sich von morgens bis nachts für die Partei aufreibe. Und: Wann begreife die SPD endlich, *dass nicht die Börners, Krollmanns und Arndts ihre Gegner sind, sondern die Dreggers, Strauß' und Filbingers.*

Arndt begann mit dem Rückzug. Ende April verzichtete er auf den Vorsitz der SPD-Fraktion. Das hatte er schon Wochen vorher zu erkennen gegeben, um für sein Engagement in Europa Zeit zu gewinnen. Er wurde nun Stellvertreter des (wieder) neuen Vorsitzenden Hans Michel. Bei der Europawahl am 10. Juni 1979 gelang Arndt der Sprung ins Straßburger Parlament. Noch einmal hob er seine Absicht hervor, abermals Oberbürgermeisterkandidat werden zu wollen, und erinnerte an die alte Entscheidung des Parteivorstands.

Der Abgesang begann. Der SPD-Vorstand verständigte sich Anfang Oktober darauf, Ausschau nach einem neuen Kandidaten zu halten. In Abwesenheit Arndts kam er zu dem Schluss, weder dieser noch der inzwischen von der Parteilinken favorisierte Landtagsabgeordnete Erich Nitzling seien geeignet, für den politischen Neubeginn zu stehen, den die Partei seit ihrer Wahlniederlage anstrebe. Beide seien zu sehr in »Ereignisse der Vergangenheit« verstrickt, zum Beispiel in die Spendenaffären. Beide sollten sich demzufolge von ihren Bewerbungen lösen. Der Parteivorsitzende Gebhardt hatte die Kandidaten nach eigener Darstellung darum gebeten.

Doch Rudi Arndt lehnte es ab, sich in dieses ihm vom Vorstand mit neun gegen fünf Stimmen bereitete Schicksal zu fügen. Er wolle sich weiterhin um die Spitzenkandidatur bewerben. Ein vorzeitiger Verzicht zugunsten eines neuen Mannes, den der Parteivorsitzende noch ausdeuten sollte, komme für ihn nicht in Frage, da er von vielen Ortsvereinen den *Auftrag* habe, sich abermals zur Verfügung zu stellen. Überrascht nahm Arndt eigenen Worten zufolge zur Kenntnis, dass Gebhardt öffentlich geäußert hatte, er solle seine Bewerbung zurückziehen. Dieses Ansinnen sei nie an ihn gerichtet worden. Der Vorsitzende sei nicht legitimiert gewesen, sich in diesem Sinne einzulassen. Im Übrigen fühle er, Arndt, sich gegenüber seinen Anhängern an sein Wort gebunden. Die Angelegenheit müsse jetzt politisch ausgetragen, der demokratischen Willensbildung dürfe nicht der Boden entzogen werden. Der Parteitag müsse entscheiden.

In der SPD-Fraktion sah sich Gebhardt tags darauf massiver Kritik ausgesetzt. Sein Vorpreschen sei nicht durch den Vorstandsbeschluss gedeckt gewesen. Gebhardt rechtfertigte sich. Als Vorsitzender habe er in bestimmten Situationen eine Führungsrolle zu übernehmen. Die Fraktion berief sich hingegen auf den einstimmigen Beschluss zugunsten Arndts sofort nach dem Kommunalwahldebakel. Mit breiter Mehrheit blieb sie an der Seite des früheren Stadtoberhaupts: »Ohne überzeugende personelle Alternative sieht die Fraktion keine Veranlassung, diesen Beschluss zu revidieren.«

ABSCHIED VOM »ABENTEUER FRANKFURT«

Am 17. Dezember 1979 zieht Rudi Arndt endlich die Reißleine. Eine Woche zuvor hatte er bei der Neuwahl des SPD-Bundesvorstands in Berlin eine bittere Niederlage erlitten. 96 Stimmen waren im zweiten Wahlgang nur noch auf ihn entfallen. Nun bereitet er dem für ihn immer unwürdiger werdenden Spektakel in Frankfurt ein Ende: Er verzichtet auf die neuerliche Spitzenkandidatur, zieht die Konsequenz aus dem *deutlichen Denkzettel*. Die Gremien seiner Partei bittet er, ihn von seiner Bereitschaft zu entbinden, für diese Position und somit das Amt des Oberbürgermeisters zur Verfügung zu stehen. –

Nein, es war nicht gerade erstrebenswert, in jenen Jahren Oberbürgermeister der Stadt zu sein. Frankfurt – Ballungszentrum internationaler Verkehrsströme, Wirtschafts- und Finanzmetropole, pulsierendes Symbol westdeutschen Wachstumsstrebens, »heimliche Hauptstadt« im geteilten Deutschland, Motor einer neuen Moderne, die auf Funktionalität setzt, »Altes« abwirft, Kontrapunkt zum »Provisorium« Bonn, der so angenehmen, aber provinziellen rhei-

**Daheim mit
Hund und Katze**

nischen Bundeshauptstadt. Abwehrreaktionen entstanden daraus, Protestbewegungen, Gegenmodelle, dass »Stadt«, Stadtentwicklung mehr sein müsse als das Forcieren von Wachstumsstrategien. Aus der Kritik erwuchs das Postulat: Urbanität, menschliche Stadt. Diese Bewegungen trafen sich mit Systemkritik, Ende der sechziger Jahre aus den Universitäten in die Gesellschaft getragen, immer radikaler, umstürzlerischer, revolutionärer. In den aggressionsgeladenen Demonstrationszügen wurde scharf skandiert: »Diese Stadt, wie sie ist, ist sie Mist.« Aufbruch geriet zu Aufruhr, zu zerstörerischem Chaos. Frankfurt – nein danke!

Das war die Ausgangslage für Rudi Arndt, als er sich wider Willen auf das »Abenteuer Frankfurt« als Oberbürgermeister einließ. Die Frage war seinerzeit schon nicht abwegig, und sie zu stellen ist in zeitlich distanzierter Betrachtung geradezu zwingend: Warum hat er sich das angetan? Warum hat er sich vor allem die permanenten Nahkämpfe in der eigenen Partei angetan? Die Auseinandersetzungen und Konflikte waren schließlich für ihn als Stadtoberhaupt ruinös. Volker Hauff, 1989 wieder der erste sozialdemokratische Oberbürgermeister nach zwölfjähriger Alleinregierung der CDU, gab nach zwei Jahren auf, weil er sich mit den Formen innerparteilicher Willensbildung in der SPD – eine Mixtur aus Machtspielen, ideologischem Überzeugungsdrang und Intrigantenstadel – nicht mehr abfinden wollte. Mag sein, dass Arndt solche Überlegungen, wenn es für ihn mal wieder knüppeldick kam, auch durch den Kopf gingen. Doch er hat sich nicht abgesetzt. Seinem aufs Kämpferische angelegten Naturell hätte das wahrscheinlich nicht entsprochen. Das kam für ihn letztlich nicht in Betracht. Nicht zu vergessen – die Frankfurter SPD, das war für ihn Herkunft, Prägung, Zukunft, Aufgabe. Auch dies eine Antwort auf jene Frage.

Nein, Rudi Arndt war kein Mann feinsinniger Gedankenwelten, kein Politiker, der sich an staatsphilosophischen Werteskalen orientierte – zumindest hat er nach außen hin nicht zu erkennen gegeben, dass man ihm mit diesem Urteil Unrecht tue. Ein Mann praktischer Politik war er, voller Tatkraft und Energie, die er in der politischen Auseinandersetzung auch nicht zu bändigen versuchte und sich so latent der Gefahr aussetzte, anderen vor den Kopf zu stoßen.

Nein, er war keiner, der sich elegant des Floretts zu bedienen verstand, um seine Treffer zu setzen. Er legte jedoch auf seine Art eine Offenheit und Geradlinigkeit an den Tag, die fernab war von jenem politischen Finassieren und Taktieren, jenem penetranten, viel zu oft auf Verlogenheit hinauslaufenden parteipolitischem Kalkül und postenfixiertem Egoismus, die Politik so unglaubwürdig, ja abstoßend machen können. Arndt stand ein für seine Worte. Er trug sie geradeheraus vor, mit Nachdruck, ohne Schöngetue. Damit eckte er oft an, was er professionell, souverän in Kauf zu nehmen verstand. Ein Demokrat.

Es ist müßig, als Zeitgenosse oder Historiker darüber zu sinnieren, was gewesen wäre, wenn. Wenn Arndt das Amt des Frankfurter Oberbürgermeisters in einer Zeit hätte ausüben können, die nicht von all diesen gesellschaftspolitischen Brüchen, diesen Eruptionen, dem Aufstand gegen Hergebrachtes bestimmt worden wäre. Gleichwohl – er vermochte es, allmählich zu einer Beruhigung des Stadtklimas beizutragen, die Stadt langsam wieder »regierbar« zu machen, ohne die nach allem, was geschehen war, politisch zwangsläufige, folgerichtige Wahlniederlage verhindern zu können.

Mit Max Frisch (Mitte) und Siegfried Unseld, wahrscheinlich anlässlich der Verleihung des Friedenspreises des Deutschen Buchhandels an Frisch, 1976

Rudi Arndt
Überlegungen zu Frankfurt

Das goldige Frankfurt

Meine sehr verehrten Damen und Herren! Es ist ein eigenes Gefühl, wenn jemand, der aus einer Frankfurter Familie stammt, in dieser Stadt aufgewachsen ist und seine persönliche und politische Prägung in Frankfurt erhalten hat, zum Frankfurter Oberbürgermeister gewählt wird. Ich weiß nicht, ob es mir viel nützen wird, aber schaden kann es unter keinen Umständen, daß ich der Frankfurter Sprache fließend mächtig bin.

Ich habe eine innere Beziehung zu dieser Stadt. Das kommt schon daher, daß ich mich vom Frankfurter Magistrat ständig bemuttert fühle. Zum zweiten Male trete ich die Nachfolge eines verstorbenen großen Frankfurter Oberbürgermeisters an. Damals, 1956, übernahm ich die Aufgabe Walter Kolbs im Hessischen Landtag. Heute trete ich an die Stelle meines Freundes Walter Möller, der mir im Herbst 1945 meine erste politische Aufgabe in Frankfurt stellte. (…)

Die alten Frankfurter kennen noch das, was man das goldige Frankfurt genannt hat. Das waren nicht nur die Winkel der Frankfurter Altstadt, die Schirn, der Fünffingerplatz, das Opernhaus und die Hauptwache, das waren auch die Menschlichkeit und die liberale Toleranz über die Rassen hinweg. Dieses goldige Frankfurt ist im Dritten Reich brutal zerstört worden. Wir haben Frankfurt wiederaufgebaut, wiederaufgebaut als Drehscheibe Europas mit all den Widersprüchlichkeiten, die sich in dieser Zeit der gesellschaftlichen Widersprüche naturnotwendig ergeben. Aber wir sollten mehr dazu tun, daß das, was dieses goldige Frankfurt ausmachte, die Menschlichkeit und Toleranz, diese Stadt wieder auszeichnet.

(Ansprache vor der Stadtverordnetenversammlung nach der Wahl zum Oberbürgermeister, 16. 12. 1971. Zit. nach: Mitteilungen der Stadtverwaltung Frankfurt a. M., Amtliches Bekanntmachungsblatt, Nr. 51 vom 18.12.1971, S. 382.)

Weithin gilt Frankfurt als eine Stadt mit besonderen Problemen. Hier haben sich die Fragen sehr früh gestellt, früher als in vielen anderen Zentren der Bundesrepublik. Man hat Frankfurt eine mörderische Stadt genannt, den Inbegriff einer kapitalistischen Stadt. Internationale Zeitungen haben über die Probleme Frankfurts berichtet wie über die Probleme Londons, Tokios, New Yorks oder Roms. Immer und immer wieder hat sich das Fernsehen dieser Stadt bedient (...), um gesellschaftspolitische Kritik zu üben. Was auch immer in Frankfurt geschah, es hatte immer einen höheren Publizitätswert als ähnliche Ereignisse in anderen Städten. Sicherlich verlangt Frankfurt viel von der physischen und psychischen Leistungskraft seiner verantwortlichen Kommunalpolitiker. Aber dies ist in den anderen Städten der Bundesrepublik kaum anders. Das Schicksal wollte es – sicherlich nur ein zufälliges Zusammentreffen –, daß nach 1945 die Oberbürgermeister der Stadt Frankfurt Gesundheit und Leben dem Amt opfern mußten. Der Sessel des Frankfurter Oberbürgermeisters galt als Todesstuhl.

Als ich mich Ende 1971 bereit erklärte, die Nachfolge meines Freundes Walter Möller anzutreten, glaubte ich ziemlich genau zu wissen, was mich erwartete. Als Wirtschafts-, Verkehrs- und Finanzminister des Landes Hessen und als Frankfurter Abgeordneter im Landtag hatte ich genügend Möglichkeiten, mir ein ungefähres Bild der mich erwartenden schwierigen Aufgaben zu machen. Aber ich muß zugeben, daß es noch schwerer und noch anstrengender wurde, als ich gedacht habe. Trotzdem bin ich der Auffassung, daß die Probleme der Stadt Frankfurt am Main zu bewältigen sind, so wie die Probleme der anderen Groß- und Mittelstädte auch. Voraussetzung dafür ist, daß man die Ursachen der Krise erkennt, eine klare politische Zielvorstellung hat und aus dieser Zielvorstellung die wesentlichen Inhalte einer auf den Menschen bezogenen Kommunalpolitik zu entwickeln vermag.

(Aus: Rudi Arndt: Die regierbare Stadt. Warum die Menschen ihre Stadt zurückgewinnen müssen. Stuttgart 1975. (Bonn aktuell, hg. v. Alois Rummel, Bd. 36). S. 12f.)

DIE MENSCHLICHE STADT –
WARUM DIE MENSCHEN IHRE STADT ZURÜCKGEWINNEN MÜSSEN

Wer das Zusammenleben in der Stadt nicht nur erträglich, sondern wieder zu einem Zusammenleben der Menschen machen will, der kann nicht einfach nur bestehende Zustände kritisieren, in einer lebensverneinenden Haltung darüber jammern, wie schlimm es um die Menschen steht oder mit Patentrezepten eine glückliche Zukunft verheißen. (...) [Es ist] ein langer und mühsamer Weg (...), mit vielen Einzelstationen und Problemen, um die Herausforderung einer modernen hochtechnisierten Zeit zu bestehen und den Menschen den ihnen gebührenden Platz in der Gesellschaft einzuräumen. Die Zielvorstellung ist, dem Menschen in der Großstadt sowohl die freie Entfaltung seiner Persönlichkeit zu ermöglichen als auch seine aktive Teilnahme am gesellschaftlichen, politischen und wirtschaftlichen Leben zu erreichen. Deshalb müssen vor allen Dingen drei Inhalte für das Handeln in einer Großstadt maßgeblich sein:

eine Verbesserung des Leistungsangebots der Stadt für die Mehrheit ihrer Bürger, d. h. bessere Lebensqualität;

jedem eine gerechte Chance geben, also auch den Gruppen, die in unserer auf Gewinnstreben gerichteten Gesellschaft nicht im Mittelpunkt stehen, d. h. Chancengleichheit, und stärkere Beteiligung des Bürgers durch Information und Mitberatung der gemeindlichen Angelegenheiten an der Entwicklung unserer Stadt, d. h. Bürgermitwirkung.

Um die Vordringlichkeit dieser Inhalte im kommunalpolitischen Geschehen zu gewährleisten, ist es notwendig, all die einzelnen Planungen einer Großstadt aufeinander abzustimmen, sie mit der Zielvorstellung und den genannten Inhalten der Kommunalpolitik in Einklang zu bringen und die gefundenen Lösungen konsequent in die Wirklichkeit umzusetzen. Dieses Umsetzen verlangt allerdings, daß man ganz bestimmte unverrückbare Rahmenbedingungen erkennt und dem Handeln zugrunde legt. (...) Auch in Zukunft werden die Gemeinden nur über beschränkte Finanzmittel verfügen und sowohl Grund und Boden als auch Personal stehen nur in ganz beschränktem Umfang zur Verfügung.

Dabei kann die Großstadt nicht für sich allein gesehen werden. Ihre Entwicklung ist untrennbar mit der Entwicklung des Umlandes verbunden. Die Unregierbarkeit der Metropole bedeutet auch

**Rudi Arndt
mit den Hochhäusern
Frankfurts im
Hintergrund**

*die Unregierbarkeit des Umlandes. In den vergangenen Jahrzehn-
ten hat sich in den Verdichtungsräumen ein Siedlungsbrei entwickelt, der ganz gefährliche Wirkungen auf allen Lebensgebieten für
die Menschen mit sich gebracht hat. Wir müssen umdenken beim
Bau der Siedlungen vor den Toren der Großstadt, müssen dafür
sorgen, daß die Menschen wieder in den Innenstädten wohnen und
daß ihre sozialen Bindungen zu ihrem Stadtteil und den anderen
Menschen neu geknüpft werden. Unsere Innenstädte dürfen nicht
mehr einzig und allein der wirtschaftlichen Leistung dienen, sondern das Zusammenleben der Menschen und die Funktion für die
ganze Region müssen im Vordergrund stehen. Der öffentliche Woh-
nungsbau darf nicht mehr nur auf der grünen Wiese stattfinden,
sondern er muß auch dafür sorgen, daß noch erhaltene Stadtteile
modernisiert und saniert werden. Dabei muß die Eigenheit des
Viertels gewahrt bleiben, die Milieubedingungen müssen aufrecht
erhalten werden, der Bürger soll in der ihm vertrauten und von
ihm beherrschten Umgebung gehalten werden.*

*Dem entspricht ein städteplanerisches Grundkonzept, in dem die
City als Treffpunkt und Mitte der Stadtregion erhalten bleibt, die
einzelnen Citybereiche mit Fußgängerstraßen verbunden sind und
auch die Funktion Wohnen erhalten bleibt. Um diese City oder auch
Citybereiche soll ein Wohnring angeordnet sein, mit nur wenig Bü-
robauten. Wenn auch diese Gebiete, die überwiegend dem Wohnen
dienen, durch Fußgängerstraßen mit den angrenzenden Citybe-*

193

reichen verbunden sind, dann können die Infrastruktureinrichtungen der Innenstadt praktisch zu Fuß erreicht werden. Neue Standorte für Büros und Betriebe können am Stadtrand durchaus auch in der Nähe der Wohngebiete liegen, z. B. am Schnittpunkt von Hauptverkehrsstraßen mit den Linien des öffentlichen Personennahverkehrs. Ein solches städteplanerisches Grundkonzept muß im Verkehrsbereich vorsehen, daß der Kraftfahrzeugverkehr vor allem der Berufspendler zur Stadtmitte hin beschränkt wird. Soweit neue Siedlungen entstehen, müssen sie einen guten Zugang zum öffentlichen Verkehrsmittel haben, wobei zuerst das öffentliche Verkehrsmittel da sein muß, bevor die Siedlung gebaut wird.

Der Monotonie des modernen Stadtbildes ist durch stärkere Betonung der Stadtgestaltung entgegenzuwirken. Bei der Beurteilung eines Bauwerks ist die Frage, wie es sich in das Stadtbild einfügt, mindestens so wichtig wie die Frage, wie seine äußere Erscheinungsform als einzelnes Bauwerk ist. Plätze, Grünanlagen, Brunnen und Denkmäler sind eine Chance, die Stadt liebenswerter erscheinen zu lassen.

Von hoher Bedeutung [sind] die Ausgestaltung der Kulturpolitik und das Freizeitangebot einer Stadt. Dabei kann es nicht darum gehen, einem kleinen Kreis von Kennern Bildungs- und Kulturreservate zu subventionieren. Kulturarbeit hat sich nach den Bedürfnissen aller Bürger zu richten und muß den Prozeß der geistigen Auseinandersetzung und der gegenseitigen Bereicherung befruchten, um dem Auseinanderleben der Menschen entgegenzuwirken und neue Bindungen untereinander zu küpfen. Kultur und Bildungspolitik muß dabei Hand in Hand gehen, und es ist der Versuch zu machen, in den einzelnen Stadtteilen Begegnungsstätten einzurichten, die durch ihre Verknüpfung von Bildung und Kultur und Freizeit einen neuen Treffpunkt, eine neue Mitte für den einzelnen Stadtteil bilden können. Die durch den Krieg, das Flüchtlingsschicksal und das Umziehen in neue Siedlungen zerstörten Bindungen zur Gemeinschaft müssen durch Förderung freier Zusammenschlüsse, Vereine, durch Veranstaltung von Kinder-, Volks- und Straßenfesten neu geknüpft werden.

Und immer wieder muß daran gedacht werden, daß Kinder und alte Menschen zu den Benachteiligten unserer Gesellschaft gehören. Kinder müssen uns wichtiger sein als unsere Autos. Wir müssen ihnen heute den Platz zum Austoben geben und die Mög-

lichkeit, sich in eine Gemeinschaft einzufügen, damit sie nicht morgen als Jugendliche und Heranwachsende ihren Aggressionsstau durch kriminelle Handlungen gegen die Gemeinschaft abreagieren. Unsere Alten gehören nicht abgeschoben aus ihrem bisherigen Wohnbereich draußen vor die Stadt. Sie gehören zur Großstadtbevölkerung. Hier haben sie gelebt und hier sollen sie ihren Lebensabend verbringen.

Wenn die Stadt nicht mehr den Menschen, sondern der Mensch die Stadt beherrschen soll, dann muß er begreifen, was um ihn herum vorgeht. Er muß die Information haben, das Wissen, was in der Stadt geschieht. Er muß sich aueinandersetzen können mit seiner engeren Umwelt, muß sich für oder gegen einen Kinderspielplatz, für oder gegen eine Straße, für oder gegen ein Kraftwerk einsetzen können. Dann ist die Möglichkeit gegeben, daß er sich wieder mit seiner Stadt identifiziert, daß er Anteil nimmt und sich als Gestalter fühlt und nicht als Gestalteter.

»Wir brauchen viele tausende neuer Schulhäuser, Turnhallen, höhere Bildungsanstalten aller Art, Konzert- und Lesehallen, Museen, Krankenhäuser, Rekonvaleszentenanstalten, Erholungsstätten aller Art, öffentliche Badeanstalten, Verkehrswege wie Bahnen, Straßen, Be- und Entwässerungsanlagen, Strom-, Fluß- und Bachkorrektionen, Arbeiter- und Kleine-Leute-Wohnungen. Und die Schaffung all dieser Unternehmen würde eine Fülle von Wohlsein über die ganze Bevölkerung verbreiten...«

Dies ist nun keine Forderung aus diesem Buch [d. i. »Die regierbare Stadt« von Rudi Arndt], kein aktueller kommunalpolitischer Entwurf einer Partei von 1975, sondern es ist ein Zitat aus dem »Handbuch für sozialdemokratische Wähler« aus dem Jahre 1903. Trotz des tiefen und raschen Wandels aller Lebensverhältnisse gibt es noch immer Forderungen, die über dieses Jahrhundert hinweg aktuell geblieben sind. Und so wird die Urbanität, die Menschlichkeit unserer Städte nicht nur eine Aufgabe der heutigen Zeit sein, sondern sie wird auch morgen und übermorgen noch gestellt werden, vielleicht sogar noch drängender als heute. Ich bin fest davon überzeugt, daß diese Aufgabe lösbar sein wird, freilich nur dann, wenn die Menschen mitwirken, ihre Stadt zu gestalten. Diese Mitwirkung wird nur in einer Demokratie möglich sein.

(Aus: Rudi Arndt: Die regierbare Stadt. Warum die Menschen ihre Stadt zurückgewinnen müssen. Stuttgart 1975. (Bonn aktuell, hg. v. Alois Rummel, Bd. 36). S. 92-95.)

Ein erfahrener Parlamentsstratege

Rudi Arndt im Europäischen Parlament

Von Klaus Wettig

Hast Du einen Opa, schick' ihn nach Europa«, dieser Kampfruf der Jungen Union gegen die Absicht der Parteiführungen von CDU und CSU, für die 1. Direktwahl zum Europäischen Parlament 1979 auf sicheren Listenplätzen verdiente Altpolitiker aufzustellen, bewegte auch die SPD. Auch für sie sollten neben einer größeren Zahl von Kandidatinnen und Kandidaten aus dem politischen Nachwuchs »bewährte Kräfte« zur 1. Direktwahl antreten. Während die Kandidatur von Willy Brandt, dem SPD-Vorsitzenden des Jahres 1979, allgemein begrüßt, als vorteilhaft für den Wahlkampf angesehen wurde, stießen andere Kandidaturen auf kritische Nachfragen. Heinz Kühn, der ehemalige Ministerpräsident von Nordrhein-Westfalen, war davon betroffen, ebenso Rudi Arndt.

Rudi Arndts politische Laufbahn war eine beachtliche Zeit geradlinig verlaufen, bis er 1977 eine überraschende Niederlage bei seiner Wiederwahl zum Frankfurter Oberbürgermeister erlitt. Trotz positiver Bilanz stolperte er, weil sich die SPD wieder einmal auf einer Talsohle ihres Ansehens befand. Solche Niederlagen bedeuten häufig das Ende für weitere politische Ambitionen, selbst wenn die oder der Betroffene als schuldfrei gelten muss, wie dieses für Rudi Arndt zutraf. Die/der Wahlverlierer/in wird getröstet, doch selten für neue Aufgaben herangezogen.

Rudi Arndt – 1978 im Alter von 51 Jahren – wollte nicht aufs politische Altenteil, wollte der Arbeit in einem Parlament nicht Ade sagen. Wer die politische Welt kennt, wer an Debatten über Kandidatenaufstellungen teilgenommen hat, weiß um die Schwierigkeiten eines Neuanfangs für Wahlverlierer. Die Rückkehr in den Hessischen Landtag war nicht attraktiv, ihm hatte Rudi Arndt 16 Jahre angehört – acht Jahre davon war er Landesminister gewesen. Ein attraktives Arbeitsfeld in der hessischen Landespolitik bot sich nicht an, außerdem musste dafür ein freier Wahlkreis gefunden werden. Auch eine Kandidatur für den Bundestag, der 1980 zur Neuwahl anstand, erwies sich als schwierig, obwohl der er-

Solidaritätskundgebung der SPD Hessen-Süd und Frankfurt für
die portugiesischen Sozialisten in Anwesenheit von PSP-Chef
Mario Soares und Willy Brandt in Frankfurt, 14. 9. 1975: Mario
Soares, Willy Brandt, Rudi Arndt, Fred Gebhardt (v. li. n. re.)

fahrene Wirtschafts- und Finanzpolitiker Rudi Arndt dort eine be-
deutende Verstärkung gewesen wäre.

Rudi Arndt suchte seine Chancen in dem für einen dynamischen
Parlamentarismus neu geöffneten Feld der Europäischen Integration. Die 1. Direktwahl zum Europäischen Parlament bot sich dafür
an. Es mag ein wenig auch die Verwirklichung eines Jugendtraums
gewesen sein, denn Rudi Arndts Generation, geprägt durch Krieg
und Nachkriegszeit, sah in der Europäischen Integration den Pfad
der Hoffnung, der aus der europäischen Misere von Nationalismus
und kriegerischen Auseinandersetzungen herausführen sollte. Da
auf dem ersten hessischen Platz der SPD-Bundesliste – es war der
Platz 6 – auf Vorschlag Willy Brandts der IG Metall-Vorsitzende
Eugen Loderer kandidierte, stand Rudi Arndt auf Platz 12. Ein si-
cherer Platz, denn bei einem SPD-Ergebnis von 40,8 Prozent zogen
1979 34 SPD-Abgeordnete in das EP ein. Hinzu kam ein SPD-Ab-
geordneter aus Berlin, der wegen der alliierten Vorbehaltsrechte

nicht direkt gewählt worden war. Die Gruppe der SPD-Abgeordneten im Europäischen Parlament war eine bunt gemischte Truppe. Aus dem Bundestag wechselten nur wenige Abgeordnete in das EP, sodass die fünf alten Hasen aus dem Bundestag, die schon mit der Parlamentsarbeit im EP vertraut waren, von 31 Neulingen begleitet wurden, unter denen aber neun erfahrene Politiker waren (wie Willy Brandt, Heinz Kühn, Katharina Focke), unter ihnen mit Rudi Arndt drei ehemalige Landesminister; insgesamt überwogen aber die Parlamentsneulinge. Auffällig war, dass von den 35 SPD-Abgeordneten 15 das 40. Lebensjahr noch nicht überschritten hatten, also das Element um die Vierzig oder jünger deutlich das Gesicht der SPD-Gruppe bestimmte. Von einer Opa- oder Oma-Gruppe konnte also keine Rede sein.

Spannungsreich war die Konstituierung der Sozialistischen Fraktion, in der sich nur wenige kannten. Neunzig Prozent ihrer Mitglieder kamen zum ersten Mal zusammen und mussten in wenigen Tagen im Juni/Juli 1979 ihre Organe konstituieren, ihr Führungspersonal auswählen. Vieles orientierte sich deshalb an den Ratschlägen »der Alten«, doch schon bei der Wahl des Fraktionsvorsitzenden fiel der SPD-Vorschlag durch. Bis zur Direktwahl war im indirekt bestimmten EP die Sozialistische Fraktion von Ludwig Fellermaier (1930–1996) geführt worden, was zu dem Irrtum führte, Fellermaier könne als Vorschlag der stärksten Parteigruppe in der Fraktion weiterhin eine Mehrheit finden. Fellermaier unterlag dem wallonischen Belgier Ernest Glinne (1931–2010), dem der Ruf voraus ging, ein eher links stehender Sozialist zu sein. Er fand leichter eine Mehrheit als der Kandidat aus der als rechts eingeschätzten SPD. Fellermaier wurde jedoch 1. stellvertretender Vorsitzender, denn wirklich brüskieren wollte die Fraktionsmehrheit die SPD-Abgeordneten nicht.

Bei den weiteren Entscheidungen stellte sich dann sehr bald heraus, dass die Vorschläge der EP-erfahrenen Abgeordneten bei den jüngeren SPD-Abgeordneten auf wachsende Vorbehalte stießen. Dazu trug auch bei, dass der Führungsstil Glinnes der schwierigen Fraktion und ihrem komplizierten Zusammenwachsen angemessener war als die härtere Gangart von Fellermaier.

Überraschend zog sich Fellermaier bald vom stellvertretenden Vorsitz zurück und übernahm ein neu geschaffenes Amt im EP (Quästor). Die SPD-Gruppe musste sehr schnell einen Ersatz benennen. Etwas unerwartet schlug Willy Brandt, der in solchen Situationen stets eingriff, Rudi Arndt als Nachfolger vor. Es gab einiges Murren unter den jüngeren Abgeordneten, aber sie konnten keine Alternative benennen. Der Zeitpunkt lag für sie zu früh.

Rudi Arndt war bis dahin nicht besonders hervorgetreten, hatte sich in der Fraktion zurückgehalten. Bei der Verteilung der Ausschüsse wählte er den Haushaltsausschuss, und es war zu erwarten, dass er gemeinsam mit dem Ausschussvorsitzenden Erwin Lange (1914–1991), ebenfalls von der SPD, der Haushaltspolitik des Parlaments eine klare Handschrift aufzwingen würde.

Mit der Wahl zum 1. stellvertretenden Vorsitzenden der Sozialistischen Fraktion erlangte Rudi Arndt eine Schlüsselposition, wie sich im Konflikt um den Gemeinschaftshaushalt für 1980 sehr bald zeigen sollte. Strategisch richtig, aber taktisch nicht voll durchdacht, nutzte das EP seine Haushaltsrechte, um durch die Ablehnung des von Kommission und Ministerrat vorgelegten Entwurfes seinen Einfluss auszuweiten. Die Sozialistische Fraktion als stärkste Fraktion

Großveranstaltung »Europas Sozialisten« in der Frankfurter Messe: Willy Brandt am Rednerpult, Heidemarie Wieczorek-Zeul daneben und Rudi Arndt als 3. von rechts auf dem Podium, 5. 9. 1986

des Parlamentes hätte diese Absicht allein nicht durchsetzen können. Schon die Verpflichtung der eigenen Fraktion auf eine gemeinsame Linie kostete erhebliche Überzeugungsarbeit, die Rudi Arndt mit Kenntnisreichtum und Parlamentsfinesse schaffte, noch schwieriger war die Zusammenarbeit mit den anderen Fraktionen. Es siegte am Ende die Überzeugung, dass sich das neu gewählte Parlament Respekt verschaffen müsse. Die Haushaltsrechte waren dafür besonders geeignet, mit ihnen wurde deshalb eine Auseinandersetzung mit Kommission und Ministerrat eingeleitet, die nach vielen Jahren Haushaltskonflikt mit einem Kompromiss endete. Das Europäische Parlament hatte hinzugewonnen, nicht in jedem Punkt, doch der Einfluss auf den Haushalt war gewachsen und mit ihm das Selbstbewusstsein des Parlaments.

RUDI ARNDT ÜBER DEN AUFBAU EUROPAS

Der Aufbau Europas ist so unendlich schwer, daß für ein politisches Gegeneinander der politischen Gruppierungen überhaupt kein Platz ist, sondern daß dieser Aufbau Europas nur im politischen Miteinander der politischen Gruppierungen möglich ist.

(Rudi Arndt in einer Rede bei einem Kolloquium des Europäischen Parlaments in Leukerbad/Wallis, 18.9.1992. Typoskript in: IfS, Nachlass Rudi Arndt (S1/163), Nr. 17.)

Im Ringen um eine Mehrheitslinie des EP in Haushaltsfragen musste zunächst die Sozialistische Fraktion eine klare Position gewinnen, was wegen der unterschiedlichen Auffassungen über die Kosten der gemeinsamen Agrarpolitik nicht leicht war. Französische und britische Fraktionsmitglieder standen sich konträr gegenüber, den deutschen fiel eine Mittlerposition zu. Obwohl Rudi Arndt eher als kämpferischer Vorsitzender galt, griff er vermittelnd ein und nutzte seine neue Position in der Fraktionsführung. Bei den Studientagen der Fraktion 1981 in Killarney (Irland) setzte er einen Grundsatzbeschluss durch, der bei den Ausgaben für die Agrarpolitik Haushaltsdisziplin forderte und einen stärkeren

In der Sozialistischen Fraktion des Europäischen Parlaments

Zuwachs bei anderen Gemeinschaftspolitiken (Sozialpolitik, Regionalpolitik, Forschungspolitik) verlangte. Der Beschluss war allgemein gehalten, doch gelang es dem Haushaltspolitiker Arndt, der stets die entscheidenden Sitzungen der Fraktion bei Haushaltsentscheidungen leitete, die Sozialistische Fraktion auf die Beachtung des Killarney-Beschlusses einzuschwören. Rudi Arndt wusste die Grundsatzverliebtheit der Sozialisten aller Länder richtig einzuschätzen und seine Appelle fanden eine Mehrheit. Wer die Haushaltspolitik der Gemeinschaft in den 1980er-Jahren untersucht, wird herausfinden, dass sie unter dem Parlamentseinfluss an Kohärenz gewann und sich schließlich mit der Präsidentschaft Jacques Delors von Seiten der Kommission auf die Linie des Parlaments hin orientierte. Es bleibt Rudi Arndts Verdienst, dass er früh für diese Linie gekämpft und für sie Mehrheiten gesucht hat.

Für die 1984 beginnende 2. Wahlperiode das EP zeichnete sich vor der Neuwahl der Fraktionsführung ab, dass der »milde« Vorsitz

**Rudi Arndt mit
Bundeskanzler
Helmut Kohl**

von Ernest Glinne keine Fortsetzung finden würde. Ernest Glinne hatte viel für das Zusammenwachsen der Fraktion getan, doch für die nächste Runde des Kampfes um weitere Rechte für das Parlament mangelte es ihm an Durchsetzungskraft. Kräfteverhältnisse und Stimmungen in der Fraktion bereiteten den Weg für die Wahl Rudi Arndts zum neuen Vorsitzenden. Überraschend gab es noch Diskussionen in der Fraktion, als sich abzeichnete, dass die drei größten Fraktionen des Parlaments, die christdemokratische EVP-Fraktion, die Liberalen und die Sozialisten mit Egon Klepsch (CDU), Martin Bangemann (FDP) und Rudi Arndt von Deutschen geleitet werden würden. Die deutsche Dominanz erregte Unwillen. Die »deutschen Menhire«, wie sie wegen Körpergröße und Erscheinungsbild ironisch genannt wurden, trugen freilich viel zur Effizienz der Parlamentsarbeit bei. Auch das Parlaments-Showgeschäft erfuhr eine Belebung, wenn sich Rudi Arndt mit Egon Klepsch – und vice versa – stritt. Die hessische Sprachfärbung bei Arndt und die böhmische beim Sudetendeutschen Klepsch trieb dann die Dolmetscher zu Höchstleistungen an. Freilich wussten beide, dass nach dem Streit die Streitbeilegung notwendig war, wenn die Parlamentsarbeit nicht leiden sollte.

Als ab 1987 mit der »Einheitlichen Europäischen Akte« (EEA) das EP erweiterte Gesetzgebungsrechte erhielt, war Effizienz in den schwierigen Abstimmungsprozeduren unverzichtbar. Die EEA war ein Probelauf im Kampf um weitere Gesetzgebungsrechte, die dann mit dem Maastricht-Vertrag 1994 auch kamen. Hätte das EP bei der EEA, mit der die schwierige Binnenmarkt-Gesetzgebung zu bewältigen war, versagt, wäre der Weg zum Maastricht-Vertrag möglicherweise durch das Misstrauen der Mitgliedstaaten verbaut gewesen. Das EP machte seine Arbeit gut und widerstand der Versuchung zu ständigen Gesetzgebungsblockaden. Dass die Sozialistische Fraktion dabei als ein positiver Faktor wirkte, verdankt sie auch ihrem Vorsitzenden Rudi Arndt, der sie mit strategischem Weitblick auf Linie hielt, dafür sein Temperament zügelte und den Konsens in der Fraktion und mit anderen Fraktionen voran stellte.

Audienz bei Papst Johannes Paul II.

RUDI ARNDT
BEGEGNUNGEN

DIE ROTE BARBARA – ERINNERUNGEN
AN DIE BRITISCHE POLITIKERIN BARBARA CASTLE

Bei einem Englisch-Crashkurs [1965] in London kam ich zum ers-
ten Mal indirekt mit Barbara Castle in Berührung. Während mei-
nes Aufenthalts war der große Transportarbeiterstreik ausgerufen
worden. Nun hatte ich Gott sei Dank meinen eigenen Wagen dabei,
so daß meine Bewegungsfreiheit nicht eingeschränkt war. Ich hatte
mir eine Streikplakette besorgt, und bei meinen Fahrten in London
nahm ich viele Londoner mit. Wenn ich dann meinen Mitfahrern
erzählte, ich sei Mitglied der Labourpartei in Deutschland, fingen
die an, auf ihre Regierung und besonders auf die Transportminis-
terin, »die rote Barbara«, zu schimpfen. Die sei stur und dickköpfig.
Und das erlebte ich zur Genüge später im Europaparlament. Bar-
bara Castle gehörte auch dem Fraktionsvorstand [d. i. der Sozialis-
tischen Parteien, und zwar bis 1986 als stellvertretende Vorsitzende]
an, und wir schlugen die meisten Schlachten gemeinsam. Aber
wehe, wenn sie einmal anderer Meinung war, dann fing sie un-
barmherzig Streit an. Sie beschimpfte in solchen Fällen alle und,
da ich die Sitzung leitete, besonders mich – auf Englisch. Da ich
nicht bar einer ganzen Anzahl englischer Schimpfworte war,
schimpfte ich zurück. Dann hörte ich von einem Fraktionsassis-
tenten, daß sie in den Parlamentsferien einen deutschen Sprach-
kurs in Süddeutschland machte. Als ich sie dann fragte, ob sie viel
gelernt habe, sagte sie: »Ich hab das nur wegen dir getan und vor
allem viele deutsche Schimpfwörter gelernt. Jetzt kann ich dich in
deiner Sprache beschimpfen.«
Die Briten und die Franzosen waren in der Frage der Agrarsub-
ventionen total zerstritten. Als es in der Gruppe wieder einmal um
die Haushaltsansätze ging, konnte keine Einigung erzielt werden.
Also wurde eine Arbeitsgruppe beauftragt, eine Lösung zu finden.
Wohl eher meiner Funktion zuliebe als der, meiner Meinung nach,
zu mir gehörenden ausgleichenden und zurückhaltenden Art,
übertrug man mir den Vorsitz. Die eine Schlachtreihe wurde an-
geführt von der rothaarigen und streitlustigen Barbara Castle, die

andere von der ebenso rothaarigen und ebenso streitlustigen Edith Cresson, der späteren französischen Premierministerin. Die beiden Damen schlugen sich gegenseitig die Sachargumente nur so um die roten Köpfe. Der Rest der Arbeitsgruppe verfolgte aufmerksam, aber auch leicht amüsiert die Auseinandersetzung. Nach der soundsovielten Gegenrede von Edith Cresson machte ich einen Kompromißvorschlag. Da explodierte Barbara: »This red witch! Now she has also caught you.« (»Jetzt hat diese rote Hexe auch dich eingefangen!«) Wachsende Heiterkeit in der Arbeitsgruppe. Dann sagte ich: »But, Barbara, there are two red witches in the group.« (»Es gibt zwei rote Hexen in der Fraktion.«) Jetzt brach die Arbeitsgruppe in noch größere Heiterkeit aus, und als auch Edith anfing, laut zu lachen, stimmte schließlich Barbara ein. Wir fanden in aufgelöster Stimmung dann einen Kompromiß.

Barbara pflegte leidenschaftlich ihre rote Haarpracht, und wenn sie in der Fraktion gebraucht wurde, schickte ich einen Mitarbeiter der Fraktion zum Friseur, um sie abzuholen. Dort fand er sie immer. Wir wußten auch, daß sie, wenn sie beim Friseur war, auf jeden Fall im Plenum reden wollte. Dabei muß man wissen, daß die Redezeit für einen Abgeordneten im Europaparlament außerordentlich kurz war. Neunzig Sekunden war die Regel, höchstens einmal drei Minuten. Darüber haben sich die Italiener einmal im Präsidium beschwert. Sie seien gegenüber den Engländern erheblich benachteiligt. Als Beweis ließen sie denselben Text einmal in Englisch und dann in Italienisch [vorlesen].Tatsächlich brauchte das Italienisch deutlich mehr Zeit.

Barbara war trotz ihrer rund 70 Jahre eine ausgezeichnete Tänzerin. Und auf den Parlamentarischen Abenden war es immer ein Höhepunkt, wenn die Labourchefin mit dem Chef der englischen Konservativen, Lord Henry Plumb, den Tanz eröffnete. Zur höchsten Form lief Barbara aber auf, wenn Margaret Thatcher als Ratspräsidentin im Parlament sprach. Dann machte das kleine Energiebündel die britische Premierministerin nieder, wie der das wohl im Unterhaus nie widerfahren ist.

(Rudi Arndt in seinen fragmentarisch gebliebenen und unveröffentlichten Erinnerungen, um 2000. Typoskript in: IfS, Nachlass Rudi Arndt (S1/163), Nr. 15.)

Die verpasste Sensation –
Erinnerungen an den Besuch des
palästinensischen Politikers Jassir Arafat
in Strassburg im September 1988

Eines der größten Probleme der Sozialistischen Fraktion im Euro-
paparlament war die Palästinenserfrage. Viele Abgeordnete waren
voll auf der Seite der Palästinenser, andere auf der Seite Israels. Und
eine große Gruppe war hin- und hergerissen. Schließlich haben wir
als junge Politiker Ben Gurion und Golda Meir bewundert und uns
mit Abscheu von den Terrorakten der Palästinenser abgewandt.
Nur sahen wir dann, mit welch rigorosen Mitteln die Israelis in den
besetzten Gebieten vorgingen und wie wesentliche Teile des Likud-
blockes unter Begin und Shamir mit brutalen Mitteln die Annexion
betrieben. Langsam tastete sich die Fraktion an eine Vermittlungs-
politik heran, wie sie Willy Brandt in der Sozialistischen Internatio-
tionalen unterstützte. Wir luden Vertreter der PLO, die wir als
Tauben kennengelernt hatten, in die Fraktion und ließen sie ihre
Ansicht der Dinge vortragen. Shimon Peres hatte in einer ganztä-
gigen Sitzung die Möglichkeit, alle Facetten seiner Politik eingehend
darzulegen. In kleinem Kreis fragte ich ihn, ob er etwas dagegen
habe, wenn wir direkt versuchten, mit der PLO zu sprechen und
die wichtigsten Punkte beider für einen Beginn der Friedensge-
spräche durchzusetzen. Er hielt das zwar für nicht sehr erfolgver-
sprechend, aber es könnte vielleicht nützlich sein. Dann fragte ich
ihn, ob er dagegen sei, daß ich Arafat in die Fraktion hole, wenn
vorher verschiedene Bedingungen ausgehandelt seien. Da war er
voll des Spottes und meinte, bevor so etwas geschehe, würde eher
der Himmel einfallen. Aber ich solle ruhig mal machen, schließlich
sei es immer gut, Erfahrungen zu sammeln.

Nun hatten wir in der [Sozialistischen] Fraktion eine ganze Reihe
guter Verbindungsleute zur PLO in Frankreich und in Deutsch-
land. Mit denen bereiteten wir das Treffen vor und konnten bei di-
rekten Kontakten mit Arafat feststellen, daß er außerordentlich
interessiert war. Darauf lud ich ihn im Namen der Sozialistischen
Fraktion offiziell nach Straßburg ein. Das war, als ob ich eine
Bombe gezündet hätte. Die Zeitungen, insbesondere deutsche und
französische, fielen über mich und die Fraktion her. Die Franzosen

in meiner Fraktion änderten ihre Meinung und bekämpften das Projekt. Die SPD tat so, als gäbe es das alles nicht, aber viele führende Sozialdemokraten stimmten in allen möglichen Organisationen scharfen Resolutionen gegen diese Einladung zu. Shimon Peres gab wilde Presseerklärungen gegen dieses Treffen ab. Der Zentralrat der französischen Juden war trotz allem sehr fair, und es kam zu einem Treffen, bei dem ich unsere Position darlegen konnte. Die war natürlich sehr stark: entweder der Versuch einer langwierigen friedlichen Lösung oder weitere Gewalttaten mit dem Tod von jungen Israelis und Palästinensern. Unter Außerachtlassung aller diplomatischen Höflichkeiten (übrigens ein Markenzeichen von mir) sagten wir ihnen [d. i. den Vertretern des Zentralrats der französischen Juden], wenn sie dieses Treffen verhindern würden, dann würden wir sie in Zukunft für jeden Mord und Totschlag in Israel und Palästina mit anprangern. Wir schieden nicht im Streit, und wir konnten davon ausgehen, daß die französischen Juden zwar nach wie vor gegen dieses Treffen waren, aber durchaus Verständnis für unsere Motivation hatten. Mitterand ließ mir persönlich und vertraulich ausrichten, daß er mir bei dieser

Besuch des PLO-Vorsitzenden Jassir Arafat beim Europäischen Parlament in Straßburg, 13. 9. 1988

riskanten Sache Glück wünsche. Unser Generalsekretär fuhr zu Shi-
mon Peres, der plötzlich sich nicht mehr an unsere Brüsseler Ab-
machungen erinnern konnte, aber ihm drei Fragen aufschrieb, die
wir Arafat gnadenlos immer und immer wieder stellen sollten.

Als Arafat mit seinen beiden Jets Straßburg anflog, waren der ge-
samte Luftraum und natürlich auch die Umgebung des Flughafens
gesperrt. Als ich dann aufs Rollfeld ging und den Vertreter der PLO
in Europa fragte, in welcher der beiden Maschinen Arafat sitzen
würde, sagte er mir, das wisse er nicht. Das wisse vorher niemand,
und so könne auch ein potentieller Angreifer nicht wissen, in wel-
cher Maschine [der PLO-Chef] sei. Als ich ihm darauf antwortete,
wenn ich potentieller Angreifer wäre, würde ich halt beide Maschi-
nen abschießen, blieb er zutiefst erschrocken stehen. Er meinte
dann, wenn meine Partei mich einmal aus dem Parlament he-
rausschmeißen würde, sei zu überlegen, ob ich bei ihnen Sicher-
heitschef würde. Dann wurden wir zu einer der beiden Maschinen
gewinkt, und Arafat kam die Rolltreppe herunter. Ich hatte mir
schon vorher überlegt, daß das Austauschen von Umarmungen
und Bruderküssen vor versammelten Fotografen und Fernsehka-
meras für die öffentliche Meinung ein bißchen riskant sei. Also ging
ich aufrecht in 1,86 Meter Körpergröße ihm entgegen und bückte
mich auch nicht, als wir zusammentrafen. Er versuchte einige Mo-
mente [lang,] an mir hochzuklettern, gab aber diese Versuche auf,
bevor sie zu auffällig wurden. Dann machten wir ein bißchen
Smalltalk und [brachen] zur Fahrt nach der Stadt auf. Ich lud ihn
ein, mit mir in meinem Wagen Platz zu nehmen, aber das lehnte
er ab. Es sei vor allem für mich und natürlich auch für ihn siche-
rer, in seiner gepanzerten Limousine mit den Bodyguard-Profis als
Vor- und Nachhut zu fahren. Als wir uns dann im Fond niederge-
lassen hatten, testete er mich, indem er hinzufügte, er wolle schließ-
lich nicht von der Abhöranlage in meinem Dienstwagen abgehört
werden. Ich stellte ihn dann zufrieden, indem ich bemerkte, er
könne mich doch nicht [für] so naiv halten, daß ich ohne mein ein-
geschaltetes Tonbandgerät herumliefe. Allerdings war ich in Wirk-
lichkeit so naiv und hatte weder in meinem Wagen eine Abhör-
anlage noch in meinem Anzug ein Tonbandgerät.

Dann eröffnete ich Arafat, ohne lange drumherum zu reden, wel-
che drei Fragen wir ihm stellen würden und auf welche er uns eine
akzeptable Antwort geben müsse, wenn das alles erfolgreich sein

Besuch des israelischen Außenministers Shimon Peres
auf Einladung der Sozialistischen Fraktion im Europäischen
Parlament in Brüssel

*solle. Wie aus der Pistole geschossen antwortete er mir: »Das hat
Ihnen der Shimon Peres aufgeschrieben!« – »Aber natürlich, Sie
haben doch nichts anderes erwartet!« Ich glaube nicht, daß sich
Arafat dann mir gegenüber verstellt hat. Er hatte begriffen, daß ich
vernünftige, für beide Seiten akzeptable Ergebnisse von unserem
Treffen erwartete, und ich war sicher, daß genau dies auch von
ihm beabsichtigt war. Und er gab mir deutlich zu verstehen, daß er
es ganz natürlich finde, wenn ich ideologisch eben mehr zu meinen
Genossen von der israelischen Arbeiterpartei hielte.*

*Am nächsten Tag begannen dann die Gespräche, und wer die In-
dividualisten der Sozialistischen Fraktion kennt, der weiß, daß es
dabei hart zuging. Aber der Vorsitzende brauchte gar nicht einzugreifen, denn Arafat war souverän. Er beantwortete auch die kri-
tischsten Fragen, wurde nie böse und ließ geduldig über sich
ergehen, daß fast alle Fraktions- und andere Präsidenten mit ihm
sprachen und dieselben Themen anschnitten. Eine schwierige Ecke
mußten wir umschiffen. Das war die Frage der völkerrechtlichen
Anerkennung Israels. Obwohl seine Delegation ihn drängte, dies*

positiv zu bejahen, wählte er die Formulierung: »Wir erkennen das Lebensrecht Israels im Nahen Osten an.«

In dem Hin und Her über diese Formulierung bat er dann um ein Gespräch unter vier Augen. Dabei sagte er mir: »Ich brauche doch auch noch was für die Amerikaner in vier Wochen in Genf!« Das verstand ich durchaus, schlug ihm aber einen Trick vor. Natürlich würde in der Pressekonferenz diese Frage kommen. Dann würde er lang und breit antworten, womit die Presse nicht zufrieden wäre. In diesem Moment würde ich als Leiter der Pressekonferenz erregt sagen, daß Arafats Ausführungen doch unmißverständlich die staatliche Anerkennung Israels bedeuteten. So gingen wir in die Pressekonferenz. Und es lief so, ja sogar noch schöner. Auf meine Bemerkung hin brüllten die Starvertreter der internationalen Presse, die sowieso auf die beim Europäischen Parlament Akkreditierten mit Hochmut heruntersahen, wie die Wilden los. Sie wollten keine Kommentierung des Fraktionsvorsitzenden, sondern die Meinung Arafats, es sei eine Unverschämtheit sie (die Crème de la crème des internationalen Journalismus) so abzufertigen und dabei noch zu grinsen. Als sich der Sturm gelegt hatte, antwortete ich, indem ich sie darauf aufmerksam machte, daß ich schon über 40 Jahre vorher von der Militärregierung eine Zeitungslizenz bekommen habe (es brauchte ja niemand zu wissen, daß das nur [für] ein Jugendblättchen war), noch heute Geschäftsführer eines Verlages sei (der gibt das Monatsblatt des SPD-Bezirks Hessen-Süd heraus) und deshalb schon jahrzehntelang im Geschäft die Regeln einer internationalen Pressekonferenz kenne. Im übrigen hätte jetzt Arafat das Wort. Der sagte nur: »Der Präsident Arndt hat bereits alles gesagt!« Keiner von diesen so hoch dotierten Journalisten hat das begriffen. Monate später, als Arafat gegenüber den Amerikanern die staatliche Anerkennung [Israels] bejahte, fragten mich Journalisten, warum er das noch nicht in Straßburg getan hätte. Darauf gab ich ihnen das (englische) Originalprotokoll der damaligen Pressekonferenz, und sie ärgerten sich furchtbar, daß sie sich diese Sensation hatten entgehen lassen.

Arafat freute sich wie ein Kind über das Schnippchen, das wir der Presse geschlagen hatten. Beim gemeinsamen Abendessen mit dem Fraktionsvorstand versprühte er einen unwahrscheinlichen Charme, der alle tief beeindruckte. Dabei war er auch noch außerordentlich witzig und schlagfertig. Dann ließ er sich einen roten

Samtkasten geben, öffnete ihn und zeigte eine aus Perlmutt herge-
stellte Stadtansicht mit einer Kirche. Es war die Kirche, die über der
Geburtsstätte Jesus in Bethlehem errichtet ist. »Außer ihnen hat dieses Relief aus Perlmutt nur noch ein Mensch von uns geschenkt bekommen: der Papst.« Allgemeines Entzücken und Erstaunen. Als
man sich beruhigte und wieder setzte, fragte mich Arafat: »Wissen
Sie, warum wir das geschenkt haben?« – »Sie wollten uns darauf
aufmerksam machen, daß in Israel schon einmal ein bedeutender
Palästinenser getötet wurde.« Er war erschrocken und fragte, woher
ich das wisse, das stimme nämlich. Nun, ich beruhigte ihn und erklärte ihm, daß bei einem bißchen logischen Denken und Hinein-
versetzen in einen Palästinenser diese Antwort naheliege. Wir
haben das [d. i. über das Treffen in Straßburg] Shimon Peres im
Einverständnis mit Arafat mit allen Zwischentönen genau berichtet. Wie ich von dem außenpolitischen Sekretär der israelischen Arbeiterpartei hörte, war er außerordentlich zufrieden.

(Rudi Arndt in seinen fragmentarisch gebliebenen und unveröffentlichten Erinnerungen, um
2000. Typoskript in: IfS, Nachlass Rudi Arndt (S1/163), Nr. 15.)

DER POLIT-PENSIONÄR
UND SEINE AUFBAUHILFE-OST

Rudi Arndt in Thüringen

Von HEINRICH HALBIG

Großbodungen in Thüringen ist kein Ort, dessen Name sich sofort einprägt, wenn man ihn zum ersten Mal hört. Das vor zwanzig Jahren noch etwa 1 800 Seelen zählende Dorf im heutigen Landkreis Eichsfeld, seit 2010 Teil der neuen Gemeinde »Am Ohmberg«, liegt an der früheren Handelsstraße von Nordhausen nach Göttingen. Mittlerweile ist die Zahl der dort lebenden Menschen in dem 1124 erstmals urkundlich erwähnten Flecken, auch bedingt durch den Aderlass nach der Deutschen Einheit, auf annähernd 1 400 geschrumpft. Als sich der frühere hessische Wirtschafts- und Finanzminister und ehemalige Frankfurter Oberbürgermeister Rudi Arndt am 12. Februar 1990 von Erfurt aus mit seinem Audi-Quattro durch dichtes Schneetreiben auf den Weg in das gut 100 Kilometer entfernte Großbodungen macht, ist es für ihn eine Fahrt ins Ungewisse. Auch ist ihm der Name der Gemeinde nicht bekannt. Und er ahnt nicht im geringsten, was ihn dort erwartet.

Christine Austel-Haas, Pfarrerin in der St. Petri-Kirche, hatte von dem Engagement des prominenten, jedoch bereits aller Ämter ledigen hessischen Polit-Pensionärs erfahren, beim Aufbau einer schlagkräftigen SPD-Organisation in Thüringen helfen zu wollen. Zudem wollte er den Menschen mit Rat und Tat zur Seite stehen. Sie selbst lädt mit einem »Trägerkreis« in der Endphase der DDR seit Oktober 1989 – wie andere Kirchengemeinden auch – regelmäßig zum »Montagsgebet« in das Gotteshaus ein, nicht nur um zu beten und über die gespannte Atmosphäre im Arbeiter-und-Bauern-Staat zu reden, sondern auch, um die Ängste der Menschen ob der ungewissen Entwicklung zu kanalisieren. Die Kirche sozusagen als Schutz bietendes Gebäude, aber auch als Institution, die sich der weltlichen Sorgen der Gläubigen annimmt. »Wir waren voller tief liegender und begründeter Ängste, weil niemand wusste, wie es ausgeht«, erklärt die Pastorin das Hilfsangebot an die Pfarrgemeinde. »Wir wollten mit dem ›Montagsgebet‹ dagegen halten. Es hat uns förmlich in die Kirche getrieben. Wir wollten ausdrücken und dem Sprache geben, was uns umtreibt.« Und es seien in der Regel 150 bis 200 Personen gewesen, die dieses Angebot angenommen hätten. Was liegt für sie in dieser Phase näher, über den im Werden begriffenen Thüringer SPD-Landesverband Arndt telefonisch zu einem dieser Abende als Redner und Diskutanten bitten zu lassen. Doch auf eine Antwort aus der zu der Zeit in Chaos, Bauschutt, Staub und Prospekten versinkenden Erfurter Geschäftsstelle wartet die Pastorin vergeblich.

ARNDTS BOTSCHAFT: MUT UND HOFFNUNG

Als der 62-Jährige an dem besagten Montagvormittag nach etwa dreistündiger Fahrt von Frankfurt aus das Parteibüro betritt, findet er lediglich eine kurze Notiz vor: »Montagsgebet, Großbodungen, 19.30 Uhr.« Angehängt sind noch eine Adresse und eine Telefonnummer. Dass es sich um die Erfurter Anschrift des Bittstellers handelt, sollte sich erst später klären. Doch dass Arndt am Abend in der evangelischen Pfarrgemeinde im tiefen Nordwesten Thüringens, einer überwiegend vom Katholizismus geprägten Region mit starker CDU-Dominanz, aufkreuzen und sprechen wird, steht für ihn außer Frage. Vor der Fahrt gen Norden hat er noch einige Telefonate zu führen, muss die Post durchsehen und steht anschließend im Delikat-Laden in einer längeren Schlange an, um Wurst und Käse einzukaufen. Dann noch schnell in seine Zwei-Zimmer-Wohnung in der Marktstraße 14, bevor er zur ersten Sitzung des hessisch-thüringischen Koordinierungsgremiums aufbricht. Eine Stunde vor dem »Montagsgebet« taucht er dann – völlig unerwartet für die Gemeinde – in Großbodungen auf.

Für zwei, drei Sekunden ist die ansonsten eloquente Seelsorgerin fassungs- und sprachlos. Ungläubig, als stehe ein Geist vor ihr, starrt die zierliche Pastorin den fast den ganzen Türrahmen des alten Pfarrhauses ausfüllenden, sie um mehr als einen Kopf überragenden Mann an. *Rudi Arndt ist mein Name*, stellt sich der Besucher kurz vor. Christine Austel-Haas hat mit dem prominenten Gast aus der hessischen SPD nicht gerechnet, auch nicht rechnen können. Denn die Anfrage der Kirchengemeinde bei den Genossen in Erfurt war ohne Resonanz geblieben. So hat sie am Tag zuvor beim Gottesdienst Arndt auch nicht von der Kanzel herab ankündigen und besonderes Interesse bei den Kirchenbesuchern wecken können. Stattdessen fand sie kurzfristig Ersatz in dem CDU-Bürgermeister von Bernterode, Willibald Böck.

Doch das alles zählt für Rudi Arndt in diesem Augenblick nicht. Er ist gekommen, um zu helfen, zu raten, anzupacken, den Menschen Selbstbewusstsein einzuflößen, Mut zu machen und Hoffnung zu verbreiten – Hoffnung auf eine neue und bessere Zukunft. Vor allem will er die Bürger motivieren, sich nicht dem Treck ihrer Landsleute in den angeblich so »goldenen Westen« anzuschließen, sondern die großen Chancen, die sich ihnen in der DDR nach dem Fall der Mauer bieten werden, wahrzunehmen und in der Heimat zu bleiben. Durchhalteparolen á la Arndt. So wie es Willy Brandt beim Gründungsparteitag der Thüringer SPD in Gotha formuliert hat: »Wer jetzt weggeht, nimmt jeweils eine Stimme mit. Aber hier bedarf es jeder Stimme.« Denn der Sinn der Revolution, so die Galionsfigur der deutschen Sozialdemokratie, bliebe »unerfüllt, mündete sie nicht in eine stabile demokratische Ordnung, in der soziale Verantwortung großgeschrieben wird«. In diesem Sinne agiert Arndt nun schon seit Dezember 1989 Woche für Woche. Auch in Großbodungen lautet seine Botschaft an die diesmal etwa 50 Männer und Frauen ähnlich. Sie haben trotz des unwirtlichen Wetters den Weg in die stilvoll renovierte Kirche gefunden, viele nicht wissend, dass der populäre Genosse aus dem Westen anstelle des Bürgermeisters aus dem Eichsfeld die eigentliche Hauptperson sein wird.

Drei Monate zuvor hätte sich Rudi Arndt mitnichten träumen lassen, dass seine Erfahrung aus 37 Jahren beruflicher und ehrenamtlicher Tätigkeit als SPD-Politiker, als Abgeordneter, als Fraktionschef im Hessischen Landtag wie im Europaparlament, als hessischer Minister (Wirtschaft und Verkehr, Finanzen) oder auch als Frankfurter Oberbürgermeister noch einmal gefragt sein könnte, sein Rat gesucht werde. Denn am 24. Juli 1989, gut ein Vierteljahr vor dem Fall der Mauer, war der Jurist nach zehn Jahren aus dem Europäischen Parlament ausgeschieden. Er hatte sich bewusst gegen eine dritte Kandidatur für Brüssel entschieden und innerlich auf einen stressfreien Ruhestand eingestellt. Und der passionierte Rallye-Fahrer ließ alle wissen, dass er mit seiner Frau endlich die Länder bereisen und kennenlernen wolle, von denen er in den vier Jahrzehnten als Politiker nur die Hotels gesehen hatte. Vor allem wollte er sich nach einer mehrwöchigen Kur in Bad Füssing, wo er *Gewicht machte* und abspeckte, einen Traum erfüllen. Er

Verleihung der
Ehrenplakette der Stadt
Frankfurt am Main durch
Oberbürgermeister Vol-
ker Hauff,
1. 12. 1989.
Im Hintergrund:
Paul Labonté und
Liesel Christ

wollte im Sommer 1990 von Kanada durch die USA über die be-
rühmte Panamericana Richtung Süden fahren. Die Passage nach
Vancouver hatte das Ehepaar für sich und das Auto längst gebucht.

Doch dann kommt der November 1989. Und zugleich die überraschende Öffnung der DDR-Grenze. »Rudi«, wie ihn seine Freunde
zu nennen pflegen, sitzt wegen der sich überstürzenden Nach-
richten aus Berlin in seinem Kurort mehr vor dem Fernseher als
beim Physiotherapeuten. Erholung und Regeneration geraten für
den Vollblutpolitiker zur Nebensache. Und mitten in dieser aufregenden, irritierenden Phase erreicht ihn in Bad Füssing der Anruf
eines Genossen aus dem sich gerade wieder gründenden SPD-Landesverband Thüringen. Von wem genau, kann er später nicht mehr
sagen. »Hör mal, Rudi«, so der Anrufer, erinnert sich Arndt. »Wir
haben gehört, du bist jetzt draußen aus der Politik. Kannst du uns
nicht helfen? Wir müssen doch bei Null wieder anfangen?«

FAMILIÄRE WURZELN

Er sei wie elektrisiert gewesen, sagt Arndt. Er habe den Reiz, die Herausforderung und die einmalige Chance gespürt, sich im Interesse der SPD beim Aufbau der Partei in Thüringen noch einmal nützlich machen zu können, sich zu engagieren und ihr mit seiner Erfahrung zur Seite zu stehen. Er wollte dabei sein, zumal auch SPD-Parteichef Hans-Jochen Vogel (1987–1991), wie Arndts Freund Armin Clauss (ehemaliger Sozialminister und SPD-Fraktionschef im Hessischen Landtag) erzählt, die Genossen im Westen »zur Hilfe aufgerufen hatte«. Natürlich möchte er sein Wissen über Parteiorganisation und Parteipolitik weitergeben oder auch über die soziale Marktwirtschaft á la Bundesrepublik Deutschland informieren. Doch er möchte nicht nur ermuntern, sondern auch die Ärmel hochkrempeln und mit anpacken. Und der ergraute Altlinke aus Hessen-Süd will wieder Kärrnerarbeit leisten, so wie er es als junger Sozialdemokrat im Ortsverein getan hat, als er 1945 nach der Rückkehr aus dem Krieg in die Frankfurter SPD eintrat. Doch als er seine Frau Roselinde behutsam auf die für ihn veränderte Situa-

Mit dem Bruder Günter Arndt (li.) und dem Freund Armin Clauss beim Sommerfest der Frankfurter Arbeiterwohlfahrt im Park des Johanna-Kirchner-Altenhilfezentrums

tion vorzubereiten versucht, auch durchblicken lässt, dass die »Weltreise« wohl erst einmal verschoben werden müsse, stößt er bei ihr auf kein Verständnis. Er holt sich einen Rüffel. »Du bist wohl verrückt geworden«, ist ihre erste Reaktion. »Das kommt gar nicht in Frage.« Das Thema scheint erledigt zu sein.

Dabei reichen Arndts familiäre Wurzeln bis nach Thüringen. Sein Urgroßvater mütterlicherseits, Heinrich Prinz, war im Mai 1875 im »Tivoli« in Gotha beim »Allgemeinen Sozialistenkongress« einer der Gründungsväter der »Sozialistischen Arbeiterpartei« (SAP), einer Vorläuferin der SPD. Auf diesem Gothaer Vereinigungsparteitag verschmolzen die beiden Arbeiterparteien, die »Sozialdemokratische Arbeiterpartei« (SDAP) und der »Allgemeine Deutsche Arbeiterverein« (ADAV) – auf der einen Seite die marxistischen »Eisenacher« und auf der anderen die gemäßigteren »Lasalleaner« – zur SAP. Erst 1890 gab man sich den Namen »SPD«. Und bereits 1864 hatte Arndts Urgroßvater väterlicherseits zu den Mitbegründern der Frankfurter SPD gezählt.

Und nun soll ausgerechnet ihm, diesem noch immer vor Kraft sprühenden SPD-Urgestein, verwehrt bleiben, beim Neustart der Genossen in der DDR mit dabei zu sein und seine fundierten Kenntnisse über die große wie die kleine Politik einzubringen? Er, der zu der Zeit noch verwandtschaftliche Bande nach Thüringen hat und in den Jahren des Kalten Krieges auch versucht hat, *Löcher in den Eisernen Vorhang zu bohren*? Er, der fast sein Leben lang für Demokratie, Frieden, Freiheit und soziale Gerechtigkeit gekämpft hat? Um den 23. November, erinnert sich Arndt später, ist es seine Frau, die seiner *Leidenszeit* überraschend ein Ende bereitet, als sie ihn wie aus dem Nichts fragt: »Rudi, wann fährst du denn nun nach Thüringen?« Der Satz wirkte wie eine Befreiung oder gar Erlösung. Seinem Wirken im Nachbarland Hessens stand von nun an nichts mehr im Wege. Anfang Dezember sprach er mit dem SPD-Vorsitzenden Vogel, dem Geschäftsführer der SPD in der DDR, Ibrahim Böhme (dessen Stasi-Verstrickungen erst im März 1990 bekannt wurden), und einigen Freunden in Berlin über sein beabsichtigtes, zeitlich befristetes Engagement. *Doch die hatten fast alle Fracksausen*, sagte er rückblickend mit einem leichten Schmunzeln. *Die dachten offenbar, ich wolle hier meine vierte Politikerkarriere starten. Aber die Thüringer Genossen meinten, ich solle mich nicht beeinflussen lassen.*

Arndt ließ denn auch Skepsis und Selbstzweifel gar nicht erst an sich heran. Vielmehr verfolgte er zielstrebig und mit Akribie seine freiwillige Mission. Von der Produktionsgenossenschaft Handwerk mietete er sich eine kleine Wohnung in der heutigen Landeshauptstadt Erfurt, direkt gegenüber der Allerheiligenkirche. Hier schlägt er vorübergehend seine Zelte auf, um dem Wahlkampf der SPD für die erste freie Kommunalwahl seit dem Ende des Zweiten Weltkriegs, die am 6. Mai 1990 stattfinden soll, im Verein mit den Thüringer Genossen wichtige Impulse zu geben. *Man muss hier leben, um die Sorgen der Menschen verstehen zu können,* sagt er unpathetisch. Einen Tag vor Heiligabend 1989 meldet er sein schlichtes Domizil offiziell als Zweitwohnung an. Der Mietzins für die *Bude*: 34,50 Mark (Ost). Mitte Februar ist er mit seinem Auto bereits 10 000 Kilometer als Ehrenamtlicher in Sachen Aufbauhilfe-Ost für die SPD unterwegs, rollt durch das Land, taucht auf, wo immer er gebeten wird, macht »Kurierdienste«, pendelt zwischen Frankfurt/Wiesbaden, Erfurt und Berlin, transportiert Kopierer, Schreibmaschinen und Plakate und hat das Gefühl, *von Tag zu Tag jünger* zu werden.

Aufbau- und Wahlkampfhilfe in Erfurt: Beim Ausladen von Prospekten vor dem SPD-Büro, wobei Rudi Arndt gleich ein Exemplar an eine Passantin verteilt, Februar 1990

FREIWILLIGE MISSION

Wer, wie der Autor, Rudi Arndt zwei Tage auf seiner Tour durch das 16 000 Quadratkilometer große Thüringen begleitet und ihn danach immer wieder mal getroffen hat, spürt, wie wichtig ihm bei aller Freude am Aufbau einer konkurrenzfähigen SPD der ehrenamtliche Job ist. Wie ernst er ihn nimmt. Wie er versucht, für seine Partei den organisatorischen Vorsprung der ehemaligen Blockparteien im Wahlkampf zu verringern. Er erlebt, wie der Oberbürgermeister a. D. und Minister a. D. sich nicht zu schade ist, wie ein Jungspund Plakate zu kleben (die nicht selten von SEDlern des Nachts wieder abgerissen werden) und Flugblätter zu verteilen. Wie er berät, Termine vereinbart oder in Diskussionen mit altem Denken verhaftete Ost-Gewerkschaftern auf Fußangeln aufmerksam macht.

Er bittet die lieben Freunde in einem an alle SPD-Ortsvereine verteilten Brief ausdrücklich, sich direkt oder über die SPD-Geschäftsstelle an ihn zu wenden, *wenn Ihr irgendetwas zu erledigen habt oder Rat braucht.* Und er schreibt, er würde sich außerordentlich freuen, *wenn Ihr mich so oft (wie) möglich in Anspruch nehmen würdet.*

Der Begleiter sieht auch, wie der ergraute Polit-Rentner ganze Wagenladungen von Prospekten und Zeitungen herankarrt, damit sie von der Geschäftsstelle aus verteilt werden können. Vor allem bekommt er mit, dass sich der 62-Jährige selbst nicht schont. Es dünkt dem Beobachter, als liebe Arndt geradezu wieder die Hektik und den Stress, so als habe er das alles lange vermisst. *Das ist wie eine Droge,* sagt der Frankfurter denn auch. *Ich bin richtig high.* Rudi Arndt wirkt wie neu geboren. Seine Frau Roselinde kommentiert diese Zeit mit dem Satz: »Das Zirkuspferdchen wollte wieder in die Arena. Dafür hätte er alles aufgegeben. Ich hatte ihn lange nicht mehr so lebensfroh, sprühend und jung erlebt.« Für ihren Mann sei der Fall der Mauer wie »ein Geschenk des Himmels« gewesen.

»Was sollen wir denn als Ankündigung auf das Plakat schreiben?«, fragt im provisorischen Parteidomizil, einer ehemaligen Arztpraxis am »Anger«, ein Kreisvorsitzender den Unruheständler. »Die Menschen müssen doch wissen, wer Sie sind?« *Schreib' einfach Rudi!,* kokettiert Arndt mit seinem Bekanntheitsgrad, davon ausgehend, dass sein Vorname in Thüringen mittlerweile ebenso ein politisches

Markenzeichen ist wie in Hessen. Längst ist er auch Mitglied der Erfurter SPD. Aber er kann auch schon mal grob und harsch reagieren, wenn ein Genosse partout etwas nicht einsehen will oder nicht begreift. Da wenden sich Parteifreunde mit der Bitte um einen Lautsprecherwagen an ihn. Arndt beschafft ein Fahrzeug. Er hat von Freunden im Ruhrgebiet einen Mercedes-Lieferwagen avisiert bekommen. *Die Menschen haben hier was gegen einen Mercedes*, weiß er. *Aber ich habe ihnen gesagt, Freunde, da werdet Ihr Euch dran gewöhnen müssen.* Doch mehr noch als Geld brauchten sie Material und Maschinen, glaubt er. *Denn sie können und wollen arbeiten.* Und das Geld, der wichtige Schmierstoff für eine funktionierende Wirtschaft? Und was ist mit der Währungsunion? Natürlich, erklärt Arndt, auch die harte D-Mark sei notwendig. Und dann macht er eine einfache Rechnung auf: *Wenn wir eine Milliarde hier reinpumpen, sparen wir bei uns zwei.*

SEELENMASSAGE VON DER KANZEL

Nun also Seelenmassage á la West beim »Montagsgebet« im Eichsfeld. So wie er es andernorts bereits mehrfach gemacht hat, unter anderem von der Kanzel der katholischen Kirche im Erfurter Stadtteil Hochheim, wo er ebenfalls auf Einladung der Gemeinde gesprochen hat. Man könnte fast von einer Art Sendungsbewusstsein sprechen, das den Pragmatiker ergriffen hat.

Auch an diesem Abend sieht Rudi Arndt seine wichtigste Aufgabe darin, Zuversicht zu verströmen und Mut zu vermitteln. Mut und nochmals Mut. Er will sie alle zum Dableiben und zum Ausharren bewegen. *Ich glaube fest an einen Wirtschaftsboom in der DDR*, vermittelt er mit seiner dunklen, kräftigen Stimme Zutrauen. Und während er, zwischen dem Altar und den ersten Bänken stehend, den Zuhörern sein »Credo« nahe bringt, hängen sie an seinen Lippen. Sie wollen ihm glauben – im Gegensatz zu Willibald Böck von der Ost-CDU, der geradezu rührend und unsicher bekennt: »Ich bin ganz hilflos« (dass Böck neun Monate später in der thüringischen Union Karriere machen, Innenminister werden und den CDU-Landesvorsitz übernehmen sollte, bis der populäre Eichsfelder über die so genannte »Raststätten-Affäre« stolperte und von allen Ämtern zurücktreten musste, stand zu der Zeit noch in den Sternen).

Rudi Arndt dagegen wirkt unverkrampft und authentisch. Sein

Job ist in diesen Tagen des langsamen Zusammenwachsens von Ost und West mit Geld nicht zu bezahlen.

Im Gotteshaus zu Großbodungen versucht er wie ein einsamer Rufer in der Wüste, Vertrauen zu aufzubauen, ohne in den Wahlkampf zu verfallen. »Man kann tatsächlich wieder Mut schöpfen«, äußert sich ein Bauingenieur. Er wolle sich selbständig machen, so wie sein Vater es einst gewesen sei, der ein Dachdeckergeschäft betrieben habe, bekennt er. Ermuntert von Arndt, will sich der Mann in vier Tagen in Erfurt mit dem hessischen Wirtschaftsminister Alfred Schmidt (FDP) zusammensetzen und sich über das millionenschwere Aktionsprogramm des Landes Hessen für Handwerker und Mittelstand informieren. Der Genosse Arndt als Unternehmensberater, der sich rühmt, 1990 in der DDR die erste GmbH gegründet zu haben? Er sieht sich zugleich in der Rolle eines Hoffnungsträgers, wenn er immer wieder Sätze hört wie: »Wenn du hier bist, muss es Hoffnung geben.« Doch er spürt auch die Ängste der Männer und Frauen, die zweifeln, ob die Entwicklung von Dauer sein wird. Deshalb müsse ihnen schnell geholfen werden, fordert Arndt. *Damit sie an die Zukunft glauben. Sonst haben wir Millionen von ihnen im Westen.* Arndt selbst ist überzeugt, dass die Bewohner des ehemaligen Arbeiter-und-Bauern-Staats eine tolle Zukunft vor sich haben. Und mit seinem Optimismus steckt er die Menschen in der Kirche an.

Gefragt, ob sie Rudi Arndt als »glaubwürdig empfunden« habe, schildert Christine Austel-Haas ihre Wahrnehmung später rückblickend so: »Zu DDR-Zeiten war die Ideologie klar. Dagegen war alles, was aus dem Westen kam, neu und erst einmal nicht ideologisch. Und hier ließ sich jemand aus Westdeutschland auf unseren Alltag ein und darauf, was zu uns gehört. Ich kannte ihn ja nicht. Ich hatte das jedenfalls als ehrlich aufgefasst. Etwas anderes als ehrlich konnte das gar nicht sein.« In der Provinz habe man die Zeit des Umbruchs »viel dosierter erlebt«. Es sei dort »braver« zugegangen. »Wir waren daher dankbar für jeden, der kam.« Sie habe denn auch überhaupt kein Misstrauen gehabt. Die Pfarrerin: »Ich fand es toll und beeindruckend, diesen Menschen zu treffen und zu sprechen.« Er sei »lebendig, echt und unverstellt« gewesen. So habe sie Rudi Arndt, dem sie nur einmal begegnen sollte, nach wie vor in Erinnerung. »Er war echt ein Original.« Und es habe ihr »einfach Freude bereitet und sie bewegt, ihm zuzuhören«.

GRÜNDUNGSPARTEITAG DER SPD THÜRINGEN

Zur Zeit von Arndts Besuch in Großbodungen ist der Gründungsparteitag der Thüringer SPD vom 27. Januar 1990 in Gotha längst
Vergangenheit. Und die »Wiedergeburt« der Partei fand, wie hätte
es anders sein können, im »Kaltwasserschen Saal« im historischen
»Tivoli« statt wie 115 Jahre zuvor der Vereinigungsparteitag von
SDAP und der ADAV. Als Arndt zum ersten Mal unter dem Ölge-
mälde an der Frontseite des Saales steht, übermannt ihn die Rüh-
rung. Er, den viele als »hemdsärmelig«, robust und »harten Knochen«
kennen und der wegen einer nicht ernst gemeinten Äußerung über
die im Krieg zerstörte Alte Oper »Dynamit-Rudi« genannt wird, bekommt feuchte Augen, als er auf die Männergruppe auf dem Bild
vom Vereinigungsparteitag zeigt. *Dort hinten neben oder hinter August Bebel muss mein Urgroßvater Heinrich Prinz stehen*, sagt er
mit belegter Stimme.

An diesem historischen 27. Januar 1990 fällt bei einer Groß-
kundgebung mit 100 000 Menschen auf dem Gothaer Hauptmarkt
auch Willy Brandts berühmter, in die Geschichte eingegangener
Satz: »Jetzt wächst zusammen, was zusammengehört« (und nicht
angeblich bereits am 10. November 1989 in Berlin, einen Tag nach
dem Fall der Mauer).

Für Rudi Arndt ist die Beziehung zu Gotha umso mehr Verpflichtung, alles für eine neue starke SPD zu tun. »In der derzeiti-
gen Situation sind Leute wie er unersetzlich«, glaubt denn auch der
Maschinenbauer Frank Ritter. »Wir sind doch reine Polit-Amateure.«
Drei Wochen zuvor hat Ritter nicht einmal im Traum daran gedacht,
zum Geschäftsführer der thüringischen SPD berufen zu werden.
Doch er hatte den Gründungsparteitag in Gotha so gut organisiert,
dass man ihn kurzerhand zum hauptamtlichen Funktionär bestimmte. Man brauche nicht nur gute Vorschläge, sagt ein anderer
Sozialdemokrat, sondern auch praktische Hilfe. Selbst das Wählen
wolle gelernt sein, weiß Arndt. *Es gibt Leute, die haben zum ersten
Mal einen Wahlzettel in der Hand gehalten.*

RUDI ARNDT
BILANZ

Vom Dezember 1989 bis nach der Kommunalwahl im Mai 1990 wohnte und arbeitete ich in Erfurt. Ich half dort den Freunden der SPD-Thüringen beim Aufbau der Partei, bei der Vorbereitung der Volkskammer- und der Kommunalwahl. Darüber hinaus beriet ich Wirtschaftskreise aus der Bundesrepublik und der DDR und half bei der Gründung von deutsch-deutschen Gesellschaften.

Es waren sechs Monate, die am Anfang von überschäumender Euphorie und am Ende von Bitterkeit und Skepsis geprägt wurden. Wir Bürger aus der Bundesrepublik legen fast durchweg in einer bestürzenden Selbstverständlichkeit unsere durch die letzten vierzig Jahre geprägte Verhaltensweise als Maßstab für die Menschen in der DDR an. Die sind dagegen in einem System aufgewachsen, das ihnen das Denken und die Bewährung im Kampf um das tägliche Dasein abnahm. Ich habe keinen Rat, wie sich von heute auf morgen diese beiden total unterschiedlichen Verhaltensweisen ohne schwere Deformationen einander angleichen können. Es sei denn, man kehrt wieder zum Gedanken des Zusammenwachsens zurück.

(Rudi Arndt in einem Rundbrief, 13.6.1990, Typoskript in: IfS, Nachlass Rudi Arndt (S1/163), Nr. 18, f. 6.)

Er selbst handelt auf seine Weise. Wenn er am Wochenende nach Frankfurt fährt, bettelt er Material zusammen, bis sein Kofferraum überquillt. Und er vermittelt Patenschaften zwischen Ortsvereinen in Hessen-Süd und in Thüringen. Auch Willy Brandt freut sich, wie Arndt versucht, den Genossen in Thüringen als eine Art ehrenamtlicher SPD-Geschäftsführer sozialdemokratisches Know-how beizubringen. *Falsch*, erwidert der Frankfurter. *Richtiger ist: ich bin Mädchen für alles.*

»NIE WIEDER DEUTSCHLAND«

Doch während Arndt wie viele andere im Jahr der Einheit bis zur Gemeindewahl am 6. Mai 1990 alles Erdenkliche initiiert, um den Aufbau der Demokratie zu unterstützen und zu fördern, sind diese Bemühungen vielen Grünen, linken Gruppierungen, Sektierern und Kommunisten ein dicker Dorn im Auge. Sie versuchen, deren Arbeit im Osten von Westdeutschland aus zu konterkarieren und rufen in einem Pamphlet für den 12. Mai 1990 auf dem Frankfurter Opernplatz zu einer Massendemonstration gegen die Wiedervereinigung auf, zu der 20 000 Teilnehmer kommen sollten. Motto: »Nie wieder Deutschland!« Unterzeichner des bundesweiten Aufrufs sind – neben vielen anderen – auch prominente Grüne, unter ihnen die spätere Vorstandssprecherin Jutta Ditfurth, die Grünen-Beigeordnete im Umlandverband Frankfurt und Pressesprecherin der Investitionsbank Hessen (IBH), Manon Tuckfeld, oder auch der spätere hessische Landtagsabgeordnete der Linkspartei, Willi van Ooyen. Sie alle fordern auf einem vierseitigen Flugblatt die »Zweistaatlichkeit und die Anerkennung der DDR«. Vergebens, wie die Geschichte zeigen sollte.

Wie auch immer: Was der »Parteiberater« Rudi Arndt mit seinem mehr als sechs Monate während Engagement für die Sozialdemokratie in Thüringen hat bewirken können, ist kaum einzuschätzen. Die Ergebnisse der Kommunalwahl jedenfalls waren für die SPD nicht berauschend. Die CDU lag mit 41,9 Prozent mehr als 20 Prozent vor den Genossen (19,6 Prozent), während sich die PDS mit 10,5 Prozent, die BFD/FDP mit 7,7 Prozent und Bündnis90/Die Grünen mit 6,6 Prozent bescheiden mussten. Vermutlich drückt sich Arndts Erfolg weniger in Prozentzahlen, sondern weitaus mehr in dem neuen Lebensgefühl und der Hoffnung aus, die er all den Menschen, denen er in diesem aufregenden Abschnitt seines Lebens begegnet ist, mit denen er gesprochen und die er unterstützt hat, hat angedeihen lassen – und das über alle Partei-grenzen hinweg.

Rudi Arndt
Die rasanten Meinungsänderungsprozesse zu Lasten der DDR-Bürger

Der ständige Wandel der Meinungen und die sich überstürzenden Ereignisse warfen die DDR-Bürger in ein Wechselbad der Gefühle. Niemand darf sich heute wundern, daß sie [d. i. die DDR-Bürger] diesen auf sie einstürzenden Dingen in ihrer großen Mehrzahl nicht gewachsen waren. Sie hatten sich vor nicht einmal acht Monaten nur ein bißchen mehr Freiheit und einen etwas höheren Lebensstandard gewünscht. Dann öffneten sich die Grenzen, die alte Garde trat ab, die Mauer wurde durchlässig, fast alle DDR-Bürger fuhren in den Westen und bewunderten das Warenangebot, benutzten ihr Begrüßungsgeld zum Einkaufen, manchmal sogar mehrfach, sahen sich nach mehr als fünf Jahrzehnten plötzlich der Meinungsfreiheit gegenüber, erlebten die Gründung immer neuer politischer Gruppen und Parteien, staunten über den Meinungswechsel vieler ihrer DDR-Politiker, hatten freie Wahlen in Aussicht,

Rudi Arndt 2003

die erst für den Mai und dann sogar für den März terminiert wur-
den, diskutierten heute noch über die demokratischen Grundfrei-
heiten, dann darüber, welchen Einfluß die SED bei den neuen
Parteien hatte, nahmen zur Kennntis, daß sich ihr Wirtschaftssys-
tem radikal ändern würde, hörten das Versprechen, daß ihre Mark
demnächst in DM umgetauscht würde, zunächst 1 : 5, dann 1 : 4,
dann 1 : 1 und schließlich wieder 1 : 2, und sahen sich dann plötz-
lich damit konfrontiert, daß dies alles erhebliche Einschnitte in ihr
soziales System mit sich bringen würde. Gab es je ein Volk, das in
so kurzer Zeit durch ein derartiges Wechselbad der Ankündigungen
gejagt wurde? Dabei waren es meistens die Aktionen aus der Bun-
desrepublik, die das verursachten. Wer will dem DDR-Bürger ir-
gendeinen Vorwurf machen, daß er in Wochen oder Tagen oder
manchmal sogar in Stunden seine Einstellung und damit seine Er-
wartungen änderte, ja sogar ändern mußte?

Um sich ein Bild zu machen, was in den DDR-Menschen vorging,
will ich ein erschütterndes Erlebnis schildern. Bei der Konstituie-
rung und Wahl des Vorstandes einer neugebildeten Kreispartei
fragte mich mein Nachbar, ein etwa 55 Jahre alter Mann: »Wie muß
ich denn den Wahlzettel hier ausfüllen? Ich habe so etwas doch
noch nie in meinem Leben gemacht!«

(Rudi Arndt in seinem Bericht »DDR und Bundesrepublik. Politische und wirtschaftliche Strukturen einer neuen Gemeinschaft«. Manuskriptfassung, 30.4.1990, in: IfS, Nachlass Rudi Arndt (S1/163), Nr. 16, S. 3f.)

Rudi Arndt
Das Wechselbad der Gefühle auch für mich

Als ich im Dezember 1989 nach Erfurt kam, herrschte allseits eine euphorische Stimmung. Die Menschen in der DDR begrüßten mich überschwenglich, viele Bürger in der Bundesrepublik – absolut ohne Unterschied des politischen Standpunktes – hielten meinen Einsatz für richtig, und ich selbst war von dieser Aufbruchstimmung so begeistert, wie ich es kaum jemals zuvor erlebt hatte. In der DDR half man sich gegenseitig, es war eine überwältigende Solidarität bei diesem Neuanfang, eine Aufbruchstimmung, die alle erfaßt hatte. Nicht anders war es mit der Bevölkerung in der Bundesrepublik, die faktisch bereit war, fast alle Opfer zu bringen, die zum Aufbau demokratischer Verhältnisse und für den Weg der DDR-Bürger zu einer friedlichen, freiheitlichen, solidarischen Gesellschaftsordnung nötig wären. Wer von einer staatlichen Wiedervereinigung sprach, wurde sofort von der weit überwiegenden Meinung sowohl der Bürger als auch der Politiker in die Schranken gewiesen. Bundespräsident Richard von Weizsäcker und Altbundeskanzler Willy Brandt sprachen im Namen der großen Mehrheit, als sie feststellten: Die beiden Teile Deutschlands müssen zusammenwachsen und nicht im Eilverfahren zusammenwuchern.

Die Stimmung hielt an bis Anfang Februar [1990]. Dann begann ohne jedes Mitwirken von DDR-Bürgern oder DDR-Politikern mit einem unwahrscheinlichen Propagandaaufwand der Versuch, die beherrschenden Themen des Befreiungsprozesses durch andere zu ersetzen. Es fing damit an, daß die neue SPD als von der SED unterwandert diffamiert und von früheren Blockparteien zum »Hauptgegner« erklärt wurde. Die SPD revanchierte sich damit, daß sie ihrerseits die Geschichte der Blockparteien aufdeckte und darauf verwies, daß diese Parteien und ihre neuen Führer noch im Dezember 1989 sich für den Sozialismus in einer »wärmeren« Form ausgesprochen hatten (so auch der neue Ministerpräsident de Maizière). Damit war die DDR-Bevölkerung von der Bundesrepublik aus urplötzlich in eine harte Auseinandersetzung gestoßen worden, und es ging ein immer breiter werdender Riß durch die demokratische Opposition gegen das SED-Regime. Kaum jemand in der Bundesrepublik kann ermessen, wie unendlich viel dies dazu beigetragen hat, um die auf die Gemeinsamkeit der Opposition ausgerichtete Stimmung der DDR-Bürger zu ruinieren.

Zum selben Zeitpunkt überboten sich die westdeutschen Politiker mit materiellen Versprechungen an die DDR-Bevölkerung. Noch im Januar [1990] hatte niemand damit gerechnet, daß es ganz schnell zu einer Währungsunion kommen würde. (...) Die Menschen in der DDR wußten, daß sie einen langen, beschwerlichen Weg vor sich hatten, aber sie rechneten von Tag zu Tag auf die seit dem Herbst 1989 angekündigte Hilfe aus der Bundesrepublik. Die kam jedoch nicht, sondern es wurde – bis hin zu einem versprochenen Wechselkurs von 1 : 1 – alles auf die Zeit nach der Wahl (und selbstverständlich auf das Ergebnis) abgestellt. Man muß erlebt haben, wie damit faktisch über Nacht alle Themen der gewaltlosen Revolution vom Tisch gewischt und nur noch materielle Dinge gefragt waren. Wer wie ich bei den Bürgern versuchte, verzweifelt die wirtschaftlichen Wahrheiten dazulegen, die politischen Zusammenhänge zwischen einem einigen Deutschland und der Eingliederung in die Europäische Gemeinschaft, der Nato und dem Warschauer Pakt zu erklären, der mußte sich nunmehr als »rote Sau« beschimpfen lassen. Schlagartig war aus der Mehrheit der Bürger der DDR ein ganz anderes Volk geworden, und diejenigen, die mit ihren Demonstrationen im Herbst [1989] den Wandel erzwungen hatten, wurden nunmehr von ganz anderen Teilnehmern der Demonstrationen ausgepfiffen.

Aus der Hochstimmung des Verfassers aus den ersten Tagen und Wochen seines Aufenthaltes in der DDR war Bitterkeit geworden. Und in den letzten Tagen vor der Wahl mußte ich dann feststellen, daß die neugegründete Schwester einer Partei aus der Bundesrepublik Westgeld dafür bezahlte, daß Plakate abgerissen und überklebt wurden. Als an den Wänden Sprüche standen:
SPD = SED = EMIGRANTEN = VATERLANDSVERRÄTER,
da brach dann ziemlich viel in mir zusammen. Um wieviel mehr muß in den Bürgern der DDR und in denen zusammengebrochen sein, die jahrelang gegen die SED kämpften und sich jetzt einsetzten, um bei der Verwirklichung der Ideale einer freien Gesellschaft mitzuwirken, wenn schon ein in vier Jahrzehnten hartgesottener Politiker daran verzweifelte.

Zu all dem kam dann noch der Schock in den Wochen nach der Wahl. Da wurde plötzlich klar, daß die DDR-Bevölkerung eben noch immer das für die Wahrheit nahm, was ihr Politiker vor der Wahl versprochen hatten. Sie hatten in ihrer Freude, fast sechs Jahrzehnte Diktatur überstanden zu haben, fest daran geglaubt, daß in der Demokratie eben alles anders sei. Als dann noch die Diskussion um die Mitarbeit bei der Stasi die neugewählten Volkskammerabgeordneten erfaßte, da brach blanke Verzweiflung durch. Man muß wirklich in der DDR gelebt haben, um auch nur einigermaßen zu begreifen, was mit diesen Menschen angerichtet wurde. Dabei setzt sich das fort; die Menschen in der DDR werden ohne Rücksicht zwischen Hoffnung und sozialer Angst hin und her gerissen. Das ist auch der Grund, warum dieser Beitrag mit sehr viel Bitterkeit und Galgenhumor geschrieben wurde.

(Rudi Arndt: DDR und Bundesrepublik. Politische und wirtschaftliche Strukturen einer neuen Gemeinschaft. Sonderdruck zum Geschäftsbericht 1989 der Frankfurter Aufbau AG (FAAG). Frankfurt am Main [1990]. S. 3-5.)

»Er war der Parteiarbeiter schlechthin ...«
Roselinde Arndt und Armin Clauss
im Gespräch mit Hans Sarkowicz

Hans Sarkowicz: Frau Arndt, Sie haben Ihren Mann im Mai 1966 geheiratet. Wann haben Sie Rudi Arndt kennengelernt?

Roselinde Arndt: Im Jahr 1964. Zu diesem Zeitpunkt wurde Rudi Arndt Hessischer Minister für Wirtschaft und Verkehr und hat eine Chefsekretärin gesucht. Auf Grund der Empfehlung eines damaligen DGB-Kollegen hatte ich mich für diese Stelle erfolgreich beworben.

Sarkowicz: Herr Clauss, Sie waren einer der engsten Freunde von Rudi Arndt. Bis zu seinem Tod. Sie haben politisch und privat Vieles gemeinsam unternommen. Wann war Ihre erste Begegnung mit Rudi Arndt?

Armin Clauss: Ich komme von Haus aus aus Baden-Württemberg, und das Land Hessen hat mich aufgrund der politisch verhärteten Adenauer-Zeit immer fasziniert. Da habe ich Rudi Arndt natürlich als eine politische Person schon von der Ferne kennengelernt. Persönlich ist er mir zum ersten Mal bewusst begegnet in einem Gespräch, als ich Absolvent der Akademie der Arbeit war, 1962, bei einem Empfang im Römer. Dort habe ich nicht nur Rudi kennengelernt, sondern auch Walter Möller und weitere führende Persönlichkeiten, insbesondere auch Walter Hesselbach. Er hat es mir sehr erleichtert, in den internen Kreis Frankfurter verantwortlicher Politiker vorzustoßen, was als Außenstehender gar nicht leicht war. Es war so etwas wie Liebe auf den ersten Blick.

Sarkowicz: Gehen wir von den sechziger Jahren noch weiter zurück. Wir wissen, dass die Familie Arndt sehr aktiv im Widerstand gegen den Nationalsozialismus war – mit schrecklichen Folgen. Hat Rudi Arndt über diese schwere Zeit gesprochen, über die Verfolgung seines Vaters, seiner Tante und die Not der Familie?

ARNDT: Er hat bereits bei der ersten Begegnung darüber gesprochen. Man kommt bei einem Bewerbungs- oder Einstellungsgespräch automatisch auf den Familienhintergrund zu sprechen. Nachdem ich von meinem bescheidenen Elternhaus erzählt hatte, wollte er das irgendwie relativieren und gar nicht so wichtig nehmen. Er hat dann von seiner wirklich sehr, sehr schweren Zeit im Nationalsozialismus gesprochen und vor allen Dingen über die Verfolgung und den Tod seines Vaters, der für ihn, so glaube ich, das allerschrecklichste Erlebnis in seinem Leben war.

SARKOWICZ: Hat er das auch als Verpflichtung angesehen? Hat er sich Ihnen gegenüber so geäußert?

ARNDT: Ja, auf jeden Fall. Diese stets gegenwärtige Erinnerung bestimmte sein Denken und war wie selbstverständlich Verpflichtung für ihn.

CLAUSS: Das Schicksal seiner Familie hat ihn nicht nur persönlich geprägt. Es war ja auch eine Familie voller Widersprüche. Eine Familie der klassischen Arbeiterbewegung, in der es natürlich nicht nur Sozialdemokraten, sondern auch Kommunisten gab. Mit der Erfahrung aus der Weimar Republik wurde diskutiert, warum die Demokratie in Deutschland schief gegangen war. Auch das hat ihn immer wieder kritisch bewegt. Ich war schon als Jugendsekretär bei den Gewerkschaften und als Bildungssekretär mit Hans Matthöfer oft damit konfrontiert, wie die Thematik an junge Menschen weitergegeben werden kann. Das hat er immer vorangetrieben als Referent, aber auch im Hinblick auf die Frage, dass wir damals versucht haben, den eisernen Vorhang zu durchbrechen. Wir haben die ersten Reisen nach Auschwitz gemacht. Wir haben Kontakte zu Israel aufgebaut zu einem Zeitpunkt, zu dem das fast noch nicht möglich war. Es war immer Rudi Arndt, der uns da sehr unterstützt hat. Aber vor allen Dingen brachte er uns auch ins Gespräch mit älteren Genossen, die das Schicksal seines Vaters noch persönlich erlebt hatten. Ich denke zum Beispiel an »Schorsch« Buch, den früheren Oberbürgermeister in Wiesbaden und späteren Landtagspräsidenten. Aber auch an andere Genossen in der Fraktion, die das als eine Verpflichtung angesehen haben. Sein ganzes Leben hat das wie ein roter Faden durchzogen.

Mit Armin Clauss und dessen Ehefrau Inge bei einem Frankfurter Abend im Römer, 1975

SARKOWICZ: Was hat Rudi Arndt so an der Politik fasziniert, dass er andere berufliche Herausforderungen und Chancen ablehnte – er hätte ja auch Ingenieur werden können, er hätte Jurist werden können, er hätte Manager beim Frankfurter Flughafen werden können – aber er ist bewusst in die Politik gegangen und dort geblieben.

ARNDT: Ich habe seine politisch aktive Zeit zu Anfang ja selber nicht miterlebt. Aber ich unterstelle mal, dass er schon seine ersten politischen Erfolge genossen hat, zum Beispiel wenn er nach jugendlich temperamentvollen und kämpferischen Reden entsprechenden Applaus erhielt. Ganz sicher hatte er das sogenannte »Alphatier«-Gen im Blut und war immer bestrebt, führend an der Spitze seine Ziele durchzusetzen. Ich kann mir schon vorstellen, dass er selbst sehr früh seine Stärke spürte und ihn demzufolge eine Karriere in der Politik reizte. Sein übergroßes Selbstbewusstsein gab außerdem genug Anstoß. Sicher wäre er auch als Ingenieur seinen Weg gegangen, weil er auch technisch sehr talentiert war. Nach einem Jura-Studium war der Weg in die Politik jedoch vorgezeichnet.

SARKOWICZ: Sie haben ihn ja schon als Politiker kennengelernt, Herr Clauss.

CLAUSS: Ja. Ich glaube sein Hauptantriebsmotiv war nicht zuletzt das Scheitern der Weimarer Republik. Dass er als Jugendlicher den Trümmerhaufen erlebt hat, nicht nur im wahrsten Sinne des Wortes in seiner Heimatstadt Frankfurt, sondern auch ideologisch. Und er hatte ja einen unbändigen Freiheitsdrang. Er wollte einfach aus diesem Unrecht der zwölf Jahre Nationalsozialismus die Konsequenzen ziehen. Er hat innerlich geglüht, auch im Sinne seiner Familie, das anders zu machen. Und er ist ja dann auch auf Persönlichkeiten gestoßen, die ihn gefördert haben. Wenn ich an den alten Friedrich Caspary denke, der mit in der verfassunggebenden Versammlung war, wo er schon als Hiwi ein bisschen zugearbeitet hat, aber dann vor allen Dingen auch an Personen wie Walter Kolb, der für ihn eine übermächtige Persönlichkeit war – und dann nicht zuletzt an Georg-August Zinn, der ihn sehr gefördert hat. Und umgekehrt hatte Rudi eine Loyalität gegenüber Zinn, die grenzenlos war. Es war eben bei ihm angelegt. Es war ein Vollblutpolitiker par excellence. Ich glaube, er hätte gar nichts anderes werden können, obwohl er immer wieder auch – weil er ja sportbegeistert war – darüber philosophierte. Er hätte übrigens auch Sportlehrer oder sogar Sportreporter sein können. Er hätte aus dem Stand viele Spiele besser kommentieren können als manche Profis.

SARKOWICZ: Er hatte also viele Talente. Rudi Arndt war der jüngste Stadtverordnete in Frankfurt nach dem Krieg. Dann der jüngste Minister im Kabinett Zinn. Sein Verhältnis zu Zinn war großartig. Beide scheinen sich, Frau Arndt, sehr geschätzt zu haben?

Arndt: Ja, unbedingt. In der Zeit, als mein Mann in der Landesregierung war, habe ich große Sympathie und Wertschätzung auf beiden Seiten erlebt. Ich habe ja bereits von seinem überbordenden Selbstbewusstsein gesprochen. Nur Georg-August Zinn und vielleicht Josef Lang, den sogenannten »Jola«, hat er nahezu kritiklos akzeptieren können. Aber das waren auch die beiden einzigen. Natürlich hat er auch im Kabinett für dieses oder jenes Ziel gegebenenfalls auch gegen Zinn gekämpft, aber als Person und politischen Mentor hat er ihn unglaublich geschätzt. Was in diesem

Ausmaß anderen Politikern gegenüber höchst selten vorkam. Willy Brandt fällt mir da noch spontan als einziger ein.

Clauss: Es gab ja nicht nur die inhaltlichen Übereinstimmungen. Georg-August Zinn hat das Land Hessen über seine Grenzen hinaus bekannt gemacht. Aber vor allen Dingen war Zinn der Gegenspieler von Adenauer. Zinn hat Prozesse vor dem Bundesverfassungsgericht geführt, z. B. im Hinblick auf das Verhältnis zwischen dem Gesamtstaat Bundesrepublik und den Ländern in der Frage, wie die Verfassung ausgelegt wird. Oder wenn ich an den Streit über das Zweite Deutsche Fernsehen denke. Das waren ja große Entscheidungen. Aber vor allen Dingen hat Rudi sehr imponiert, dass Georg-August Zinn aus der Tagespolitik heraus Entwicklungen eingeleitet hat. Wenn ich nur an ganz bestimmte Planungsprozesse denke, an Fachpläne oder den Großen Hessenplan. Auch der erste Datenschutzbeauftragte ist in Hessen gewählt und installiert worden, weil man die moderne Technologie nicht nur als Fortschritt gesehen hat, sondern auch die Gefahren, die damit verbunden sind. Und da war man dann auch wieder bei der Situation, dass Rudi Arndt als Technikfreak versucht hat, beides, das Neue und die Bedenken dagegen, in Übereinstimmung zu bringen. Er war ja nicht nur ein begnadeter Rallyefahrer, sondern er hat auch erkannt, dass der Standort Hessen natürlich auch ein Autostandort sein muss, mit Opel in Rüsselsheim oder dem neuen VW-Werk in Baunatal. Das waren alles Überlegungen nicht nur von Georg-August Zinn, sondern auch von Rudi Arndt. Er hatte auch gehofft, und ich meine auch, Zinn hätte das im Kern gewollt, dass er eventuell sein Nachfolger wird. Es ist ja leider dann anders gekommen.

Sarkowicz: Lassen Sie uns das direkt ansprechen. Rudi Arndt hoffte lange, hessischer Ministerpräsident zu werden. Mit Albert Osswald, der es dann wurde, hat er sich eigentlich nicht so gut verstanden. Warum?

Clauss: Das war erstens ein bisschen eine ideologische Auseinandersetzung. Rudi hat sich immer als Linker verstanden, nicht nur im Spektrum der Bundespartei, sondern auch unter europäischen Gesichtspunkten. Er war natürlich ein kantiger Südhesse, was aus der

Beim Fußball mit Wolfgang Mischnick und Karsten Voigt

Sicht von Nordhessen nicht so gern gesehen wurde. Er hat sich aber auch immer dagegen gewehrt zu sagen: »die in Hessisch-Sibirien«. Ganz im Gegenteil. Er hat alles dafür getan, dass das Land Hessen – auch die Sozialdemokratie – als Einheit gesehen wurde. Und Albert Osswald war ja aus Mittelhessen. Er war Kämmerer und Bürgermeister in Gießen gewesen, und der Rudi hat ihn immer so ein bisschen als einen Vertreter der Fraktion der Landräte und der Rechten gesehen und ein bisschen als Ländler. Und der Rudi war natürlich als Frankfurter viel kantiger und weltoffener. Das hat ihm verständlicherweise nicht nur Freunde eingetragen. Das waren vielleicht die Ursachen. Im Kern war aber Rudi selbst auch der Auffassung, er ist besser als Albert Osswald.

SARKOWICZ: Haben Sie darüber zu Hause gesprochen: über den Wunsch, Ministerpräsident zu werden, und über die Enttäuschung, es nicht geworden zu sein?

Arndt: Also, er hat es bestimmt nicht direkt ausgesprochen, gerne Ministerpräsident zu werden, aber ich wusste, dass er davon überzeugt war, auf jeden Fall der Bessere zu sein. Wäre er vielleicht auch gewesen. Allerdings hatte mein Mann persönlich und privat absolut kein schlechtes Verhältnis zu Albert Osswald. Sie haben z. B. regelmäßig zusammen Skat gespielt und dabei relativiert sich auch vieles wieder, was vorher in der Politik hart debattiert worden ist. Rudi hat sich zwar immer für den Besseren gehalten, aber er wusste auch, dass er mit seiner kantigen und rauhbauzigen Art eben nicht jedermann zum Freund haben konnte. Albert Osswald war dagegen ein sehr freundlicher und diplomatischer Mensch. Das wusste mein Mann nur zu gut. Er wusste auch, dass ihm diese Tatsache Nachteile bringen würde, aber er hätte sich aus opportunistischen Gründen nie verbiegen lassen.

Sarkowicz: Rudi Arndt ist 1971/72 in einer politisch überaus bewegten Zeit in Frankfurt Oberbürgermeister geworden. Das muss man ja doch, Herr Clauss, unter diesen Voraussetzungen unbedingt wollen?

Clauss: Er hat das ja nicht gewollt. Weil er Ministerpräsident werden wollte. Und er hat auch vielleicht im Innern noch ein bisschen geliebäugelt damit, in die Bundespolitik einzusteigen. Er war ja auch ein glühender Verfechter der politischen Linie von Willy Brandt. Die Beiden waren nicht nur politische, sondern auch persönliche Freunde. Die Bundespolitik hat ihn auch immer ein bisschen gereizt. Aber wie dann die Stadt Frankfurt in der Situation war, dass einfach kein geeigneterer Kandidat als Rudi Arndt auf der Agenda stand, da ist er bearbeitet worden von allen Seiten. Er hat sich nachher nicht dagegen gewehrt, hat aber natürlich auch erkannt, dass wenn er schon kein Ministerpräsident werden würde, dann war das viel schönere Amt eben Oberbürgermeister in Frankfurt. Und das war auch seine innere Überzeugung. Ich selbst war damals in den internsten Zirkeln und Gesprächen mit dabei. Den Hauptausschlag hat ein politischer Weggefährte gegeben, der auch aus dem Widerstand kam, Josef Lang, der damalige Leiter der Buchhandlung des Bundverlags im Gewerkschaftshaus. Er war die graue Eminenz der Frankfurter Partei. Jola war einfach eine Autorität und Jola hat dann in einem internen Gespräch gesagt, du musst das machen. Und da gab es keinen Widerspruch. Die Partei will das, und wenn die Partei das will, dann gibt es keine Alternative. Gib deine privatistischen Überlegungen auf, dass du vielleicht etwas anderes machen willst. Das hat dann den Rudi so überzeugt. Wenn eine solche vorbildliche Person wie Jola das sagt, dann hat das den Ausschlag gegeben.

SARKOWICZ: Hat er sich Ihnen gegenüber einmal geäußert, dass er es bereute, Frankfurter Oberbürgermeister geworden zu sein?

CLAUSS: Nein. Wenn der Rudi Arndt sich für etwas entschieden hatte, dann machte er das auch mit Haut und Haar. Also das war für ihn überhaupt keine Überlegung. Ganz im Gegenteil. Er hat ja die schlimmsten 68er Jahre hier nicht nur überlebt, sondern er hat auch gekämpft und er hat Weichen für das heutige Frankfurt gestellt. Ob das die Entwicklung der Messe war, ob das der Ausbau des Flughafens war, ob das die Stadtentwicklungspolitik war mit dem Ende der Spekulationsprozesse im Westend, ob das der moderne Städtebau war oder ob das die Römerzeile und die Diskussion um die Altstadt war, die bis heute anhält. Er hat den Wiederaufbau der Alten Oper vorangetrieben und alle großen Investitionen von der Eissporthalle bis hin zu den großen Kultureinrichtungen. Das hat er alles schon überlegt und gedacht, und seine große Enttäuschung war, dass er dann einfach die Wahl verloren hat. Aber das waren halt die politischen Rahmenbedingungen. Aber dass er das je bereut hätte. Keinen Augenblick, ganz im Gegenteil. Er hat das wirklich mit großer Leidenschaft gemacht und ging auch oft an die Grenzen seiner Belastbarkeit. Das hat er dann wieder ausgeglichen bei seiner Frankfurter Eintracht, mit Freunden beim Skat oder wenn wir zusammen die nächste Weinreise planten. Er konnte bei seiner hohen Belastung auch die karge Zeit, die ihm blieb, sehr gut nutzen, um sich schnell zu regenerieren.

SARKOWICZ: Günter Mick beschreibt die Jahre des Oberbürgermeisters Arndt als eine Zeit der politischen Kämpfe, auch mit der eigenen Partei, aber auch als Zeit des Aufbruchs in das neue, heutige Frankfurt. Aber neben den politischen Auseinandersetzungen dürfte es doch auch einiges Schöne gegeben haben, Frau Arndt? An welche Ereignisse erinnern Sie sich denn besonders?

ARNDT: Was mir persönlich sehr zugute kam, war die Tatsache, dass mein Mann ein großzügiger und liebenswerter Gastgeber war. Das war eine Eigenschaft, die man ihm so nicht zugetraut hätte. Aber er hat tatsächlich alles und alle zu uns nach Hause gebracht. Es wurden kleine und große Feste gefeiert, z. B. Gartenfeste mit gelungener Mischung aus Wirtschaftlern, Vertretern aus Kirchen, Kunst, Musik und Theater. In besonderer Erinnerung bleiben mir persönlich die Künstlerfeste, die z. T. heute noch legendär sind. Rudi war ein so lockerer Mensch, so dass alle Empfänge und Einladungen bei uns zu Hause nie etwas Steifes hatten.

Ich persönlich erinnere mich natürlich an viele Persönlichkeiten, die ich durch die Stellung meines Mannes kennengelernt habe. Zum Beispiel wird alle drei Jahre der Goethepreis in Frankfurt verliehen, und zweimal hat Rudi in seiner Amtszeit dann auch den Preisträger mit auswählen dürfen. Das war einmal der großartige schwedische Filmregisseur Ingmar Bergmann. Ich selbst war schon immer regelmäßiger Kinogänger und ein relativ guter Filmkenner. Die Gespräche, die ich im Römer mit Bergmann hatte, sind für mich unvergessen. Vielleicht auch weil er so sensibel zugehört und mich mit meiner Meinung ziemlich ernst genommen hatte. Der zweite Preisträger war Arno Schmidt. Dessen Literatur war aus meiner Sicht extrem schwierig und für normale Leser wie mich durch seine ungewöhnlichen Sprachexperimente äußerst schwer zu verstehen. In dieser Zeit wurde unser Sommerurlaub dann mal eben von Rudi praktischerweise in die Lüneburger Heide verlegt. Bei uns hat sich ja alles irgendwie dem jeweiligen politischen Amt mit seinen Aufgaben unterordnen müssen. Also Urlaub war angesagt in der Lüneburger Heide. Für mich damals absolut nicht sexy. Aber Rudi wollte unbedingt den Einsiedler Arno Schmidt in dessen Domizil in Bargfeld persönlich besuchen, um mit ihm die Preisverleihung in der Paulskirche zu besprechen und ihn vor allen Dingen auch zum persönlichen Erscheinen zu überreden. Es sollte schwierig werden und hat ja schließlich auch nicht geklappt. Aber dieser Besuch sowie die Unterhaltung bei und mit Arno Schmidt hat meinen Mann doch sehr beeindruckt und muss ein außergewöhnliches Erlebnis für ihn gewesen sein.

So wären sicher auch noch viele andere interessante und schöne Ereignisse erwähnenswert.

Sarkowicz: Das heißt, Rudi Arndt hat sich auch sehr intensiv, was ja ein bisschen überrascht bei einem Politiker, der sich vor allem mit Wirtschaft und Finanzen beschäftigte, er hat sich also auch sehr um Künstler bemüht?

Arndt: Ja, er hat den Kontakt zu Künstlern gerne gesucht. Er hat mit ihnen debattiert. Durchaus auch mit bildenden Künstlern, mit deren abstrakten Werken er manchmal gar nicht so viel anfangen konnte. Vor allen Dingen lag ihm aber das Theater am Herzen. Das war für ihn schon immer ein wichtiges Medium. An den Städtischen Bühnen gab es während seiner Amtszeit den spektakulären Versuch der Mitbestimmung. Die ist zwar nicht erfolgreich gewesen, aber in dieser Zeit haben wir zwangsläufig heiße Diskussionen bei uns zu Hause geführt. Rudi war natürlich ein bisschen konservativer als die Regisseure Peter Palitzsch und Hans Neuenfels. Da kann ich mich an eine lustige Begebenheit erinnern. Wir hatten bei unseren Festen immer diese langen Bier- bzw. Apfelweintische in der Wohnung aufgestellt, und da lagen so stadtfarben-rotweiß-karierte Tischdecken drauf. Einmal ist Hans Neuenfels zu vorgerückter Stunde, auch schon etwas weinselig, nach heißer

Mit dem Frankfurter Unternehmer und Mäzen Bruno H. Schubert und Roselinde Arndt

239

Diskussion aufgesprungen und sagte lautstark: »Also Rudi, mit deiner Meinung bist du jetzt genauso kleinkariert wie diese Tischdecke hier.« So locker ging es damals bei uns zu.

SARKOWICZ: Wie bitter war es dann für Ihren Mann, nicht mehr Oberbürgermeister zu sein, nicht mehr gewählt worden zu sein?

ARNDT: Das war, meine ich, seine schlimmste – die allerschlimmste Niederlage, die er in seinem Leben erlitten hat. Er verstand das einfach nicht. Er zeigte sich zwar als fairer Verlierer an diesem Wahlabend und hat dem strahlenden Sieger Walter Wallmann ohne Zögern gratuliert. Aber im Inneren war es für ihn ein schmerzliches Drama und äußerst schwer, zu akzeptieren, dass er mit seiner SPD unwiederbringlich diese Wahl verloren hatte. Lange Zeit konnte er mit dieser Tatsache schwer umgehen. Für unser Ehe- und Familienleben war dies in meiner Erinnerung auch mit die schwierigste Zeit. Er war einfach nicht mit sich im Reinen. Da hat er wenig auf meine Ratschläge oder die der guten Freunde gehört. Das Tragische daran war: Er wollte es unbedingt nochmal wissen und glaubte, die Niederlage wieder gutmachen zu können. Vielleicht war es ein Fehler, dass er nicht sofort auch das Stadtparlament und damit die ganze Frankfurter Szene verlassen hat. Er ist zwar früher als nötig vom Amt des Oberbürgermeisters zurückgetreten. Dieser Entschluss ohne Rücksicht auf finanzielle Einbußen wurde damals von den Medien sehr positiv bewertet. Aber nichtsdestotrotz wollte er unbedingt bei der nächsten Wahl wieder als OB-Kandidat antreten. Dabei gab es allerdings einen großen Schönheitsfehler: Seine Partei stand nun nicht mehr geschlossen hinter ihm. Dieser Tatsache hat er lange nicht realistisch ins Auge gesehen bzw. sehen wollen. Aber wenn eine Partei nicht 100-prozentig hinter ihrem Kandidaten steht, hat dieser absolut keine Chance.

SARKOWICZ: Haben Sie denn, Herr Clauss, Rudi Arndt geraten, sich noch einmal um das Amt des Oberbürgermeisters zu bewerben?

CLAUSS: Nein. Ich war einer derjenigen, der ihm gesagt hat: Das ist vorbei, so bitter wie die Niederlage für dich ist. Und ich war auch einer derjenigen, der ihm riet, eine neue Herausforderung zu suchen, nämlich das erste gewählte Europäische Parlament. Und da er damals als Falken-Funktionär unmittelbar nach dem Krieg, auch aufgrund seiner familiären Hintergründe, internationale Kontakte

Mit Walter Wallmann beim 75. Geburtstag der Journalistin Jutta W. Thomasius im Garten des Historischen Museums, 10. 5. 1998

hatte, habe ich gesagt, du bist einer der da mit in die Speichen greifen muss, um Europa mit aufzubauen, das Europäische Parlament funktionsfähig zu machen. Und er hat es ja dann auch in der Tat getan. Er war bei der ersten Direktwahl, zusammen mit Persönlichkeiten wie Willy Brandt oder Heinz Oskar Vetter, dem damaligen DGB-Vorsitzenden, und anderen aussichtsreich auf der Liste. Und er ist auch gewählt worden. Und wie immer bei Rudi, wenn er neue Aufgaben hatte, dann engagierte er sich natürlich sofort voll. Er ist dann haushaltspolitischer Sprecher geworden für die Sozialistische Fraktion. Da sind ihm natürlich seine beruflichen Erfahrungen als Finanzminister zugute gekommen. Er hatte ja eine Gabe, einen Haushaltsplan in die Hand zu nehmen oder die dicksten Aktenberge und hat rein gegriffen und sofort die Schwachstellen erkannt. Er hatte auch ein fotografisches Gedächtnis. Man musste manchmal die Dokumente wegschließen, weil er sie auch auf dem Kopf lesen konnte. Er war einfach ein Naturtalent. Das hat ihm natürlich auch in Europa sofort ein entsprechendes Renommee eingebracht. Es war ja gar nicht selbstverständlich, dass er dann Fraktionsvorsitzender wurde. Die deutsche sozialdemokratische Fraktion war ja nicht die größte, die Labour-Fraktion der Briten zum Beispiel war viel größer oder die sozialistische aus Frankreich. Dass er die Chance hatte, Fraktionsvorsitzender zu werden, war nicht zuletzt auch darauf zurückzuführen, dass er aus einer makellosen antifaschistischen Familie kam. Manche alten Genossen aus diesen europäischen Ländern kannten nicht nur seine Familiengeschichte, sondern sie hatten teilweise auch Querverbindungen im Widerstand gehabt. Das hat ihm relativ schnell Anerkennung eingebracht. Er hat dann als Europapolitiker auch wieder ein paar Sachen gemacht, die nicht ganz ungefährlich waren im Sinne der damaligen politischen Opportunität. Wenn ich nur an die ersten Begegnungen mit Arafat denke. Wenn ich daran denke, wie er auch ostpolitische Kontakte weiter vorangetrieben hat. Also, er war wieder mit Leib und Seele in dem neuen Amt, und es war der alte Rudi Arndt, ein Vollblutpolitiker.

SARKOWICZ: Und er hat ja Einiges dazu beigetragen, dass sich das Europäische Parlament nach der ersten Direktwahl und dann nach der zweiten Direktwahl etablieren konnte und wirklich als politische Kraft wahrgenommen wurde.

CLAUSS: Ja, es war ja damals so ein Kampfbegriff »Hast du einen Opa, dann schick ihn nach Europa«. Es ist versucht worden, das Ganze lächerlich zu machen. Aber der Rudi als leidenschaftlicher Parlamentarier hat gesagt, Europa kann nur funktionieren, wenn der Bürokratie ein Parlament gegenüber gestellt wird. Aber nicht nur ein Parlament, das ein bisschen repräsentiert. Er hat vom ersten Tag an für die Rechte des Parlaments gekämpft, obwohl er ja lange auch auf der Regierungsseite war, aber er wusste, das Kräfteverhältnis stimmt nur dann, wenn über Direktwahlen und damit durch direkt gewählte Abgeordnete auch die entsprechenden Rechte hinzukommen. Und manche der Europäer, die heute noch da sind, erinnern sich gerne an die Zeit, als Rudi da noch mit gekämpft hat.

Sarkowicz: Frau Arndt, war das für Sie vielleicht auch persönlich ein bisschen bitter, wenn Ihr Mann jetzt Europaparlamentarier war und nicht mehr in Frankfurt und Hessen lebte, sondern seinen Mittelpunkt eigentlich ganz woanders hatte?

ARNDT: Das war es am Anfang ganz bestimmt und sicherlich auch für meinen Mann. Aber wir hatten geografisch gesehen eine sehr günstige Situation in Frankfurt. Der Flughafen sowie auch das Frankfurter Kreuz waren nur steinwurfweit von unserer Wohnung entfernt. Er konnte also bequem in wenigen Stunden in Brüssel oder Straßburg sein. Er hat dort auch nie eine Wohnung gehabt, er ist vielmehr so oft er konnte nach Hause gekommen. Denn hier hat er auch weiterhin politisch gearbeitet, um so den Kontakt zu seiner Basis nicht zu verlieren. Was unsere persönliche Beziehung betraf, kann ich sagen, dass er jetzt an Wochenenden viel öfter zu Hause war, was in der OB-Zeit nie ohne Termine der Fall war. Wir konnten jetzt sogar öfter und länger Urlaub planen. Also, es gab durchaus Vorteile bezüglich unseres Privatlebens. Von daher habe ich diese Zeit überhaupt nicht negativ in Erinnerung.

SARKOWICZ: Dann führte der Weg von Europa nach Thüringen. Rudi Arndt begann nach 1989 noch einmal neu als politischer Aufbauhelfer in Thüringen. Wie haben Sie darauf reagiert? Nun nach Straßburg und Brüssel die thüringische Landeshauptstadt Erfurt.

ARNDT: Ich habe so reagiert, wie ich immer reagiert habe, wenn es um die beruflichen Entscheidungen meines Mannes ging. Ich habe meine Meinung geäußert, wusste aber gleichzeitig, dass ich im Grunde überhaupt keinen Einfluss habe. Mein Genosse Rudi hat letztendlich immer das gemacht, was er für richtig hielt. Sein Vorgesetzter war – wie immer - die geliebte Partei, und die Partei hatte ihn gebeten, jetzt in Thüringen Aufbauarbeit zu leisten. Hinzu kam, dass er noch nicht so lange »auf Rente« war, wie er es oft kokettierend bezeichnete. So ganz glücklich schien er mir bislang auch noch nicht in dieser ungewohnten Situation des Rentners. Aber nun wurde er ja wieder gebraucht – und wie! Die Partei hatte ihn gerufen! Nix wie hin: Jetzt also »Go East«! Seine Arbeit in Thüringen war allerdings zusehends ein Jungbrunnen für ihn. Das musste selbst ich, die »politische Witwe in Folge«, positiv erkennen.

SARKOWICZ: Herr Clauss, waren Sie die Partei, die ihn geschickt hat?

CLAUSS: Nein, das war vor allen Dingen Willy Brandt, der Menschen richtig in die Pflicht nehmen konnte. Rudi hat dann sofort gesagt, da müssen wir mit anpacken. Er hat Heerscharen von Ortsvereinen organisiert und alles zusammengebettelt, was nur zusammenzubetteln war – von alten Büroausstattungen bis hin zu Autos. Und er hat auch sehr viel Geld selber aufgebracht. Er lebte unter den bescheidensten Verhältnissen in Thüringen. Abends musste er manchmal über die alte Grenze, damit er überhaupt telefonieren konnte. Es gab ja noch keine entsprechende Infrastruktur.
Er hat diese Aufgabe nicht zuletzt wegen seines familiären Hintergrunds übernommen. Jetzt wollte er einfach mit anpacken. Er wollte die Chance nutzen, damit die Wiedervereinigung gelingt. Leider sind viele seiner Vorstellungen nicht Realität geworden, trotz der Euphorie vom Anfang. Für ihn war es selbstverständlich, dass er am Wochenende Menschen nach Frankfurt mitgebracht und sie dann überallhin mitgeschleppt hat, zu Vorträgen zum Beispiel. Das tat er auch in der Hoffnung, dass dadurch Querverbindungen hergestellt würden zu Institutionen. Er hat auch vor nichts zurückgeschreckt. Er hat selber Plakate geklebt und Stühle im Saal zurechtgerückt, damit die Versammlungen stattfinden konnten. Teilweise haben Heizungen auch nicht funktioniert. Er war praktisch der Parteiarbeiter schlechthin. Und umso größer war nachher auch

seine Enttäuschung, dass vieles von dem, was er sich unter Wiedervereinigung vorgestellt hatte, leider nicht in seinem Sinn eingetreten ist.

SARKOWICZ: Hatte er politisch dann ein bisschen resigniert?

CLAUSS: Also, resigniert hat er nie. Er hatte sein Motto: »Wer kämpft, kann verlieren, aber wer nicht kämpft, der hat bereits verloren«. Also, das war so einer seiner Leitsätze, die ich auch persönlich übernommen habe. Nein, resigniert hat er nicht, aber er war natürlich über manches enttäuscht und er war vor allen Dingen auch vom Westen enttäuscht. Er hat immer gesagt, wir sind als Besatzungsmacht eingefallen und haben den Leuten überhaupt keine Chance gegeben, sich entsprechend entfalten zu können. Er war vor allen Dingen sehr enttäuscht darüber, dass über die demokratischen Parteien des Westens hinaus keine Bündnisse entstanden sind, um etwas Neues aufzubauen. Das hat ihn verbittert, aber resigniert hat er nicht, ganz im Gegenteil. Er hat dann wieder seine Erfahrungen eingebracht und weiter mitgearbeitet, ob als Delegierter oder als einfaches Mitglied seines Ortsvereins. Oder in der Arbeiterwohlfahrt. Das war sein Leben, und es konnte gar nicht anders sein.

SARKOWICZ: Hatte er denn neue politische Pläne noch kurz vor seinem Tod? Wollte er wieder einsteigen?

Arndt: Er war aktiv, aber doch keineswegs vergleichbar zu seiner »aktiven Zeit«. Er war auch gesundheitlich nicht mehr so voll auf der Höhe, als dass er sich wirklich noch was Neues hätte vorstellen können. Er wollte immer reisen, reisen und nochmal reisen. Mir schien es manchmal wie eine Flucht vor der Einsicht und Situation, dass auch er nun tatsächlich älter geworden war, vielleicht auch nicht mehr so kräftig und robust wie früher. Aber: Alles hatte seine Zeit, und so wie es war, hätte es auch gut sein können. Viel Zeit, Sinn und Unsinn schenkte mein »aktiver« Rentner nun fernen für ihn unbekannten Ländern. Seine Begleiter waren dabei außer mir bevorzugt auch Sohn Günter, seine Enkelinnen sowie Freunde. Favorit war dabei immer der fürsorgliche Freund Armin Clauss.

Mit Joachim Peter
(li.) und Knut
Müller beim
Empfang zum
65. Geburtstag von
Rudi Arndt im
Römer, 13. 3. 1992

SARKOWICZ: Sie sprechen von Rudi Arndt als Reisenden, der jetzt auch das Leben ein bisschen genoss. Aber eigentlich war es doch, wenn man eine Bilanz versucht, ein Leben mit der Arbeit und in der Arbeit. Hatte er denn neben der Politik auch noch Hobbys, Leidenschaften?

ARNDT: Es war ein Leben in Arbeit. Und mit der SPD war er verheiratet. Ich erzähle Ihnen eine Geschichte, um das zu illustrieren. Unsere Hochzeitsreise ging damals nicht etwa nach Venedig, Paris oder Rom, was ich mir gewünscht hätte. Nein, die ging zum Dortmunder SPD-Bundesparteitag. Da habe ich gleich gesehen, wie der Hase läuft. Und ich sollte es wohl auch sehen. Ein begleitendes Hochzeitsgeschenk war »Die politische Witwe«, ein kleines Büchlein, das die Ehefrau eines Bundestagsabgeordneten humorvoll geschrieben hatte. Ich erfuhr so ziemlich alles über die Qualen der Frauen, die mit einem Vollblutpolitiker verheiratet sind. Hobbys hatte er natürlich auch, sozusagen alles, was mit Sport im Allgemeinen zu tun hatte. Fußball in erster Linie, Motorsport, aber auch alle anderen Sportdisziplinen. Er hat in jungen Jahren, als er noch nicht kriegsverletzt war, selbst viel Sport getrieben. Die aktuellen

Wettkämpfe und Veranstaltungen hat er später dann alle äußerst interessiert im Fernsehen verfolgt, sogar nachts, wenn es die Zeitverschiebung bei Live-Übertragungen so mit sich brachte. Er wusste alles und kannte alles. Bei einem möglichen Quiz über Fußball mit Fragen – zum Beispiel wer in den letzten Jahrzehnten wann, wo und wie ein Tor geschossen hat oder Ähnliches – hätte er alles aus dem Stehgreif beantworten können. Ja, und dann war es die Technik schlechthin, die ihn total fasziniert hat. Als sein Freund Armin in seinem Dienstwagen ein damals neu aufgekommenes Navigationsgerät hatte, war Rudi von diesem technischen »Spielzeug« so fasziniert, dass er zeitweise sicher gerne die Rolle des Fahrers von Armin übernommen hätte. Auch das neue Arbeiten am Computer hatte ihn als »älteren Herrn« sofort begeistert und fiel ihm keineswegs schwer.

SARKOWICZ: Und natürlich gehörten auch der Wein und das Reisen zu seinen Leidenschaften.

Hochzeit mit Roselinde Martens, 27. 5. 1966

CLAUSS: Ja, er hat die ganze Welt bereist. Wenn ich nur an seine große Amerikareise denke, die Panamericana. Er hatte sein eigenes Auto mit nach Amerika gebracht und hat dort wirklich alle Winkel ausgefahren. Auch in gefährlichsten Gebieten in Mittelamerika. Wir haben dann auch die Liebe zum Wein entdeckt, und unser Ehrgeiz war, alle Weinregionen der Welt zu bereisen. Wir waren in Europa überall. Auch seine Frau, die Linde, ist ab und zu mal mitgekommen. Rudi sagte dann gern: »Wenn der Platz im Auto zu klein wird, weil wir nicht genügend Kisten unterbringen können, müssen wir dich halt am nächsten Hauptbahnhof oder Flughafen absetzen.« Das war seine Flachserei. Wir waren über Europa hinaus auch in Südafrika und Kalifornien. Eine unserer nächsten Reisen sollte nach Chile gehen – aber dazu ist es leider nicht mehr gekommen. Wir haben nicht nur den Wein verkostet, sondern sind auch in den Kellern gewesen – aller großen Chateaus in Europa. Und dadurch konnten wir auch überall fachkundig mitreden. Rudi hat immer einen wohl sortierten Keller gehabt. Aber da er immer große Feste

Auf Reisen: Vor dem Moreno-Gletscher (Perito Moreno) im südlichen Argentinien, Januar 1995

248

Sein letzter öffentlicher Auftritt: Beim Empfang zum 60. Geburtstag von Oberbürgermeisterin Petra Roth (mit Ehefrau Roselinde Arndt) am 9. 5. 2004

gab und auch viele Gäste hatte, war der viel schneller leer als meiner. Es gab dann eine kleine Absprache: Wer zuerst stirbt, der vererbt seinen Weinkeller dem anderen. Leider ist Rudi so früh verstorben. Wir haben dann unter Freunden den Keller gemeinsam leer getrunken und uns an Rudi erinnert, auch an manche Anekdote aus seinem Leben.

SARKOWICZ: Zum Schluss möchte ich Ihnen die Frage stellen, was aus Ihrer Einschätzung heraus Rudi Arndts größte Niederlage in seinem Leben war und was sein größter Erfolg?

CLAUSS: Seine größte Niederlage war, dass er miterleben musste, dass diese zwölf Jahre Nationalsozialismus nicht nur seine eigene Familie mit zerstört hatten, sondern dass der Versuch in Weimar, auf dem Boden unseres Landes eine Demokratie aufzubauen, gescheitert war, weil es nicht genügend Demokraten gab. Und das war sein inneres Motiv, dann wirklich als Vollblutpolitiker überall tätig zu werden. Innerhalb seiner politischen Laufbahn war es, dass er wie aus heiterem Himmel die Wiederwahl zum Oberbürgermeister nicht geschafft hat. Es waren die politischen Rahmenbedingungen. Das wissen wir. Aber er hat auch oft damit gehadert, inwieweit die Schuld bei ihm selbst lag. Es war auch aus seiner Sicht die größte Niederlage seines Lebens.

SARKOWICZ: Und der größte Erfolg?

CLAUSS: Das ist schwierig zu sagen, weil er sehr viele Erfolge hatte. Aber ich glaube, sein ganz persönlicher größter Erfolg war, dass er als relativ junger Mann, 1956, in den Landtag einrücken konnte als Nachfolger von Walter Kolb und dann doch sehr schnell in der Fraktion anerkannt war und Fraktionsvorsitzender wurde. Gerade diese Zeit, als er mit Georg-August Zinn das Land mitgestaltet hat, dürfte er auch als seinen größten Erfolg angesehen haben.

Enthüllung des Porträts von Rudi Arndt in der Galerie der Oberbürgermeister im Frankfurter Römer am 16. 11. 2004. Das Gemälde stammt von Isolde Redman-Klaunig. Vor dem Bild stehen Oberbürgermeisterin Petra Roth (li.) und Roselinde Arndt.

Sarkowicz: Und aus Ihrer Sicht, Frau Arndt?

Arndt: Da kann ich Armin Clauss nur zustimmen. Seine größte Niederlage war tatsächlich die in Frankfurt. Die Zeit als Frankfurter Oberbürgermeister war für ihn trotz allem die interessanteste und wichtigste Phase in seinem Leben. Aber die glücklichste Zeit mit den meisten Erfolgen – das ist für mich schwer zu beantworten. Vielleicht war es aber tatsächlich die Zeit als junger Mann in der Landesregierung mit Georg-August Zinn, in der er seine vielseitigen Talente entfalten konnte und er noch voller Hoffnung die Zukunft vor sich sah.

NACHWORT UND DANKSAGUNG

Von ROSELINDE ARNDT

Eine Biografie über den Politiker und Menschen Rudi Arndt zu verfassen, stellte sich als eine schwierige Aufgabe dar. Meine Sorge war, ob man bei allen ernsthaften Bemühungen mit subjektiven Erinnerungen und dem vorhandenen Archivmaterial diesem Menschen letztlich auch gerecht werden kann. Es sollte natürlich keine Aufzählung von etwa »gelungenen Heldentaten« werden. Die Autoren erwecken diesen Eindruck auch nicht. Sie schildern den Menschen und Politiker Rudi Arndt mit allen seinen Facetten.

Ein guter Freund (bereits seit Studenten- und SDS-Zeiten), Peter Graf von Wedel, fragte mich schon bald nach Rudis Tod, ob denn jetzt nicht irgendjemand eine Biografie über ihn schreiben würde. Ein so interessantes Leben müsse doch einmal systematisch aufgearbeitet werden. Er überzeugte mich.

Hans Sarkowicz hat mich bei der Realisierung des Buches und bei der Findung der Autoren kompetent unterstützt. Er hat keine Zweifel zugelassen und optimistisch immer das fertige Buch im Auge gehabt. Last but not least, hat uns Rudis bester Freund Armin Clauss auf die ihm eigene schwäbische Art praktisch und systematisch bei der Organisation und auch mit seinem äußerst geschichtsbewussten Korrekturlesen geholfen. Vor allem hat er immer wieder – wenn nötig – das Projekt energisch mit voran getrieben.

Dass diese Biografie zustande gekommen ist, dürfte aber in erster Linie das Verdienst des leidenschaftlichen Autors, vor allem aber »Buch-Liebhabers« Hans Sarkowicz sein. Insofern gilt ihm mein besonderer Dank. Auch bei allen Autoren, Heinrich Halbig, Dr. Sabine Hock, Dr. Rolf Messerschmidt, Dr. Günter Mick, Wilhelm von Sternburg und Klaus Wettig möchte ich mich ganz herzlich bedanken. Ebenso habe ich mich über all jene gefreut, die mit ihren persönlichen Erinnerungen in Beiträgen und Interviews mit geholfen haben, Rudis Bild noch einmal Konturen zu geben. Frau Oberbürgermeisterin Dr. Petra Roth hat ein wunderbares ehrendes Vorwort geschrieben. Darüber hätte sich mein Mann sicher sehr gefreut.

Das Buchprojekt wurde ursprünglich von dem inzwischen leider so plötzlich verstorbenen Verleger Bernhard Naumann angenommen. Dass seine Lebensgefährtin Natascha Becker den Verlag M. Naumann weiterführt und meinen Vertrag übernommen hat, war äußerst hilfreich.

Das fast 40-jährige Leben mit Rudi Arndt war nicht immer einfach, hat mich jedoch menschlich sehr bereichert und geformt. Das Gefühl von großer Dankbarkeit war in erster Linie meine persönliche Motivation, diese Biografie erstellen zu lassen.

In der heute so schnell- und kurzlebigen Welt war es mir ebenso ein Anliegen, für junge Menschen, die sich künftig für Stadt- und Landesgeschichte interessieren, mit diesem Lebenswerk ein weiteres Dokument zu liefern. Insbesondere denke ich dabei an die Enkel und Urenkel. Sie können auf die Vita des Großvaters bzw. Urgroßvaters, eines würdigen Mitglieds der SPD-legendären Arndt-Stunz-Familie, stolz sein. Andererseits sollte man doch auch sehen, wie spannend, aber auch wie schwierig es sein kann, den politischen Anforderungen immer gerecht zu werden. Selbst wenn man dem Gemeinwohl nach bestem Wissen und Gewissen zu dienen bereit ist. Politiker sind (Gott sei Dank) auch nur Menschen mit Stärken und Schwächen. Und oft scheint das »Hosianna« und das »Kreuzigt ihn« auch auf dem unchristlichen Feld der Medien ganz nah beieinander zu liegen. Ich habe es so jedenfalls oft schmerzlich empfunden.

Wer wie Rudi Arndt als junger Mensch selbst die Hölle des Krieges erlebt und überlebt hat, konnte mit vergleichbar leichteren Verletzungen auf dem politischen Arbeitsfeld besser umgehen. Seine persönlichen Erfahrungen aus dem Zweiten Weltkrieg bestärkten ihn, für dauerhaften Frieden und soziale Gerechtigkeit vehement zu kämpfen. Mitglieder seiner Familie mussten für ihre Überzeugung sterben. Für Frieden und Erhalt der Demokratie hätte auch er sein Leben gegeben.

ANMERKUNGEN

[IM SCHATTEN DES HAKENKREUZES]

[1] Günter Arndt in einem Zeitzeugengespräch mit d. Verf., Frankfurt am Main, 22.9.2008.

[2] Ebd.

[3] Rudi Arndt im Gespräch mit Uwe Günzler in einer Sendung der Reihe »Hessen erinnert sich – So oder so ist das Leben«, hessen fernsehen, um 2003.

[4] Günter Arndt an die Bewohner der Konrad-Arndt-Straße in Wiesbaden zum 90. Geburtstag von Konrad Arndt, Frankfurt am Main, 25.6.1989. In: Institut für Stadtgeschichte Frankfurt am Main (im folgenden abgekürzt zitiert als: IfS), Nachlass Rudi Arndt (S1/163), Nr. 1.

[5] Günter Arndt: Rede über Johanna Kirchner anlässlich »50 Jahre Johanna-Kirchner-Stiftung«, 5.12.2001. In: IfS, Nachlass Rudi Arndt (S1/163), Nr. 1.

[6] Rudi Arndt über Verfolgung und Widerstand seines Vaters (...). In: Axel Ulrich (2001), S. 72. Bei Quellenangaben in den Fußnoten wird zitierte Literatur nur abgekürzt, in der Regel mit Verfassername(n) bzw. Kurztitel und Erscheinungsjahr, angeführt. Die vollständigen bibliographischen Angaben finden sich im Quellen- und Literaturverzeichnis im Anhang.

[7] Rudi Arndt über Verfolgung und Widerstand seines Vaters (...). In: Axel Ulrich (2001), S. 73 (mit Ergänzungen nach S. 23).

[8] SA der NSDAP, Standarte 80, Standartenführer N. N., an Konrad Arndt, Wiesbaden, 4.5.1933. Kopie in: IfS, Nachlass Rudi Arndt (S1/163), Nr. 61.

[9] Rudi Arndt: Wie ich Widerstand erlebte, Stichworte zu einer Rede über Konrad Arndt. In: IfS, Nachlass Rudi Arndt (S1/163), Nr. 1.

[10] Axel Ulrich (2001), S. 40.

[11] Zit. nach: Axel Ulrich (2001), S. 55.

[12] Rudi Arndt: Rede zum Erscheinen der von Axel Ulrich verfassten Broschüre über Konrad Arndt, 2001. In: IfS, Nachlass Rudi Arndt (S1/163), Nr. 1. S. 2f.

[13] Günter Arndt in einem Zeitzeugengespräch mit d. Verf., Frankfurt am Main, 22.9.2008.

[14] Rudi Arndt: Rede zum Erscheinen der von Axel Ulrich verfassten Broschüre über Konrad Arndt, 2001. In: IfS, Nachlass Rudi Arndt (S1/163), Nr. 1. S. 3.

[15] Es dürfte sich wohl vielmehr um die Nominierung für eine Nationalpolitische Erziehungsanstalt (NPEA; Napola) gehandelt haben, eine nationalsozialistische Internatsoberschule ab dem 10. Lebensjahr, nach deren Abschluss mit dem Abitur die Absolventen freie Berufswahl hatten. Schon seit 1934 gab es eine solche NPEA auch unweit von Wiesbaden, nämlich im Schloss Oranienstein bei Diez. Die erste Adolf-Hitler-Schule wurde dagegen im April 1937, und zwar in Ostpommern, eröffnet, als der zehnjährige Rudi Arndt gerade nach vier Klassen die Volksschule verlassen hatte. Eine Aufnahme dort war aber prinzipiell erst mit dem vollendeten zwölften Lebensjahr möglich, was im Falle Arndts also im Frühjahr 1939 gewesen wäre. Ausdrücklich sollten die Adolf-Hitler-Schulen der Ausbildung für eine höhere Laufbahn im Partei- oder Staatsdienst dienen, was ohnehin für den sozialdemokratischen Sohn Rudi Arndt auf gar keinen Fall in Frage kommen konnte.

[16] Rudi Arndt in einem Interview mit Thomas Ewald-Wehner, o. O., 2.2.1987, S. 1, Nr. 4.

[17] Zit. nach Rudi Arndt: Rede zum Erscheinen der von Axel Ulrich verfassten Broschüre über Konrad Arndt, 2001. In: IfS, Nachlass Rudi Arndt (S1/163), Nr. 1. S. 4.

[18] Rudi Arndt beim Frankfurter Erzählcafé, Institut für Sozialarbeit, Frankfurt am Main, 11.6.1994.

[19] Ebd.

[20] Gertrud Halberstadt in einem Zeitzeugengespräch mit Günter Arndt, AWO-Geschichts-Werkstatt, Frankfurt am Main, o. D.

[21] Rudi Arndt in einem Interview mit Thomas Ewald-Wehner, o. O., 2.2.1987, S. 1f., Nr. 4.

[22] Rudi Arndt im Gespräch mit Uwe Günzler in einer Sendung der Reihe »Hessen erinnert sich – So oder so ist das Leben«, hessen fernsehen, um 2003.

[23] Vgl. Rudi Arndt: Rede zum Erscheinen der von Axel Ulrich verfassten Broschüre über Konrad Arndt, 2001. In: IfS, Nachlass Rudi Arndt (S1/163), Nr. 1. S. 4.

[24] Rudi Arndt beim Frankfurter Erzählcafé, Institut für Sozialarbeit, Frankfurt am Main, 11.6.1994.

[25] Das Original des Aufnahmeantrags von Rudi Arndt mit der grundsätzlich erforderlichen eigenhändigen Unterschrift des Antragstellers ist nicht überliefert. Eine kollektive Anmeldung für die NSDAP, die HJ-Führer in Einzelfällen eigenmächtig vorgenommen haben sollen, kann daher nicht ausgeschlossen werden. In seinem Fragebogen zum Zwecke der Entnazifizierung gab Rudi Arndt später gegenüber der amerikanischen Militärregierung seine NSDAP-Mitgliedschaft nicht an [vgl. Melde- und Fragebogen in: IfS, Nachlass Rudi Arndt (S1/163), Nr. 5; die Entnazifizierungsunterlagen zu Rudi Arndt, die im Hessischen Hauptstadtarchiv in Wiesbaden überliefert sind, konnten aus Gründen des Persönlichkeitsschutzes nicht eingesehen werden], obwohl die Besatzungsmacht solche Angaben anhand der ihr zugänglichen NSDAP-Mitgliederkartei überprüfen konnte und im Falle von Falschaussagen mit empfindlichen Strafen drohte. Letztlich fiel Arndt unter die »Jugend-Amnestie«, so dass ihn der entsprechende Bescheid der Spruchkammer vom 30.7.1947 [in: IfS, Nachlass Rudi Arndt (S1/163), Nr. 2] völlig entlastete.

[26] Zum Verfahren der Parteiaufnahme von Jugendlichen aus der HJ in die NSDAP vgl. Armin Nolzen: Vom »Jugendgenossen« zum »Parteigenossen«. Die Aufnahme von Angehörigen der Hitler-Jugend in die NSDAP. In: Wolfgang Benz (2009), S. 123-150, bes. 144.

[27] Karteikarte »Arndt Rudi« in: Bundesarchiv Berlin (ehem. Berlin Document Center), NSDAP-Mitgliederkartei (»Gaukartei«; Bestand 3.200).

[28] Rudi Arndt an Betty Arndt, Schwerin, 2.3.[1945]. Sämtliche Originale der in diesem Kapitel zitierten Feldpostbriefe von Rudi Arndt an seine Mutter Betty befinden sich im Besitz von Roselinde Arndt, Frankfurt am Main.

[29] Rudi Arndt über (...) seine eigene Verbindung zum »20. Juli 1944«. In: Axel Ulrich (2001), S. 74f.

[30] Der hier erwähnte Paul Frommeyer, geboren am 26. Mai 1916 in Wiesbaden, war ab 1937 hauptberuflich bei der Hitlerjugend tätig, und zwar als Stammführer und Geschäftsführer. In die NSDAP trat er, anders als Rudi Arndt sich erinnerte, erst 1941 ein. Im folgenden Jahr wurde er zur Reichsjugendführung nach Berlin versetzt, wo er bis zum 5. Juli 1944 blieb. Er könnte also erst kurz vor den hier geschilderten Ereignissen nach Frankfurt gekommen sein. In seiner Spruchkammerakte, die im Hessischen Hauptstaatsarchiv in Wiesbaden (Abt. 520/W Nr. 26341) überliefert ist, ist auch die Arm-Amputation infolge einer Kriegsverletzung erwähnt. In seinem in der Akte enthaltenen Fragebogen gibt Frommeyer weiter an: »Wurde 1944 aus politischen Gründen zu Zuchthaus verurteilt u. [aus der] Hitlerjugend ausgeschlossen.« Nähere Unterlagen zu dieser Aussage, die zu Arndts folgendem Bericht über seine Wiederbegegnung mit Frommeyer nach dem Krieg passen könnte, ließen sich nicht ermitteln. Die Verf. dankt Dr. Volker Eichler, Hessisches Hauptstaatsarchiv Wiesbaden, für seine Hilfe bei der Ermittlung der Identität von Paul Frommeyer.

[31] Rudi Arndt in einem Fragebogen der amerikanischen Militärregierung, 31.7.1946. In: IfS, Nachlass Rudi Arndt (S1/163), Nr. 5.

[32] Rudi Arndt war bei der 7. Abteilung der RAD-Gruppe 192 eingesetzt, deren geographischer Standort im Herbst 1944 nicht ermittelt werden konnte. Ursprünglich, vom Frühjahr 1935 bis Herbst 1939, war diese RAD-Abteilung in Stapelermoor in Ostfriesland stationiert, wo ihr Lager jedoch bei Kriegsbeginn aufgelöst wurde. Zum Zeitpunkt von Arndts RAD-Verpflichtung 1944 dürfte sie sich, möglicherweise unabhängig von ihrem eigentlichen Standort, im Wehrmachtseinsatz befunden haben.

[33] Rudi Arndt an Betty Arndt, Rippin, 9.1.1945.

[34] Rudi Arndt an Betty Arndt, O. U., 13.1.1945.

[35] Ebd.

[36] Rudi Arndt an Betty Arndt, O. U., 15.1.[1945].

[37] Rudi Arndt an Betty Arndt, Rippin, 9.1.1945.

[38] Stadt (poln. Brodnica) an der Drewenz etwa 150 Kilometer südöstlich von Danzig.

[39] Stadt (poln. Jabłonowo) zwischen Graudenz und Strasburg im Kulmerland.

[40] Rudi Arndt an Betty Arndt, [Poststempel: Schwerin, 2.2.1945].

[41] Rudi Arndt an Betty Arndt, Schwerin, 22.[2.1945].

[42] Rudi Arndt an Betty Arndt, Schwerin, 7.2.1945.

[43] Rudi Arndt an Betty Arndt, Schwerin, 8.3.[1945].

[44] Rudi Arndt an Betty Arndt, Schwerin, 19.2.[1945].

[45] Ebd.

[46] Rudi Arndt an Betty Arndt, Schwerin, 12.2.1945.

[47] Rudi Arndt an Betty Arndt, Schwerin, 22.[2.1945].

[48] Rudi Arndt an Betty Arndt, Schwerin, 8.3.[1945].

[49] Rudi Arndt: Gleichgesinnte Freunde. In: Frankfurter Allgemeine Sonntagszeitung, 7.5.1995.

[50] Ebd.

[51] Ebd. Eine etwas abweichende Schilderung der Ereignisse gab Rudi Arndt in einem Zeitungsinterview mit Peter Köhrer in: Abendpost Nachtausgabe, 9.5.1985.

[52] Rudi Arndt in einem Zeitungsinterview mit Peter Köhrer in: Abendpost Nachtausgabe, 9.5.1985.

[53] Rudi Arndt: Gleichgesinnte Freunde. In: Frankfurter Allgemeine Sonntagszeitung, 7.5.1995.

[54] Rudi Arndt in einem Fragebogen der amerikanischen Militärregierung, 31.7.1946. In: IfS, Nachlass Rudi Arndt (S1/163), Nr. 5.

[55] Rudi Arndt beim Frankfurter Erzählcafé, Institut für Sozialarbeit, Frankfurt am Main, 11.6.1994.

[AUFBRUCH IN DIE GROSSE POLITIK]

[1] Madlen Lorei/Richard Kirn (3. Auflage 1963), S. 17f.

[2] Rudi Arndt in einem Interview mit Thomas Ewald-Wehner, o. O., 2.2.1987, S. 5, Nr. 11. Der besondere Dank d. Verf. gilt Thomas Ewald-Wehner, Nidderau, der ihr großzügig seine reichhaltiges Material bietende Diplomarbeit »Vom ›Jugendbund Freundschaft‹ zur Sozialistischen Jugend. Die Nachkriegsgeschichte eines sozialistischen Erziehungsverbandes in Frankfurt (1945-1959)« und die autorisierte Mitschrift des o. g. Interviews mit Rudi Arndt über dessen Falkenzeit, beides aus dem Jahr 1987, zur Auswertung zur Verfügung stellte.

[3] Zit. nach: Thomas Ewald[-Wehner] (1987), S. 79.

[4] Robert Steigerwald: Jugendliche Freundschaft. In: Frankfurter Rundschau, 19.3.1946. Zit. nach einer Kopie in: Thomas Ewald[-Wehner] (1987), S. 81.

[5] Rudi Arndt in einem Interview mit Thomas Ewald-Wehner, o. O., 2.2.1987, S. 1, Nr. 3a.

[6] Katharina Hahn in einem Interview mit Thomas Ewald-Wehner, o. O., 6.11.1986. Zit. nach Thomas Ewald[-Wehner] (1987), S. 474.

[7] Rudi Arndt in einem Interview mit Thomas Ewald-Wehner, o. O., 2.2.1987, S. 2, Nr. 5.

[8] Ebd.

[9] Rudi Arndt: [Erinnerungen an Georg-August Zinn.] Typoskript in: IfS, Nachlass Rudi Arndt (S1/163), Nr. 13. [S. 1].

[10] Ebd.

[11] Rudi Arndt: Laudatio Walter Kolb [anlässlich der Festveranstaltung »50 Jahre Amtsantritt von Oberbürgermeister Walter Kolb«], 28.11.1996. Typoskript im Besitz der Walter-Kolb-Stiftung, Frankfurt am Main.

[12] Rudi Arndt in einem Interview mit Thomas Ewald-Wehner, o. O., 2.2.1987, S. 5, Nr. 11.

[13] Rudi Arndt in einem Interview mit Thomas Ewald-Wehner, o. O., 2.2.1987, S. 5, Nr. 15.

[14] Rudi Arndt in einem Interview mit Thomas Ewald-Wehner, o. O., 2.2.1987, S. 4, Nr. 8.

[15] Günter Arndt in einem Zeitzeugengespräch mit d. Verf., Frankfurt am Main, 22.9.2008.

[16] Studienbuch der rechtswissenschaftlichen Fakultät für Rudi Arndt, Johann Wolfgang Goethe-Universität, Frankfurt am Main, 1946-1952. In: IfS, Nachlass Rudi Arndt (S1/163), Nr. 4.

[17] Herbert Stettner: Der Unterbezirk Frankfurt steht abseits der Paulskirchenfeier. In: Mitteilungsblatt der Falken in Hessen-Süd, 1. Jg., Nr. 9, 1.5.1948, S. 6. Zit. nach einer Kopie in: Thomas Ewald[-Wehner] (1987), S. 121.

[18] Mitteilungsblatt der Falken in Hessen-Süd, 1. Jg., Nr. 11, 1.6.1948, S. 2.

[19] Diese Episode wurde geschildert anhand von eigenen Erzählungen von Rudi Arndt u. d. T. »Neues, friedliches Land...« in der Frankfurter Rundschau, 14.4.1979, und beim Frankfurter Erzählcafé, Institut für Sozialarbeit, Frankfurt am Main, 11.6.1994.

[20] Rudi Arndt: Neues, friedliches Land... (...). Erinnerung an 1948. In: Frankfurter Rundschau, 14.4.1979.

[21] Es ließ sich nicht eindeutig klären, wann und aus welchem Anlass das bekannte Zitat von Franz Josef Strauß, das in verschiedenen Varianten kolportiert wird, entstanden ist. Der bayerische Politiker soll es spätestens im Wahlkampf zur ersten Bundestagswahl im Sommer 1949 öfter eingesetzt haben. Später, etwa in einem Fernsehinterview mit Günter Gaus am 29.4.1964, behauptete Strauß, diese Worte nie gesagt zu haben.

[22] Rudi Arndt beim Frankfurter Erzählcafé, Institut für Sozialarbeit, Frankfurt am Main, 11.6.1994.

[23] Mitteilungsblatt der Falken in Hessen-Süd, 1. Jg., Nr. 11, 1.6.1948, S. 2f.

[24] Rudi Arndt in einem Interview mit Thomas Ewald-Wehner, o. O., 2.2.1987, S. 7, Nr. 27.

[25] Ebd.

[26] Rudi Arndt beim Frankfurter Erzählcafé, Institut für Sozialarbeit, Frankfurt am Main, 11.6.1994 (mit Ergänzungen aus einer Schilderung derselben Episode im Gespräch mit Uwe Günzler in einer Sendung der Reihe »Hessen erinnert sich – So oder so ist das Leben«, hessen fernsehen, um 2003).

[27] Rudi Arndt beim Frankfurter Erzählcafé, Institut für Sozialarbeit, Frankfurt am Main, 11.6.1994.

[28] Volksstimme, 15.7.1949. Zit. nach einer Kopie in: Thomas Ewald[-Wehner] (1987), S. 133.

[29] Trotz intensiver Recherchen ließ sich bisher nicht genau und zuverlässig ermitteln, von wann bis wann Rudi Arndt welche Funktionen bzw. Ämter beim JBF bzw. bei den Falken innehatte.

[30] Sozialistische Volkszeitung, 4.11.1950. Zit. nach: Thomas Ewald[-Wehner] (1987), S.

198. Obwohl es sich hier um einen Artikel des KPD-Organs handelt, stuft Ewald-Wehner den Bericht als unparteiisch und authentisch ein.

[31] Rudi Arndt in einem Interview mit Thomas Ewald-Wehner, o. O., 2.2.1987, S. 5, Nr. 15.

[32] Sozialistische Volkszeitung, 4.11.1950. Zit. nach: Thomas Ewald[-Wehner] (1987), S. 198.

[33] Rudi Arndt in einem Interview mit Thomas Ewald-Wehner, o. O., 2.2.1987, S. 5, Nr. 15.

[34] Sozialistische Volkszeitung, 4.11.1950. Zit. nach: Thomas Ewald[-Wehner] (1987), S. 198.

[35] Ebd.

[36] Rudi Arndt in einem Interview mit Thomas Ewald-Wehner, o. O., 2.2.1987, S. 5, Nr. 15.

[37] Diese Angabe ließ sich nicht bestätigen. In den Hörerlisten des 1. und 2. Lehrgangs der AdA ist zwar Konrad Arndt, aber nicht Erich Ollenhauer verzeichnet. Allerdings war Ollenhauer in den Zwanzigerjahren als Sekretär der SAJ unter dem Vorsitz von Max Westphal tätig gewesen, dem Vater von Heinz Westphal, so dass möglicherweise auch diese Beziehung in dem gemeinsamen Gespräch von Rudi Arndt und Heinz Westphal bei Schumacher und Ollenhauer »wirkte«.

[38] Rudi Arndt in einem Interview mit Thomas Ewald-Wehner, o. O., 2.2.1987, S. 6, Nr. 15.

[39] Heiner Halberstadt in einem Interview mit Thomas Ewald-Wehner, o. O., 7.10.1986. Zit. nach Thomas Ewald[-Wehner] (1987), S. 149.

[40] Vgl. Ursula Gärtner an Betty Arndt, Frankfurt am Main, 6.6.1956. In: IfS, Nachlass Rudi Arndt (S1/163), Nr. 61, f. 32.

[41] Rudi Arndt beim Frankfurter Erzählcafé, Institut für Sozialarbeit, Frankfurt am Main, 11.6.1994.

[42] Frankfurter Neue Presse, 24.11.1956.

[43] Ebd.

[44] Stellungnahme des Hessischen Innenministeriums [wohl durch Ministerialdirektor Dr. Schuster], [Wiesbaden], 8.3.1951. In: IfS, Personalakte Rudi Arndt, Sign. 216.246, f. 10.

[45] Antrag auf Höhergruppierung von Rudi Arndt, Wiesbaden, 21.10.1953. In: IfS, Personalakte Rudi Arndt, Sign. 216.246, f. 32.

[46] Erneuter Antrag auf Höhergruppierung von Rudi Arndt an Ministerialdirektor Dr. Schuster, Wiesbaden, 10.8.1954. In: IfS, Personalakte Rudi Arndt, Sign. 216.246, f. 38.

[47] Rudi Arndt: [Erinnerungen an Georg-August Zinn.] Typoskript in: IfS, Nachlass Rudi Arndt (S1/163), Nr. 13. [S. 1].

[48] Widerspruch von Rudi Arndt, Wiesbaden, 19.10.1954. In: IfS, Personalakte Rudi Arndt, Sign. 216.246, f. 40.

[49] Günter Arndt in einem Zeitzeugengespräch mit d. Verf., Wiesbaden, 1.12.2008.

[50] Ebd.

[51] Heiner Halberstadt in einem Interview mit Thomas Ewald-Wehner, o. O., 7.10.1986. Zit. nach Thomas Ewald[-Wehner] (1987), S. 162.

[52] Rudi Arndt: Dankesrede zur Verleihung der Ehrenplakette [der Stadt Frankfurt am Main], 1.12.1989. In: IfS, Nachlass Rudi Arndt (S1/163), Nr. 13.

Quellen und Literatur

Quellen

Roselinde Arndt, Frankfurt am Main: 11 Feldpostbriefe von Rudi Arndt an seine Mutter Betty Arndt, 9.1. bis 8.3.1945.

Videoaufzeichnung der Veranstaltung »Rudi Arndt erzählt aus bewegten Frankfurter Zeiten« mit Rudi Arndt, Arbeiterwohlfahrt, Ortsverein Frankfurt am Main-Sachsenhausen, 17.10.2002.

Thomas Ewald-Wehner, Nidderau: Autorisierte Mitschrift eines Interviews mit Rudi Arndt über dessen Zeit bei den »Falken«, o. O., 2.2.1987.

Institut für Stadtgeschichte, vorm. Stadtarchiv, Frankfurt am Main (IfS): Büro OB Arndt, Handakten des Oberbürgermeisters Rudi Arndt bzw. seines Büros, 1969-1977; dazu: Repertorium von Karin Haab, 2004 (Repertorien-Nr. 904).

Frankfurter Erzählcafé (S12VEC), Videoaufzeichnung der Veranstaltung »Dynamit mit Rudi« mit Rudi Arndt, 11.6.1994.

Kulturamt 1.801 (u. a. mit Zeitungsberichten über die Äußerung von Rudi Arndt zur Sprengung der Opernhausruine).

Manuskripte S6a/343-354, insges. 12 Bde.: Redetexte von Herbert Stettner, u. a. für den Oberbürgermeister Rudi Arndt, 1973-1989.

Materialsammlung Gustav Lerch (S6b/93-A), Nr. 170, darin: Fragebogen über den Einsatz als Luftwaffenhelfer im Zweiten Weltkrieg, ausgefüllt von Rudi Arndt, [um 1977].

Nachlass Rudi Arndt (S1/163); dazu: Findbuch von Silvia Stenger, 2005 (Repertorien-Nr. 935).

Personalakten Rudi Arndt, Sign. 189.347 und 216.239-216.246.

Stadtverordnetenversammlung 2.031 (betrifft u. a. Wahl und Amtseinführung von Rudi Arndt zum bzw. als Oberbürgermeister).

Zeitgeschichtliche Sammlung zur Personengeschichte, S2/1.325 a-e (Rudi Arndt), Mappen I (Biographisches), II (Politik bis Amtsantritt als Oberbürgermeister 1972), III (Amtszeit als Oberbürgermeister 1972-1975), IV (Amtszeit als Oberbürgermeister 1976-1977), V (nach der Amtszeit als Oberbürgermeister 1977-1999) und VI (ab 2000).

Zeitgeschichtliche Sammlung zur Ortsgeschichte, S3/A 12.995 (Arndt-Roth-Streit, 1976).

Fotosammlung, insbesondere Porträt- und Zeitbildersammlung sowie Bildarchiv der Frankfurter Rundschau.

Fred Zander, Frankfurt am Main: Zeitungsausschnittsammlung zu Rudi Arndt, v. a. über dessen Wahl zum und Amtsantritt als Oberbürgermeister in Frankfurt am Main, 1971-1972.

Archiv des Hessischen Landtags, Wiesbaden: Drucksachen und Plenarprotokolle der 3. bis 7. Legislaturperiode.

LITERATUR

Antrick, Otto: Die Akademie der Arbeit in der Universität Frankfurt a. M. Idee – Werden – Gestalt. Darmstadt: Roether 1966.

Arbeiterwohlfahrt Kreisverband Frankfurt am Main e. V. (Hg.): Frankfurter AWO-Frauen in den Jahren des Neubeginns. Nach dem Ende von Krieg und NS-Regime. Ein Projekt der AWO-Geschichtswerkstatt. Redaktion: Dieter und Hanna Eckhardt. [Frankfurt am Main] 2006.

Arbeiterwohlfahrt Kreisverband Frankfurt am Main e. V. (Hg.): ...weil der Mensch ein Mensch ist. 50 Jahre Johanna-Kirchner-Stiftung der Arbeiterwohlfahrt Frankfurt am Main 1951–2001. Ein Projekt der AWO-Geschichtswerkstatt. [Frankfurt am Main] 2001.

Archiv der Arbeiterjugendbewegung: Nachruf auf Rudi Arndt - www.arbeiterjugend.de/news/arndt.htm (Stand 27.9.2010).

Arndt, Rudi: DDR und Bundesrepublik. Politische und wirtschaftliche Strukturen einer neuen Gemeinschaft. Sonderdruck zum Geschäftsbericht 1989 der Frankfurter Aufbau AG (FAAG). Frankfurt am Main [1990].

Arndt, Rudi: Gesunde Gemeinden in Hessen durch fortschrittliche Wirtschafts- und Verkehrspolitik. Zeitungsausschnitt ohne Quellenangabe, um 1965, in: IfS, Nachlass Rudi Arndt (S1/163), Nr. 7.

Arndt, Rudi: Die Legende von Dynamit-Rudi. Ex-OB erinnert sich. In: Frankfurter Rundschau, 28.8.2001.

[Arndt, Rudi:] Oberbürgermeister Rudi Arndt: Mittelpunkt jeder Politik ist der Mensch. Antrittsrede vor dem Parlament der Stadt Frankfurt. Hg. v. Presse- und Informationsamt der Stadt [Frankfurt am Main]. Sonderdruck aus den Mitteilungen der Stadtverwaltung Frankfurt a. M., 15.4.1972.

Arndt, Rudi (Hrsg.): Die Politik der Sozialdemokratischen Fraktion im Hessischen Landtag. Wiesbaden [1962].

Arndt, Rudi: Die regierbare Stadt. Warum die Menschen ihre Stadt zurückgewinnen müssen. Stuttgart: Verlag Bonn aktuell 1975. (Bonn aktuell, hg. v. Alois Rummel, Bd. 36).

Arndt, Rudi: Versprochen und gehalten. Frankfurter Kommunalpolitik in den letzten vier Jahren. Eine Schrift des Presse- und Informationsamtes der Stadt Frankfurt am Main. Frankfurt am Main 1976.

Arndt, Rudi: Was ist sozialistische Erziehung? In: Die Falken – Sozialistische Jugendbewegung, Mitteilungsblatt der Falken in Hessen-Süd, Nr. 7 vom 1.4.1948, S. 2f.

Arndt, Rudi: Zur kommunalpolitischen Situation der Stadt. Eine Schrift des Presse- und Informationsamtes der Stadt Frankfurt am Main. Frankfurt am Main 1974.

Balser, Frolinde: Aus Trümmern zu einem europäischen Zentrum. Geschichte der Stadt Frankfurt am Main 1945-1989. Hg. v. d. Frankfurter Historischen Kommission. Sigmaringen: Thorbecke 1995. (Geschichte der Stadt Frankfurt am Main, Bd. 6; Veröffentlichungen der Frankfurter Historischen Kommission XX).

Bauer, Thomas: »Seid einig für unsere Stadt«. Walter Kolb – Frankfurter Oberbürgermeister 1946-1956. Hg. v. d. Historisch-Archäologischen Gesellschaft Frankfurt am Main e. V. Frankfurt am Main: Kramer 1996.

Becker, Hans Jörg: Rudi Arndt – Frankfurts neuer OB. Eine kritische Analyse. Frankfurt am Main: Verlag Der Neue Jacob 1972.

Beier, Gerhard: Arbeiterbewegung in Hessen. Zur Geschichte der hessischen Arbeiterbewegung durch einhundertfünfzig Jahre (1834-1984). Frankfurt/Main 1985.

Beier, Gerhard: SPD Hessen. Chronik 1945 bis 1988. Bonn: Dietz 1989.

Bembenek, Lothar/Ulrich, Axel: Widerstand und Verfolgung in Wiesbaden 1933-1945. Eine Dokumentation. Hg. v. Magistrat der Landeshauptstadt Wiesbaden – Stadtarchiv – . 1. Aufl. Gießen: Anabas Verlag 1990.

Berding, Helmut/Eiler, Klaus (Hrsg.): Hessen. 60 Jahre Demokratie. Wiesbaden 2006.

Berg-Schlosser, Dirk/Noetzel, Thomas: Parteien und Wahlen in Hessen. Marburg 1994.

Bermejo, Michael: Die Opfer der Diktatur. Frankfurter Stadtverordnete und Magistratsmitglieder als Verfolgte des NS-Staates. Frankfurt am Main: Kramer [Copyright 2006]. (Geschichte der Frankfurter Stadtverordnetenversammlung, Bd. III; Veröffentlichungen der Frankfurter Historischen Kommission XXIII).

Beyer, Anna: Politik ist mein Leben. Hg. v. Ursula Lücking. Frankfurt am Main: Kramer 1991.

Böhme, Klaus von/Mühlhausen, Walter (Hrsg.): Hessische Streiflichter. Frankfurt am Main 1975.

Bundes-SGK – Sozialdemokratische Gemeinschaft für Kommunalpolitik in der Bundesrepublik Deutschland e. V. (Hg.): Sozialdemokratie und Kommunalpolitik. Berlin: Parthas Verlag [Copyright 2008].

CDU Wähler. Schwacher Wille, in: Der Spiegel 50/1962, S. 37f.

»Die Deutschland-Fernsehen GmbH« – www.dra.de/rundfunkgeschichte (Stand 13.12.2010).

»Dynamit Rudi« – eine Legende wird 70, in: Die Welt vom 1.3.1997 – www.welt.de (Stand 1.10.2010).

Eckhardt, Dieter/Eckhardt, Hanna/Jaeger, Elke: Zu Hause im Ostend. 50 Jahre August-Stunz-Zentrum. Festschrift zum 50-jährigen Jubiläum. Hg. v. d. Geschichtswerkstatt der AWO Frankfurt am Main. Mit Beiträgen von Harald Härter, Thomas Kaspar, Hannelore Richter und Mitarbeitern des August-Stunz-Zentrums. Frankfurt am Main 2006.

Ehrlich, Wilfried: Alte Oper – Neues Haus. Bericht über ein Frankfurter Ereignis. Stuttgart: Deutsche Verlags-Anstalt 1981.

Eichler, Volker: Sozialistische Arbeiterbewegung in Frankfurt am Main 1878-1895. Frankfurt am Main: Kramer 1983. (Studien zur Frankfurter Geschichte 17).

Ewald[-Wehner], Thomas: Vom »Jugendbund Freundschaft« zur Sozialistischen Jugend. Die Nachkriegsgeschichte eines sozialistischen Erziehungsverbandes in Frankfurt (1945-1959). Diplomarbeit im Fach Pädagogik an der Johann Wolfgang Goethe-Universität Frankfurt am Main. Frankfurt am Main 1987. (Exemplar im Institut für Stadtgeschichte, Bestand Manuskripte, Sign. S6a/394).

Die Falken – Sozialistische Jugendbewegung, Mitteilungsblatt der Falken in Hessen-Süd, verantwortlicher Redakteur: Rudi Arndt, 17 Nummern, 1.1. bis 1.10.1948.

Felsch, Margot: Aus der Chef-Etage des Römers. Begegnungen mit den Frankfurter Oberbürgermeistern Walter Kolb, Werner Bockelmann, Willi Brundert, Walter Möller, Rudi Arndt und Walter Wallmann. Frankfurt am Main: Kramer 1981.

Fischer, Peter: Frankfurts First Lady. Die Petra-Roth-Geschichte. Frankfurt am Main: Societäts-Verlag 2005.

Frankfurt am Main. Die Geschichte der Stadt in neun Beiträgen. Hg. v. d. Frankfurter Historischen Kommission. Sigmaringen: Thorbecke 1991. (Veröffentlichungen der Frankfurter Historischen Kommission XVII).

Frankfurt 1945-1976. Bilder und Texte. Hg. v. Presse- und Informationsamt der Stadt Frankfurt. Frankfurt am Main [um 1977].

Frankfurter Biographie. Personengeschichtliches Lexikon. Im Auftrag der Frankfurter Historischen Kommission hg. v. Wolfgang Klötzer. Bearb. v. Sabine Hock und Reinhard Frost. 2 Bde. Frankfurt am Main: Kramer 1994/96. (Veröffentlichungen der Frankfurter Historischen Kommission XIX/1 u. 2).

Franz, Eckhart G. (Hg.): Die Chronik Hessens. Dortmund: Chronik Verlag 1991.

Führer, Jochen/Noetzel, Thomas: Die SPD in Hessen 1945-1995. Marburg 1996.

Günzler, Uwe: Rudi Arndt – Kämpfer und Politiker. Fernsehsendung in der Reihe »Hessen erinnert sich – So oder so ist das Leben«. Frankfurt am Main: hessen fernsehen [um 2003].

Hauff, Volker: Global denken, lokal handeln. Köln: Kiepenheuer & Witsch 1992.

Heidenreich, Bernd/Schacht, Konrad (Hrsg.): Hessen – Wahlen und Politik. Stuttgart: Kohlhammer 1996.

Heinz-Jung-Stiftung (Hg.): Linke im Kalten Krieg. Autobiographische Berichte aus Frankfurt am Main 1945 bis 1968. Redaktion: David Salomon und Guido Speckmann unter Mitarbeit von Gerhard Fisch, Manfred Laus, André Leisewitz und Benjamin Weber. Mit Beiträgen u. a. von Günter Arndt und Robert Steigerwald. Köln: PapyRossa Verlag [Copyright 2007].

Helmensdorfer, Erich: Frankfurt – Metropole am Main. Geschichte und Zukunft. Düsseldorf/Wien: Econ Verlag 1982.

Hessen-ABC, ein Nachschlagewerk. Hrsg. u. bearb. vom Hessendienst. Wiesbaden - Ausgaben 1958, 1962, 1964 und 1966.

Hock, Sabine: Liesel Christ / Volksschauspielerin. Eine Biographie. Frankfurt am Main: Kramer 2004.

Hock, Sabine: 70 Mosaiksteine zur Biographie des hessischen Sozialpolitikers Armin Clauss. Festschrift zum 70. Geburtstag am 16. März 2008. Hg. v. d. Agaplesion gAG. Frankfurt am Main: Lembeck 2008.

Hoffmann, Hilmar: Ihr naht Euch wieder, schwankende Gestalten. Erinnerungen. 1. Aufl. Hamburg: Hoffmann und Campe 1999. Neufassung u. d.T.: Erinnerungen. »Ihr naht Euch wieder, schwankende Gestalten«. Frankfurt am Main: Suhrkamp 2003. (suhrkamp taschenbuch 3284).

Jaeger, Elke/Zulauf, Jochen: 50 Jahre Politik für Frankfurt am Main: 1946-1996. 2. Aufl. Frankfurt/Main 1996.

Kittel, Manfred: Marsch durch die Institutionen? Politik und Kultur in Frankfurt nach 1968. München: Oldenburg 2011

Klotzbach, Kurt: Der Weg zur Staatspartei. Programmatik, praktische Politik und Organisation der deutschen Sozialdemokraten 1945 bis 1965. Berlin 1982.

Lengemann, Jochen: Das Hessen-Parlament 1946-1986. Biographisches Handbuch des Beratenden Landesausschusses, der Verfassunggebenden Landesversammlung Groß-Hessen und des Hessischen Landtags. 1.-11. Wahlperiode. Frankfurt am Main: Insel 1986. (Die Hessen-Bibliothek im Insel Verlag).

Lengemann, Jochen: MdL Hessen 1808-1996. Biographischer Index. Hg. im Auftrag d. Hessischen Landtags. Mitarbeit: Andrea Mitteldorf und Roland Schmidt. Marburg: Elwert 1996. [Veröffentlichungen der Historischen Kommission für Hessen 48,7; Politische und Parlamentarische Geschichte des Landes Hessen (vormals Vorgeschichte und Geschichte des Parlamentarismus in Hessen) 14].

Lorei, Madlen/Kirn, Richard: Frankfurt und die drei wilden Jahre. Ein Bericht. 3. Aufl. Frankfurt am Main: Verlag Frankfurter Bücher 1963.

Mick, Günter (Hg.): Frankfurt – Streifzüge durch das zwanzigste Jahrhundert. Frankfurt am Main: Societäts-Verlag 2002.

NS-Richter. Tausend Haken, in: *Der Spiegel* 29/1962, S. 28ff.

Oertzen, Peter von: Der SPD-Bezirk Hessen-Süd in der Programmdiskussion der 50er Jahre, in: Kämpfer ohne Pathos. Festschrift für Hans Matthöfer zum 60. Geburtstag am 25. September 1985. Hrsg. v. Helmut Schmidt und Walter Hesselbach. Bonn 1985, S. 25-30.

Oberbürgermeister Rudi Arndt – www.aufbau-ffm.de/doku/Archiv/buergermeister.html (Stand 27.9.2010).

Osswald, Albert: Eine Zeit vergeht. Lebenserinnerungen des Hessischen Ministerpräsidenten. Gießen 1993.

Plumpe, Werner/Rebentisch, Dieter (Hg.): »Dem Flor der hiesigen Handlung«. 200 Jahre Industrie- und Handelskammer Frankfurt am Main. Frankfurt am Main: Societäts-Verlag 2008.

Rebentisch, Dieter: Regierbarkeit und Unregierbarkeit der Städte in der Ära der sozialliberalen Koalition 1969-1982. Anmerkungen zur Problematik der historischen Begriffsbildung. In: Die alte Stadt 16 (1989), Nr. 2-3, S. 498-510.

Rudi Arndt: Mit Humor ans Schienbein. Stille, feine Anmerkungen eines Stadtoberhauptes. Hg.: Presse- und Bildungs-GmbH, Frankfurt am Main. Zusammenstellung: Herbert Stettner. [Frankfurt am Main 1977.]

Rudi Arndt – www.munzinger.de (Stand 30.9.2010).

Schäfer, Kurt: Schulen und Schulpolitik in Frankfurt am Main 1900-1945. Frankfurt am Main: Kramer 1994. (Studien zur Frankfurter Geschichte 35).

Schneider, Bernd: Die Integrationspolitik der Hessischen Landesregierung unter Ministerpräsident Georg-August Zinn. Diss. Gießen 1995.

Schroeder, Wolfgang (Hrsg.): Parteien und Parteisystem in Hessen.Wiesbaden 2008.

Thiel, Hans: Ehemalige der Helmholtzschule. Lehrer und Schüler in Kurzporträts. Frankfurt am Main 1988. (Schriften des Vereins ehemaliger Helmholtzschüler 1.) S. 43-45.

Thiel, Hans: Erinnerungen an Rudi Arndt. In: Ders. (Hg.): Beiträge zur Geschichte der Helmholtzschule. Frankfurt am Main 2005. (Schriften des Vereins ehemaliger Helmholtzschüler 8). S. 74-77.

Tüffers, Bettina: Von der Römerkoalition zur Parteienkonkurrenz. Geschichte der Frankfurter Stadtverordnetenversammlung, Bd. IV: 1946-1989. Frankfurt am Main/Wiesbaden: Waldemar Kramer in der marixverlag GmbH 2011. (Veröffentlichungen der Frankfurter Historischen Kommission, Bd. XXIV).

Unsere Aufgabe heißt Hessen – Georg-August Zinn – Ministerpräsident 1950-1969. *Hrsg. v. Hessischen Hauptstaatsarchiv. Wiesbaden* 2001.

Ulrich, Axel: Konrad Arndt. Ein Wiesbadener Gewerkschafter und Sozialdemokrat im Kampf gegen den Faschismus. Mit einem Beitrag von Hajo Rübsam zur Geschichte des Alten Gewerkschaftshauses in Wiesbaden. Hg. v. der IG Metall Verwaltungsstelle Wiesbaden-Limburg und dem Verein Volkshaus J. P. anlässlich der Benennung des Alten Gewerkschaftshauses in Konrad-Arndt-Haus. Wiesbaden 2001.

Vorschlag für den Umlandverband Frankfurt. Vorschlag der Stadt Frankfurt für einen Gesetzentwurf über die Bildung eines Umlandverbandes Frankfurt. Die Entwürfe der Stadt Frankfurt und des Hessischen Ministers des Innern im Vergleich. Ein Interview mit Rudi Arndt. Eine Veröffentlichung in der *kommunalpolitischen Dokumentationsreihe des Presse- und Informationsamtes der Stadt Frankfurt am Main. Frankfurt am Main* 1974.

Wahlatlas Hessen 1946-1989. Braunschweig 1989.

Wallmann, Walter: Im Licht der Paulskirche. Memoiren eines Politischen. Potsdam: Goetz 2002.

Wittrock, Christine: Die »Akademie der Arbeit« in Frankfurt am Main und ihre Absolventen. Frankfurt am Main: dipa 1991. (Pädagogische Beispiele, Bd. 7).

Wojak, Irmtrud: Fritz Bauer 1903-1968. Eine Biografie. München 2009.

Zur Diskussion: was kommt zwischen Dom und Römer. Eine Schrift des *Presse- und Informationsamtes der Stadt Frankfurt am Main.* Mit einem Beitrag »Am Römerberg soll historisch gebaut werden« von Rudi Arndt. Frankfurt am Main 1975.

Interviews und Zeitzeugenaussagen

Günter Arndt (Bruder von Rudi Arndt), Frankfurt am Main. – Günter Arndt (Sohn von Rudi Arndt), Wiesbaden. – Roselinde Arndt, Frankfurt am Main. – Dr. Frolinde Balser, Frankfurt am Main. – Armin Clauss, Frankfurt am Main. – Prof. Dr. Ludwig von Friedeburg † , Frankfurt am Main. – Dr. h. c. Ernst Gerhardt, Frankfurt am Main. – Dr. Klaus Hänsch, Erkrath. – Dr. Alfred Härtl † , Frankfurt am Main. – Gertrud Halberstadt † , Frankfurt am Main. – Prof. Dr. Hilmar Hoffmann, Frankfurt am Main. – Werner Holzer, Bad Homburg. – Dr. Bernd Kummer, Wiesbaden. – Dr. Günter Mick, Frankfurt am Main. – Knut Müller, Oberursel. – Reinhard Sander, Frankfurt am Main. – Dr. Günter Steinhäuser, Wiesbaden. – Dr. Hans-Jochen Vogel, München. – Dr. Peter Graf von Wedel, Bad Driburg. – Prof. Dr. Martin Wentz, Frankfurt am Main. – Fred Zander, Frankfurt am Main.

BILDNACHWEIS

Günter Arndt (Frankfurt/Main): 13, 19, 30, 216
Günter Arndt (Wiesbaden): 71, 72
Roselinde Arndt (Frankfurt/Main): 33, 39, 50, 103, 116, 130, 161, 180, 189, 199, 202, 203, 239, 246, 248
Kurt Bethke/Hessischer Rundfunk (Frankfurt/Main): 114
F. W. Christian (© Roman Christian, Bad Soden/Ts.): 235
Armin Clauss (Frankfurt/Main): 232
Alexander Déuss (© Helga Déuss, Frankfurt/Main): 197
dpa picture-alliance (Frankfurt/Main): 101, 129, 133, 145, 153
Heinrich Halbig (Frankfurt/Main): 218
Hessisches Hauptstaatsarchiv Wiesbaden: 58
Hoechst GmbH, Unternehmensarchiv (Frankfurt/Main): 172
Institut für Stadtgeschichte (Frankfurt/Main), Nachlass Rudi Arndt: 77, 125, 131, 207, 209, 215
Institut für Stadtgeschichte (Frankfurt/Main), Porträtsammlung: 148, 173, 175, 178, 179, 193
Institut für Stadtgeschichte (Frankfurt/Main), Sammlung Neuland: 35
Peter Keller (Köln): 163
H.-Boris Kerber (Heidelberg): 113
Philipp Kerner (Institut für Stadtgeschichte Frankfurt am Main): 137
Willi Klar (© Dieter Klar, Buxtehude): 159
Lutz Kleinhans (Frankfurt/Main): 79, 177
Barbara Klemm (Frankfurt/Main): 152
Kontar Pressebilderdienst (Seligenstadt): 240
Georg Kumpfmüller (Frankfurt/Main): 241
Aaron Löwenbein (Frankfurt/Main): 166
Harald Meisert (Frankfurt/Main): 183
Felix Mussil (Frankfurt/Main): 140
Rolf Oeser (Frankfurt/Main): 225
Franz Schmidt (Kelkheim): 247
Klaus Siebahn (Gülzow-Prüzen): 201
Karl-Heinz Suchefort (© Thomas Suchefort, Hamburg): 171
Erika Sulzer-Kleinemeier (Gleisweiler): 187
Egon Wachendörfer (Frankfurt/Main): 9, 249
Peter Graf von Wedel (Bad Driburg): 64
Kurt Weiner (Institut für Stadtgeschichte Frankfurt am Main): 122, 139, 147, 156, 181
Martin Weis (Gießen): 250

Die Autoren

Roselinde Arndt

wurde 1941 in Dierdorf (Kreis Neuwied) als Roselinde Martens geboren. Nach dem Besuch von Gymnasium und Höherer Handelsschule arbeitete sie u. a. als kaufmännische und Verwaltungsangestellte sowie als Chefsekretärin. Die Eheschließung mit Rudi Arndt erfolgte am 27. Mai 1966. Sie war mit ihm bis zu seinem Tod verheiratet. Während der 38-jährigen Ehe war sie verschiedentlich ehrenamtlich tätig (z. B. für die Unicef), arbeitete u. a. am Aufbau des Goetheinstituts Frankfurt mit und war zeitweise in verschiedenen Redaktionen des Hessischen Rundfunks tätig. Sie lebt in Frankfurt/Main.

Armin Clauss

wurde 1938 in Lauffen a. N. geboren. Er war aktiver Gewerkschafter und besuchte die Akademie der Arbeit an der Uni Frankfurt. Über drei Jahrzehnte gehörte er als Abgeordneter dem Hessischen Landtag an. Er war SPD-Fraktionsvorsitzender, von 1972 bis 1976 Vorsitzender des DGB-Landesbezirks Hessen, von 1976 bis 1987 Hessischer Sozialminister und danach drei Jahre Vizepräsident des Landtags. Viele Jahre aktiv in der Selbstverwaltung der Sozialversicherung, als Arbeits- und Sozialrichter, als Mitglied des Rundfunk- und Verwaltungsrats des hr, als Vorsitzender diverser Stiftungen. Funktionen in der Diakonie sowie im Krankenhauswesen.

Heinrich Halbig

wurde 1939 im Münsterland (Ahlen) sozusagen als Kind des Ruhrgebiets geboren. Der Vater war Bergmann. Nach der Volksschule lernte er Tischler und holte in den sechziger Jahren auf dem Braunschweiger Abendgymnasium das Abitur nach. Danach war er Volontär und Redakteur bei der Braunschweiger Zeitung (BZ). 1969 bis Ende 1971 hielt er sich im Rahmen einer »halben Weltreise« in Nord-, Mittel- und Südamerika auf. Nach seiner Rückkehr ging er wieder zur BZ, studierte Geschichte und Politikwissenschaft an der TU Braunschweig, war zwei Jahre Pressesprecher der Stadt Mülheim an der Ruhr und mehr als drei Jahre Leiter der Lokalredaktion der Frankfurter Neue Presse. Seit 1984 landespolitischer Korrespondent (Hessen und Rheinland-Pfalz) für Stuttgarter Zeitung, Hannoversche Allgemeine Zeitung, Kölner Stadt-Anzeiger, Mannheimer Morgen und Badische Zeitung. Heute freier Journalist.

Dr. Sabine Hock

geboren 1965 in Frankfurt am Main. Studium der Germanistik, Geschichte und Anglistik in Frankfurt. Promotion zum Dr. phil. mit einer Dissertation über den Schriftsteller Karl Ettlinger und seine Mitarbeit bei der Münchner Zeitschrift »Jugend« (1998 erschienen). Sie lebt als freie Autorin und

Journalistin in Frankfurt. Im Auftrag der Frankfurter Bürgerstiftung und der Frankfurter Historischen Kommission ist sie als Chefredakteurin für die geplante Neuausgabe der »Frankfurter Biographie« tätig, dessen Erstausgabe (2 Bde., 1994/96) sie bereits als Bearbeiterin betreut hat. Zahlreiche Veröffentlichungen, insbesondere zur Frankfurter und hessischen Geschichte, u. a. die Biografie der Volksschauspielerin Liesel Christ (2004), der literarische Reiseführer »Grimms Hessen« (2007) und die Festschrift zum 70. Geburtstag des hessischen Sozialpolitikers Armin Clauss (2008). (Weitere Informationen über www.sabinehock.de)

DR. ROLF MESSERSCHMIDT

ist Fachhistoriker und war als Wissenschaftlicher Angestellter für die Philipps Universität Marburg/Lahn, das Auswärtige Amt und die Stiftung Haus der Geschichte der Bundesrepublik Deutschland in Bonn tätig. Als selbstständiger historischer Projektdienstleister ist er seit 2000 Inhaber von »Historische Dienste & Geschichts-Marketing« (www.historische-dienste.de). In dieser Funktion hat er u.a. die Dauerausstellung »Vertriebene in Hessen« im Freilichtmuseum Hessenpark realisiert, Zeitzeugenprojekte durchgeführt und Forschungsstudien zur Geschichte von Lernkulturen und zur Entwicklung von computergestützten Bildungstechnologien entwickelt und veröffentlicht. Er ist als Autor besonders zeitgeschichtlicher Publikationen hervorgetreten.

DR. GÜNTER MICK

1941 in Trier geboren, studierte Geschichte, Politik und Staatsrecht in Saarbrücken, Tübingen und Bonn. Seit 1969 war er Redakteur der Frankfurter Allgemeinen Zeitung, von 1990 bis zum Ende seiner Berufszeit, 2007, Ressortleiter der Rhein-Main-Zeitung, des Regionalteils der F.A.Z. Sein Buch »Die Paulskirche, Streiten für Einigkeit und Recht und Freiheit« befasst sich mit der ersten deutschen Nationalversammlung 1848. Den Wiederaufbau Frankfurts nach 1945 schildert das Buch »Den Frieden gewinnen«. »Frankfurt am Main, Herzstück Europas« lautet der Titel eines Bildbands über die Mainmetropole, zu dem er die Texte verfasst hat.

DR. H.C. PETRA ROTH

wurde 1944 in Bremen geboren. Sie hat das Gymnasium mit der Mittleren Reife abgeschlossen und die Höhere Handelsschule besucht. Seit 1972 ist sie in der CDU und politisch aktiv. Ihren Wahlkreis Frankfurt-Ost gewann sie 1987 direkt und war bis 1995 Mitglied des Hessischen Landtags, in dem sie auch als wohnungspolitische Sprecherin wirkte. 1995 wurde sie bei der ersten Direktwahl in Frankfurt zur Oberbürgermeisterin gewählt und 2001 sowie 2007 in ihrem Amt bestätigt. Seit 1997 wirkte sie turnusgemäß insgesamt sechs Jahre als Präsidentin, sieben Jahre als Vizepräsidentin und darüber hinaus ein Jahr als Amtierende Präsidentin des Deutschen Städtetags, dessen Vizepräsidentin sie seit 2011 wieder ist. Sie trägt die Ehrendoktorwürden der Universitäten Tel Aviv (2005) und Seoul (2010).

Petra Roth ist u.a. Vorsitzende des Aufsichtsrats der Messe Frankfurt GmbH und Mitglied im Aufsichtsrat der Fraport AG (Flughafen Frankfurt). Sie vertritt Frankfurt international z. B. im Ausschuss der Regionen in Brüssel und im Exekutivkomitee von Eurocities.

HANS SARKOWICZ

geboren 1955 in Gelnhausen, studierte Germanistik und Geschichte in Frankfurt, arbeitet als Leiter des hr2-Ressorts Kultur und Bildung sowie als Geschäftsführer der hr media für den Hessischen Rundfunk, ist Vorstand der Stiftung Zuhören und veröffentlicht Bücher zu historischen, kulturgeschichtlichen und »hessischen« Themen, u.a. Biografien über Erich Kästner und Heinz Rühmann (zus. mit Franz Josef Görtz), »Die Geschichte Hessens« (zus. mit Heiner Boehncke) und das Lexikon »Schriftsteller im Nationalsozialismus« (zus. mit Alf Mentzer).

WILHELM VON STERNBURG

geboren 1939 in Stolp. Nach dem Studium der Volkswirtschaft und Geschichte war er 30 Jahre als Journalist in verschiedenen Zeitungs-, Hörfunk- und Fernsehredaktionen tätig, zuletzt als Chefredakteur Fernsehen beim Hessischen Rundfunk in Frankfurt. Seit 1993 arbeitet er als freier Buch- und Filmautor. Veröffentlichungen: u. a. Biografien über Lion Feuchtwanger, Arnold Zweig, Erich Maria Remarque, Joseph Roth, Gotthold Ephraim Lessing, Anna Seghers, Gustav Stresemann, Georg-August Zinn, Walter Kolb, Konrad Adenauer und Carl von Ossietzky; Bücher und Aufsätze zur deutschen Geschichte; Filmdokumentationen über Lion Feuchtwanger, Arnold Zweig, Erich Maria Remarque, Anna Seghers, Heinrich Böll und zur Zeitgeschichte. Lebt in Wiesbaden und ist Mitglied des P.E.N-Zentrum Deutschland.

KLAUS WETTIG

geboren 1940, lernte Schriftsetzer, holte das Abitur auf dem 2. Bildungsweg nach, studierte Rechts- und Sozialwissenschaften, war Planungsreferent im niedersächsischen Kultusministerium, politischer Berater im Portugal der Revolutionszeit und Geschäftsführer des Landesbüros Niedersachsen der Friedrich Ebert Stiftung. Als Mitglied des Europäischen Parlaments (1979–1994) arbeitete er mehrere Jahre mit Rudi Arndt zusammen im Vorstand der Sozialistischen Fraktion. Er war Sprecher für Agrarpolitik und die Erweiterungen der Gemeinschaft (Portugal, Schweden, DDR). Seit 1994 ist er im Kulturmanagement als Geschäftsführer des Freundeskreises Willy-Brandt-Haus e.V. (1996–2011) sowie als Verleger und Autor tätig.